1

돈이 된다! 스마트스토어
월급쟁이 효정 씨는 어떻게 월 7천만 원 매출을 올렸을까?
이번 달도 마이너스…
부업이라도 할까?
스마트스토어에서
목도리가 5개나 팔렸어!
와~ 진짜?
쫑긋!
5일 완성 스마트스토어 BEST 강의
검색결과 ▼
일타강사 엑스브레인
수강신청
엑스브레인?
이 사람 당장 만나야겠어.
스마트스토어
엑스브레인
선생님!
제가 뭘 하면
부자가 될까요?
의욕 뿜뿜

2

혹시 자본금이?
딱 300만 원
있어요!
주먹 불끈!!
포토샵은 할 줄 아세요?
사진은 잘 찍나요?
블로그 운영은…
흠…
(단호박)
아..뇨.
전혀…
그럼 팔고 싶은 게 있으세요?
부모님 텃밭에서
마를 심는데 이걸
팔 수 있을까요?
마
물론이죠!
진짜요? 어떻게 하는지
저 좀 알려주세요!!
뭐야,
저돌적인데?
올~
벌떡!

3

1일 차
첫날 배운 대로
스마트스토어 세팅부터 하고…
가입
상품등록
사업자등록
2일 차
스마트스토어 상세페이지 만들고…
자연이
선물한
천연
피로회복제
리포트 쓰듯
정성으로!
블로그 글 쓰듯
친근하게~
3일 차
네이버 상위노출은 기본이쥐!
방문자수 UP!
4일 차
배운대로 공짜 광고 좀 해볼까?
럭키투데이
기획전
타임특가

4

5일 차
우와 팔렸다! 근데 어떻게
어디서 팔린 거지?
매출분석
1년 뒤
엄마 이번 달 매출
7천만 원 넘을 듯ㅎㅎ
야! 당장 내려와서
택배 좀 싸~!
깜짝!
아빠! 1인가구를 위한
샐러드 판매는 어떨까?
금방 부자 되겠다!
또 일이
늘겠어!
으이구
왕초보도 5일이면
할 수 있다!
돈이 된다!
스마트스토어
(흐뭇)
손상님짱!
END.

돈이 된다!

스마트스토어

덕구 씨는 어떻게 연매출 30억을 뚫었을까?

엑스브레인 지음

진서원

덕구 씨는 어떻게 연매출 30억을 뚫었을까?
돈이 된다! 스마트스토어

초판 1쇄 발행 2020년 3월 9일
초판 4쇄 발행 2021년 2월 15일
개정판 1쇄 발행 2023년 5월 4일
개정판 1쇄 인쇄 2023년 5월 10일

지은이 • 엑스브레인
발행인 • 강혜진
발행처 • 진서원
등록 • 제 2012-000384호 2012년 12월 4일
주소 • (03938) 서울시 마포구 동교로 44-3 진서원빌딩 3층
대표전화 • (02) 3143-6353 | **팩스** • (02) 3143-6354
홈페이지 • www.jinswon.co.kr | **이메일** • service@jinswon.co.kr

책임편집 • 안혜희 | **마케팅** • 강성우, 정서진
표지 및 내지 디자인 • 디박스 | **일러스트** • 남은비
종이 • 다올페이퍼 | **인쇄** • 보광문화사

ISBN 979-11-86647-02-8 13320
진서원 도서번호 19011
값 22,000원

Thanks to

No.1 쇼핑몰 창업 카페 '엑스브레인 쇼핑몰 & 스마트스토어연구소'
회원 여러분께 감사드립니다!

2020년 초판에 이어 2023년 개정판을 선보이게 되었습니다.

유튜브, 카페, 블로그 등 온라인에 공개되어 있는 정보를 찾아보고
스마트스토어를 시작했지만 쉽지 않다고 말하는 분들을 많이 보았습니다.

무엇이  문제일까요?

온라인에는 정보가 너무 많습니다. 하지만 단편적인 지식의 조합이다 보니
초보자들에게는 오히려 독이 되는 경우를 많이 보았습니다.
또한 잘못된 정보도 많습니다. 잘못된 정보인데 마치 비법인 것처럼
그럴듯하게 포장된 경우도 많습니다.

이 책은 보는 사람들을 현혹하는 내용이 아니라 어떻게 하면
실제로 잘될 수 있는지를 체계적으로 이야기하고 있습니다.
나의 열정이 의심스러울 때 우선 멈춰 서서 올바른 방향을 찾아보세요.
이 책은 그 올바른 방향을 이야기하기 위한 것입니다.

지금까지 많은 분을 만났고 그분들이 성공하고 발전하는 모습을 보았습니다.
더 많은 분들의 성공을 진심으로 기원합니다.

머리말

“스마트스토어에 등록만 했는데 첫날 5개가 팔렸어요!”

동네 인테리어 가게 강 사장님 이야기

인테리어 가게를 하고 있는 강 사장님의 이야기입니다. 강 사장님은 서울의 한 지역에서 조그맣게 인테리어 가게를 운영하고 있습니다. 필자가 처음 강 사장님을 만나게 된 것은 집 거실의 대리석 벽면 한 군데가 파손되어 어떻게 수리해야 하는지 알아보던 중이었습니다. 큰돈이 되지 않는다고 생각해서인지 연락하는 업체들마다 불친절한 말투 때문에 자세하게 질문하기가 어려웠고, 또 터무니없이 비싼 가격 때문에 수리를 결정하지 못하고 있을 때 지인의 소개로 강 사장님을 알게 되었습니다.

그 후로 집에 수리할 일이 생기거나 인테리어에 부품 등이 필요하면 제일 먼저 강 사장님께 전화해서 문의하고 있었는데, 얼마 전에 전화했더니 이런 말씀을 하시더군요.

“스마트스토어에 등록만 했는데 첫날 5개가 팔렸어요!”

사실 필자는 강 사장님이 갑자기 왜 이런 이야기를 하는지 잘 몰랐습니다. '도대체 왜 나한테 스마트스토어 이야기를 하지?' 하는 의문이 들었습니다. 그래서 여쭈어보았습니다.

"스마트스토어에서 상품 판매하세요? 온라인에서도 판매하시나 봐요?"

그랬더니 강 사장님께서 이렇게 말씀하셨어요.

"그때 저에게 이야기하셨잖아요. 요즘은 세상이 많이 바뀌어서 오프라인 매장도 중요하지만, 더 많은 고객을 확보하고 돈을 더 많이 벌려면 온라인 활동도 중요하다고요. 그런데 처음부터 홈페이지 만들어서 우리 업체 홍보를 하려고 하면 너무 많은 비용이 들어가니, 가벼운 마음으로 지금 우리 가게에서 판매하고 있는 것들 중 몇 가지만 인터넷에 올려서 팔아보라고 조언을 해주셨잖아요. 그래서 조언해주신 대로 수전 몇 가지를 스마트스토어에 올렸더니, 상품을 등록한 당일에 5개나 팔렸습니다. 전부 엑스브레인 님 덕분입니다."

사실 필자가 강 사장님을 도와드린 것은 아무것도 없었습니다. 단지 지나가는 이야기로, 요즘은 세상이 많이 바뀌어서 오프라인 매장만으로는 충분하기 어려우니 온라인도 하면 좋다고 이야기한 것뿐입니다. 초보라면 홈페이지, 쇼핑몰, 기타 오픈마켓에 대비해서 스마트스토어가 가장 쉬우니 거기부터 한번 해보시라고 말씀드린 것밖에 없는데, 이 말 한마디가 강 사장님이 스마트스토어를 시작하는 계기가 된 것입니다.

포토샵 몰라도, 사진 못 찍어도, 광고비 없어도 온라인 창업 OK!

스마트스토어의 등장으로 이제는 온라인에서 물건을 판매하는 것이 어렵지 않은 일이 되었습니다. 기존에는 온라인에서 물건을 판매하려면 쇼핑몰을 만들어야 했습니다. 각종 오픈마켓에서 판매하려고 해도 상세페이지를 만들고 광고를 해야만 했습니다.

그런데 네이버에서 제공하는 스마트스토어는 홈페이지를 만드는 기술이 없어도, 상세페이지를 멋지게 만드는 포토샵 실력이 부족해도 물건을 판매하는 데 큰 어려움이 없습니다. 제일 큰 이점이라고 할 수 있는, 광고하지 않고도 판매를 할 수 있다 보니 스마트스토어는 소상공인한테 온라인에 진출하는 가장 쉬운 방법이라고 말씀드릴 수 있습니다.

시작이 반! 현재 오프라인 상품부터 스마트스토어에 등록해도 충분!

오프라인에서 장사하고 있는 분들이라면 현재 오프라인에서 팔고 있는 상품들을 가벼운 마음으로 스마트스토어에 등록해보세요. 이것만으로 충분합니다. 다소 부족한 부분은 운영해 나가면서 보완하면 되고, 약간의 기술적인 부분은 이 책을 보면서 익히면 되기 때문입니다.

회사 다니면서 창업을 준비하는 분들, 부업으로 뭔가 해볼까 생각하는 분들

역시 마찬가지입니다. 쉽게 구할 수 있는 물건, 또는 남대문이나 동대문 등지의 도매처에서 쉽게 구할 수 있는 상품을 가져다 판매해도 충분합니다.

이 책에서는 아주 기초적인 부분인, 스마트스토어에 어떻게 상품을 등록할지부터 실제 상위노출을 하려면 어떤 단계를 거쳐야 하고, 소비자가 구매하고 싶은 생각이 들게 하려면 어떻게 상세페이지를 꾸며야 하는지 등을 말씀드리려고 합니다. 조금 귀찮을 수 있지만, 눈으로만 보지 말고 이 책에 나온 것을 실제로 따라해보세요. 그것만으로도 창업을 위한 준비의 절반은 끝났다고 할 수 있습니다.

엑스브레인

(ntkim74@naver.com)

네이버 No.1 쇼핑몰 카페 주인장
엑스브레인의 스마트스토어 비밀 과외!

스마트스토어로 부자 되기!

단 5일이면 충분!

준비운동 → 스마트스토어 감잡기

To Do List

- □ 네이버페이 가입
- □ PC와 모바일로 스마트스토어 상품 구매
- □ 스마트스토어 판매자 등록
- □ 아이템 고민

1일 차 → 스마트스토어 세팅하기

To Do List

- □ 스마트스토어센터 가입
- □ 판매상품 등록
- □ 상세페이지 구성
- □ 사업자등록, 통신판매업 신고

2일 차 → 스마트스토어 상세페이지 만들기

To Do List

- □ 오프라인 구매 상황 대입
- □ 스마트스토어 상품등록, 네이버 쇼핑 검색결과 활용
- □ 상위노출된 블로그 참고
- □ 스마트폰으로 사진 촬영

취업준비생, 퇴사준비생, 자영업자, 제2의 월급을 꿈꾸는 직장인 여러분!

눈 딱 감고 5일만 투자해봅시다!

3일 차

스마트스토어 상위노출하기

To Do List

- □ 네이버가 좋아하는 스타일 파악
- □ 네이버의 적합도, 인기도, 신뢰도 기준 파악
- □ 상세페이지, 가격비교, 판매자 등급 등 상위노출 비결 파악
- □ 불법 어뷰징-슬롯을 피해야 하는 이유

4일 차

스마트스토어 돈 안 내고 광고하기

To Do List

- □ 원쁠딜 신청
- □ 기획전 신청
- □ 도착보장/오늘출발 (+반품안심케어)

5일 차

스마트스토어 매출분석하기

To Do List

- □ 스마트스토어센터 통계 영역 분석
- □ 매출 하락 원인 파악, 문제 해결책 찾기

엑스브레인을 찾은 왕초보 사장님들 5일 후 인생 역전!

BEFORE ························ AFTER

오프라인에서
자영업에 종사하고
있는 사장님

자영업자 덕구 씨

스마트스토어 시작 2년 만에 '프리미어' 등급 달성!

- 오프라인에서 자영업을 하면서 스마트스토어 도전
- 많은 상품보다는 하나를 해도 잘하겠다는 생각으로 시작
- 소비자를 공략할 포인트만 잘 생각해도 성공은 눈앞에!

포토샵도, 블로그도
모르지만
돈은 더 벌고 싶은
직장인

영어 강사 효정 씨

창업 1년 5개월 만에 월매출 7,000만 원 달성!

- 직장에 계속 다니면서 부업으로 스마트스토어 준비
- 시골에 사는 부모님 + 텃밭을 가꿔본 경험을 활용해 판매 아이템을 농산물로 결정!
- 블로그 스타일의 정성껏 쓴 상세페이지로 구매자 마음 공략!

스마트스토어 오픈 후
매출 부진으로
고민하는
사장님

자영업자 A군

월매출 5,000만 원 회복, 매출 증가 추세!

- 화장품 판매로 수개월 만에 월매출 5,000만 원 달성!
- 갑작스런 상위노출 감소와 매출 부진으로 폐업 직전까지!
- 배송 오류에 따른 환불률이 높아진 것을 확인, 해결책 마련!

SOS

국내 최고 스마트스토어 전문가에게 물어보세요!

이 책을 읽으며 궁금한 점이 생기거나 스마트스토어 최신 정보를 알고 싶다면
네이버 No.1 스마트스토어/쇼핑몰 카페 '엑스브레인 쇼핑몰 & 스마트스토어연구소'
(cafe.naver.com/ktcfob)에 접속해보세요.
회원들 간 최신 정보 공유는 물론 알짜 팁을 얻을 수 있습니다.
책이나 카페에 있는 정보 외에 더 궁금한 점은 1:1 상담을 통해 해결할 수 있습니다.
개별 상담을 원한다면 ntkim74@naver.com으로 메일 남겨주면
좀 더 정확한 답변을 받아볼 수 있습니다.

차 례

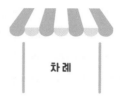

1일 차 스마트스토어 감잡기

2일 차 | 스마트스토어 상세페이지 만들기

준비
마당

스마트스토어 감잡기

01

smartstore

스마트스토어 vs 오픈마켓 vs 쇼핑몰

온라인 장사터, 어디가 좋을까?

왕초보는 스마트스토어에서 시작하는 것 적극 추천!

처음 온라인 판매를 시작하는 분들이 필자에게 가장 많이 하는 질문 중 하나는 바로 이것입니다.

"쇼핑몰, 오픈마켓, 스마트스토어 중 어디에서 판매하는 것이 좋을까요?"

결론부터 먼저 이야기하자면, 온라인 판매가 처음이라면 쇼핑몰보다는 오픈마켓에서 판매하는 것을 추천하고 오픈마켓 중에서도 스마트스토어부터 시작하는 것을 권합니다. 물론 상품군에 따라서는 오픈마켓이나 스마트스토어에서 판매하기 어려운 상품도 있습니다. 이런 상품만 아니라면 스마트스토어부터 판매를 시작하는 것을 권합니다.

다음은 오프라인에서 인테리어 가게를 운영 중인 강 사장님이 스마트스토어에 올려 첫날 5개나 판매했다는 수전용품입니다. 왕초보임에도 불구하고 등록한 첫날 5개나 팔려서 강 사장님이 무척 기뻐하신 기억이 납니다.

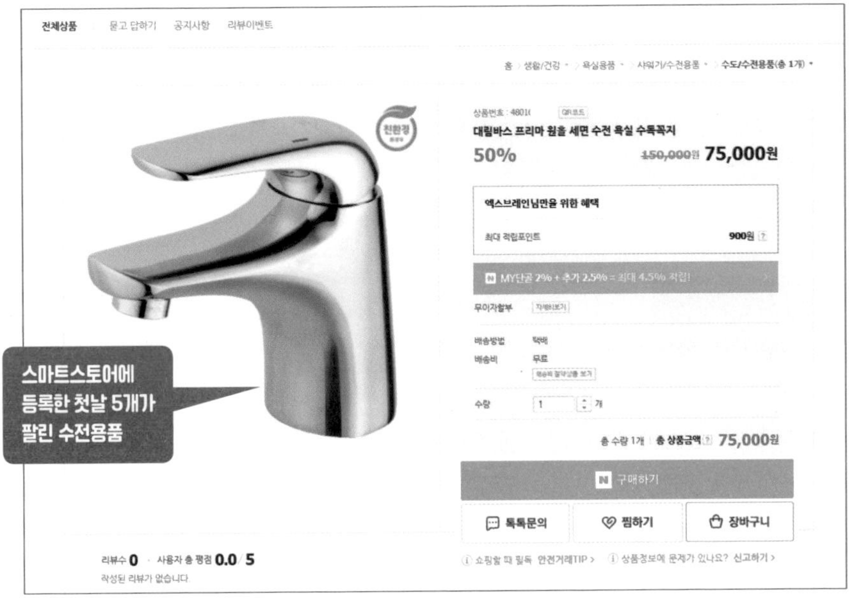

■ 왕초보에게 추천하는 온라인 장터◆ ■

스마트스토어 (네이버) > **오픈마켓 (G마켓, 옥션 등)** > **쇼핑몰 (독립 운영)**

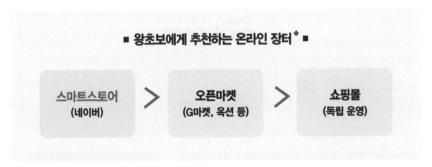

하지만 모든 상품이 다 스마트스토어에서 잘 팔리는 것은 아닙니다. 예를 들어 성인용품이나 결혼예물은 스마트스토어에서 판매하기에 적합한 아이템

◆ **온라인 장터 정보** : 스마트스토어, 오픈마켓, 쇼핑몰을 모두 설명한 책은 《엑스브레인 쇼핑몰 성공법》(진서원출판사) 참고

이 아닙니다. 콘돔 같은 성인용품도 스마트스토어에서 판매하기 쉽지 않습니다. 대다수 사람들은 모바일 또는 PC에서 키워드를 통해 상품을 검색하는데, '콘돔'처럼 성인용 키워드인 경우 통합검색 영역에서는 네이버 쇼핑이 노출되지 않기 때문입니다.

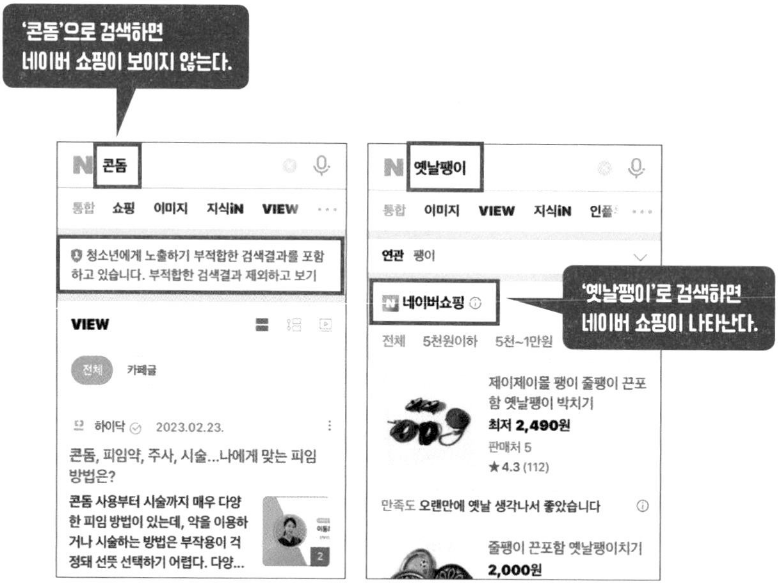

고급스러운 분위기를 연출해야 하는 결혼예물도 스마트스토어에서는 팔기 쉽지 않습니다. 이런 성인용품이나 고가의 상품은 스마트스토어에서 판매하는 것이 어렵다는 것을 알아두세요.

왕초보가 쇼핑몰로 시작할 필요가 없는 이유 세 가지

왕초보 사장님에게는 네이버의 스마트스토어가 적합하지만, 그래도 독립적으로 만든 나만의 쇼핑몰에서 장사하고 싶은 분도 있을 것입니다. 또는 남들처럼 옥션이나 G마켓 같은 오픈마켓에서 장사해야 할 것 같은 고민도 들 거예요. 다 맞는 말입니다. 그리고 실제로 **사업 규모가 커지면 언젠가는 다 거쳐야 하는 곳들**입니다. 그래서 본격적으로 스마트스토어를 공부하기 전에 쇼핑몰과 오픈마켓의 차이점부터 간단히 살펴보겠습니다.

쇼핑몰 솔루션을 판매하는 업체에서 홍보하는 내용을 살펴보면, 쇼핑몰이 내 집이라면 오픈마켓은 세들어 사는 전셋집이라는 이야기가 나옵니다. 정확한 카피는 기억나지 않지만 모 업체가 "내 집(쇼핑몰)에서 살래, 아니면 전셋집(오픈마켓)에서 살래?" 하는 광고를 하기도 했습니다.

전세보다 내 집이 좋으니까 꼭 쇼핑몰을 운영해야 하는 것처럼 이야기하는데, 이것은 잘못된 관점입니다. 쇼핑몰이 필요 없다고 할 수는 없지만, 온라인에서 소규모로 처음 판매를 시작하는 분들이라면 굳이 쇼핑몰을 해야 할 필요가 없다는 말입니다. 그 이유를 몇 가지 이야기해보겠습니다.

첫째, 쇼핑몰은 오픈마켓보다 인적·물적 리소스가 많이 소요된다

쇼핑몰을 만들려면 시간적으로나 인력적으로 많은 리소스가 소요됩니다. '카페24'(www.cafe24.com)처럼 무료로 쇼핑몰 구축을 제공하는 곳도 있습니다. 하지만 대다수의 쇼핑몰 솔루션의 경우에는 웹프로그래밍과 웹디자인을 도와줄 수 있는 인력이나 스킨 등을 구매하는 데 비용이 듭니다.

이에 비해 오픈마켓은 상세페이지 하나만 만들어서 등록하면 되므로 쇼핑몰에 비해 큰 비용이 들어가지 않습니다. 물론 쇼핑몰도 상세페이지는 당연히 만들어야 합니다.

둘째, 쇼핑몰은 최소한의 구색을 갖춰야 한다

쇼핑몰을 운영하기로 했다면 최소한의 구색을 갖추어야 합니다. 예를 들어 여성의류 쇼핑몰을 하려고 한다면 달랑 한두 개의 제품만 판매하는 것이 아니라 바지, 원피스, 블라우스에서 아우터까지 해당 타깃에 적합한 상품들을 구색을 갖추어서 구성해야 합니다. 달랑 상품 몇몇 개만 올려놓고 쇼핑몰이라고 말할 수는 없기 때문입니다. 이렇게 어느 정도 구색을 갖추려면 소규모 인원과 소자본으로 시작하는 것이 쉽지 않습니다.

이에 비해 오픈마켓은 구색이 갖춰지면 더 좋겠지만 그렇지 않다고 해도 큰 상관이 없습니다. 원피스를 팔면서 장남감을 팔고, 그러다가 패션소품을 판매하는 조합으로 진행해도 아무런 문제가 없으므로 훨씬 자유롭게 판매하고 운영할 수 있다는 장점이 있습니다.

셋째, 쇼핑몰은 광고비가 많이 든다

쇼핑몰을 만들었어도 가장 큰 문제는 어떻게 내 쇼핑몰을 알릴 것인가입니다. 알려지지 않은 쇼핑몰은 결국 아무도 찾지 않는 무인도와 같은 존재이기 때문입니다. 그래서 내 쇼핑몰로 사람들을 유입시키려면 광고가 필수인 경우가 많습니다.

물론 광고가 아니라도 SNS를 통해 유입시킬 수도 있고, 검색엔진최적화(SEO)◆를 통해 유입시킬 수도 있어요. 하지만 이것도 많은 노동력이 필요하다 보니 소자본과 소규모 인력으로 시작하는 분들에게는 쉽지 않은 방법일 수 있습니다.

오픈마켓도 광고비가 들어갈 수 있지만(스마트스토어는 광고비가 들어가지 않습니다. 자세한 내용은 〈4일 차. 네이버 메인에 스마트스토어 노출하기〉 참고), 일반 쇼핑몰 대비 훨씬 많은 사람들을 유입시킬 수 있어요. 또한 비용도 쇼핑몰을 홍보하는 것보다는 많이 들지 않습니다. 그래서 소자본과 적은 인력으로 시작할 때는 가능하면 쇼핑몰보다는 오픈마켓으로 시작하는 것을 권장합니다.

◆ **검색엔진최적화** : SEO는 Search Engine Optimization의 약자. 각종 검색엔진에서 검색했을 때 검색결과 상위에 나타나도록 관리해 잘 검색되게 만드는 방법을 말한다. 검색엔진 사용자는 보통 검색결과에서 1~2페이지, 많아야 3페이지 정도만 확인하므로 상위노출 여부가 스마트스토어 판매자에게 큰 영향을 미친다.

오픈마켓 : 누구나 상품을 판매할 수 있는 큰 온라인 장터

그렇다면 이번에는 오픈마켓에 대해 살펴볼까요? '오픈마켓(Open Market)'이라는 단어를 많이 쓰는데, 실제로 오픈마켓이 어떤 것인지 잘 모르는 경우가 많습니다. 소셜커머스도 마찬가지입니다. '소셜커머스(Social Commerce)'라고 하면 쿠팡, 티몬, 위메프가 떠오르기는 하는데, 도대체 어떤 서비스를 소셜커머스라고 하는지 잘 모릅니다. 소셜커머스 이야기는 나중에 하기로 하고, 우선 오픈마켓의 정의부터 알아보겠습니다.

2000년대 초반만 해도 국내 1등 쇼핑몰은 인터파크(www.interpark.com)였습니다. 그 뒤를 이어서 옥션, 한솔CS클럽, 그리고 각종 홈쇼핑회사들이 운영하는 쇼핑몰이 있었습니다. 그런데 당시에는 옥션을 제외하고는 일반 소규모 판매자들은 이런 대형 쇼핑몰에서 판매를 할 수가 없었습니다. 인터파크 같은 대형 쇼핑몰은 판매업체를 편리하게 관리하기 위해 MD에게 입점 승인을 받은 일부 업체에 한해서만 상품을 판매할 수 있도록 허용했기 때문입니다.

그러다 보니 승인을 받기 위해서는 제조사이거나 최소한 오프라인에서 총판 또는 대리점 운영, 아니면 벤더(vendor) 정도의 규모가 되어야 했습니다. 그래서 이 틈새를 노리고 대형업체가 아닌 소형업체도 상품을 판매할 수 있는 쇼핑몰을 만들자고 해서 시작한 것이 G마켓(www.gmarket.co.kr)입니다. G마켓은 규모가 큰 곳(제조사, 총판, 대리점, 벤더 등)이 아니어도 누구나 판매할 수 있는 곳을 만들었고, 누구나(=Open) 판매(=Market)할 수 있다는 의미로 '오픈마켓(Open Market)'이라는 용어를 사용했습니다. 다시 말해서 **오픈마켓은 판매자의 규모에 상관없이 누구나 판매를 할 수 있는 플랫폼**을 말합니다.

스마트스토어 : 오픈마켓보다 상품등록이 쉬운 블로그형 쇼핑몰

스마트스토어를 한마디로 정의한다면 '블로그형 쇼핑몰'이라고 이야기할 수 있습니다. 네이버는 '지식쇼핑'을 거쳐서 '샵N'이라는 이름으로 오픈마켓을 시작했습니다. 그런데 국내 1등 검색엔진 네이버를 등에 업고 시작한 샵N은 기존 오픈마켓과 차별화되지 않은 서비스로 인해 예상과 다르게 실패하게 됩니다. 그래서 결국 샵N은 '스토어팜'이라는 서비스로 개편되었고, 그 후 '스마트스토어'라는 이름으로 서비스를 제공하게 되었습니다.

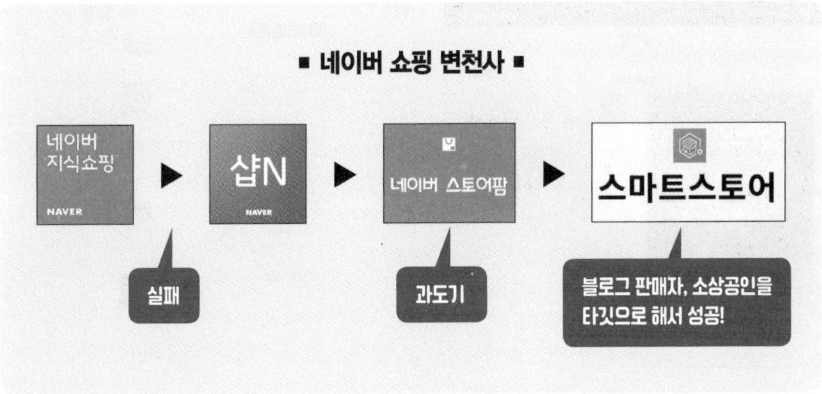

방금 차별화되지 않은 서비스로 인해 네이버의 오픈마켓 샵N이 실패했다고 말씀드렸습니다. 많은 사람들이 네이버가 하니까 최소한 기본은 하지 않을

까 생각하는데, 실제로 네이버는 실패한 서비스가 많습니다. 대표적으로 인스타그램의 미투상품◆인 '폴라(pholar)'가 실패했고, 여행 서비스도 실패했으며, 트위터의 미투상품인 '미투데이(me2day)'도 실패했습니다. 차별화하지 못하고 1등의 전략을 그대로 따라했다가 실패한 대표적인 경우입니다. 샵N도 마찬가지여서 결국 기존 오픈마켓과 차별화되지 않은 서비스로 인해 실패했습니다.

쇼핑몰을 하든, 상품을 팔든, 서비스를 하든 차별화가 아주 중요한데, 이 부분을 간과하고 시작했다가 실패한 사례◆◆는 아주 많습니다. 샵N은 그 후 몇 번의 변신을 통해 지금 스마트스토어의 모습을 갖추게 되었고, 현재는 안정적으로 시장에 안착한 상태입니다.

G마켓이 판매자의 규모와 상관없이 판매할 수 있는 플랫폼(=오픈마켓)을 만들어서 성공했다면, 네이버의 스마트스토어는 블로그 판매자와 소상공인들을 타깃으로 블로그형 쇼핑몰을 만들어 성공했습니다.

이 책을 따라해서 만든 진서원출판사 스마트스토어

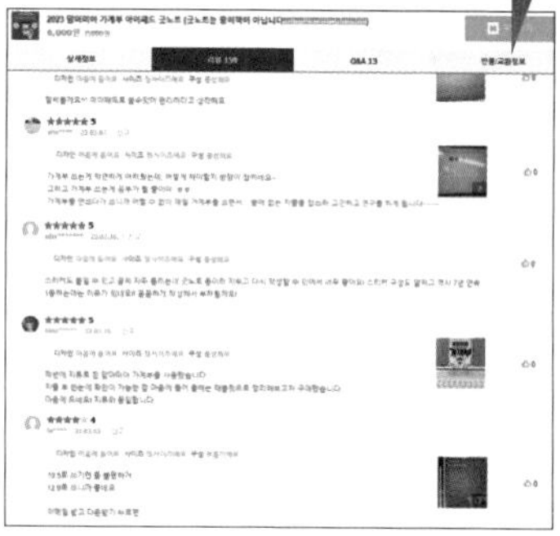

◆ **미투상품(me-too product)** : '나 역시'라는 의미의 'me too'와 '상품'을 결합한 말로, 시장에서 인기 있거나 경쟁하는 브랜드를 모방해 출시한 상품

◆◆ **차별화에 실패한 사례** : 펩시콜라는 코카콜라를 이기기 위해 코카콜라보다 훨씬 많은 마케팅 비용을 썼지만 결국 이기지 못했다. 사조참치는 후발주자임에도 불구하고 동원참치와 똑같은 전략을 쓴 탓에 만년 2등 신세를 면치 못하고 있다. 《엑스브레인 쇼핑몰 성공법》(진서원출판사) 38~39쪽 참고

tip 현대Hmall(쇼핑몰)은 왜 G마켓(오픈마켓)에 입점했을까?

대형 쇼핑몰을 가지고 있는 롯데홈쇼핑과 현대Hmall이 오픈마켓에 입점한 데는 이유가 있습니다. 오픈마켓 대비 자사몰(쇼핑몰)의 방문자수가 적다 보니 더 많은 사람들에게 더 많은 상품을 보여주기 위해서 자사몰보다 방문자가 훨씬 많은 오픈마켓을 통해 판매하는 것입니다. 롯데홈쇼핑과 현대Hmall만 이런 것이 아니라 대다수 대형 쇼핑몰은 회사에 오픈마켓팀을 두어서 오픈마켓에서 상품을 판매하고 있습니다.

02

smartstore

스마트스토어에 사장님들이 몰려든 이유는?

적을 알고 나를 알면 백전백승(百戰百勝)! 스마트스토어를 더욱 적극적으로 활용하기 전에 네이버의 스마트스토어가 성공하게 된 이유를 좀 더 구체적으로 이야기해볼까요?

첫째, 블로그 판매자처럼 '사진+글' 형식으로 스마트스토어를 만들었더니 성공!

네이버에서 주목한 것은 블로그 판매자들이었습니다. 쇼핑몰을 운영하지도 않고 오픈마켓(G마켓, 옥션, 11번가 등)에서 판매하지도 않는, 오직 네이버 블로그에서만 상품을 판매하는 사람들을 보면서 스마트스토어를 만들게 된 것입니다.

쇼핑몰이나 오픈마켓에서 판매하려면 최소한 상세페이지를 제작하기 위해서 포토샵을 배우고 사진도 잘 찍어야 하는데, 네이버에서 만든 블로그 스타일의 쇼핑몰인 스마트스토어에서는 스마트폰으로 찍은 사진과 정성껏 쓴 글만으로도 누구나 어렵지 않게 판매를 시작할 수 있습니다.

둘째, 오프라인 소상공인 참여를 유도한 네이버 쇼핑윈도서비스 성공!

왕초보도 만만하게 도전할 수 있는 오픈마켓 플랫폼을 실행하기 위해서 네이버는 쇼핑윈도서비스◆를 시작했습니다. 스마트폰으로 사진을 찍고 정성껏 글만 쓰면 충분히 잘 팔릴 수 있다는 스마트스토어의 강점을 기반으로 쉽게 온라인에 진출하지 못하던 소상공인을 대상으로 서비스를 시작한 것입니다.

네이버 쇼핑윈도서비스를 시작했던 초기에는 온라인 시장이 중요한 것은 알지만 사진을 찍고 상세페이지를 제작해야 하는 어려움 때문에 오프라인 판매만 하던 백화점과 아울렛을 대상으로 '스마트폰으로 간단하게 사진을 찍고 글만 쓰면 된다.'는 부분을 강조했습니다. 그리고 어느 정도 시장에 안착한 후에는 본격적으로 동네에 있는 소상공인들을 대상으로 서비스를 확대하면서 성장하게 됩니다. 쇼핑윈도는 FashionTown을 비롯해서 뷰티, 럭셔리, 리빙, 푸드, 장보기 등 오프라인과 온라인을 연결하는 판매 플랫폼으로 운영되고 있습니다.

◆ **네이버 쇼핑윈도서비스** : 패션, 리빙, 푸드, 아트 등 전국 각지의 다양한 오프라인 상점 정보를 제공하는 O2O(Online to Offline) 플랫폼. 광고비 없이도 판매상품을 노출할 수 있어서 초보 판매자들에게 좋은 기회가 되는 서비스다.

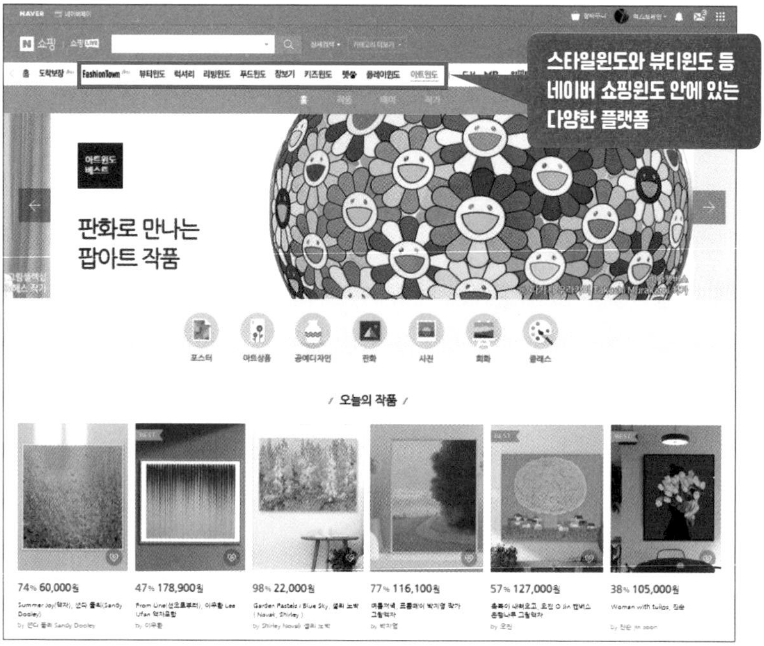
스타일윈도와 뷰티윈도 등
네이버 쇼핑윈도 안에 있는
다양한 플랫폼
아트윈도
베스트
판화로 만나는
팝아트 작품
포스터
아트상품
공예디자인
판화
사진
회화
클래스
오늘의 작품
74% 60,000원
47% 178,900원
98% 22,000원
77% 116,100원
57% 127,000원
38% 105,000원

03
smartstore

왕초보 사장님께 스마트스토어를 적극 추천하는 이유 네 가지

첫째, 포토그래퍼가 찍은 사진이 없어도, 포토샵을 몰라도 시작할 수 있다

기존 오픈마켓(G마켓, 11번가, 옥션 등)에서 판매하려면 사진도 찍어야 하고 포토샵으로 예쁘게 상세페이지도 만들어야 합니다. 하지만 스마트스토어는 포토샵을 할 줄 몰라도 스마트폰 사진 몇 장과 정성껏 쓴 글만으로도 충분히 판매할 수 있다는 것이 강점이어서 처음 시작하는 분들도 쉽게 시작할 수 있습니다.

둘째, 스마트스토어는 소상공인을 우대한다

네이버는 실패한 샵N을 성공적인 오픈마켓으로 탈바꿈시키기 위해 네이버 블로그에서 판매하는 사람의 방식을 기반으로 하면서 소상공인을 타깃으로 잡았습니다. 그래서 이미 예쁘게 포토샵으로 만들어진 상세페이지를 가지고 있는 판매자보다 블로그 형식으로 사진과 글을 섞어서 쓰는 사람들을 우대해 상위노출해주는 정책을 시행하고 있습니다.

판매하는 상품이 잘 팔리려면 이왕이면 다른 상품들보다 보기 쉬운 위치에 있어야 하는데(=상위노출), 스마트스토어는 전문 포토그래퍼가 찍은 사진이 아니라 정성껏 찍은 사진 몇 장과 잘 쓴 글만으로도 쉽게 상위노출이 될 수 있도록 설계되어 있습니다. 상위노출은 〈3일 차. 스마트스토어 상위노출하기〉에서 자세하게 다룹니다.

셋째, 수수료가 다른 오픈마켓보다 저렴하다

오픈마켓의 판매수수료는 판매하는 상품군에 따라서 달라집니다(43쪽 표 참고). 백화점 상품권을 판매하는 경우 판매금액의 1% 정도가 수수료로 부과되지만 의류를 판매하면 판매금액의 10% 이상이 수수료로 부과됩니다. 오픈마켓의 판매수수료를 천편일률적으로 얼마라고 이야기하기는 어렵지만, 일반 소상공인들이 많이 판매하는 상품은 대부분 판매금액의 10% 이상이 수수료로 부과된다고 생각하면 편할 것입니다.

반면 스마트스토어는 상품군에 상관없이 최소 3%에서 최대 5.85%의 수수료만 받고 있습니다. 44쪽 표에서 '네이버 쇼핑 연동수수료'와 '결제수수료'라는 두 가지 항목을 볼 수 있습니다. 네이버 쇼핑 연동수수료는 네이버 검색을 통해 상품을 구매하는 경우 부과되는 수수료이고, 결제수수료는 이때 결제하는 수단에 따라서 부과되는 수수료입니다. 총수수료는 네이버 쇼핑 연동수수료와 결제수수료를 합쳐서 결정됩니다.

■ 옥션(오픈마켓) 수수료

상품군 대분류	상품군 소분류	수수료(VAT 포함, %)
가공식품	전체	13
신선식품	전체	12
	쌀	7
여성의류	전체	13
유아동 의류	전체	13
도서/음반/e교육	전체	15
침구/커튼	전체	13
가구/DIY	전체	13
노트북/데스크톱	전체	7
	노트북용품	9
생필품	전체	11
	생리대/화장지/물티슈 등	9
주얼리/시계	전체	13
	순금/돌반지	7
출산/육아	전체	13
	기저귀/분유	7

오픈마켓의 수수료는 비싸다!

※ 수수료는 수시로 변동될 수 있으며, 분류된 수많은 상품군 중 일부만 올렸습니다.

■ 네이버 스마트스토어 수수료

수수료 종류		수수료(VAT 포함, %)
① 네이버 쇼핑 연동수수료		2.00
② 결제수수료	영세(연매출액~3억 원)	2.20
	중소1(매출액 3~5억 원)	2.75
	중소2(매출액 5~10억 원)	2.86
	중소3(매출액 10~30억 원)	3.08
	일반	3.63
네이버 총수수료 = ① + ②		최소 2.20~최대 5.63

> 네이버 검색으로 상품이 팔렸다면 2% 수수료 추가

전년도 매출액이 2억 원인 판매자가 SNS 홍보를 통해 판매했고 구매자가 스마트스토어를 통해 결제했다면 총수수료는 네이버 연동수수료 0%+영세 결제수수료 2.2%=2.2%(부가세 포함)가 됩니다.

반면 전년도 매출액이 1,000억 원인 판매자가 네이버 검색을 통해 상품을 판매했다면 총수수료는 네이버 연동수수료 2.0%+일반 3.63%=5.63%가 됩니다.

넷째, 스타트 제로수수료 프로그램이 있다

네이버는 스마트스토어를 처음 시작한 사업자에게 12개월간 결제수수료를 무료로 해주는 '스타트 제로수수료' 프로그램을 운영 중입니다. 사업자 판매등급이 '새싹'이나 '씨앗'이고 연매출 5억 원 이하의 중소사업자, 스마트스토어 창업 1년 미만의 신규사업자라면 클릭 한 번으로 12개월간 월 최대 500만 원까지 결제수수료를 무료로 지원합니다. 스타트 제로수수료 프로그램을 이용하면 수수료가 낮아지므로 신규창업자라면 부담 없이 도전할 수 있을 것입니다.

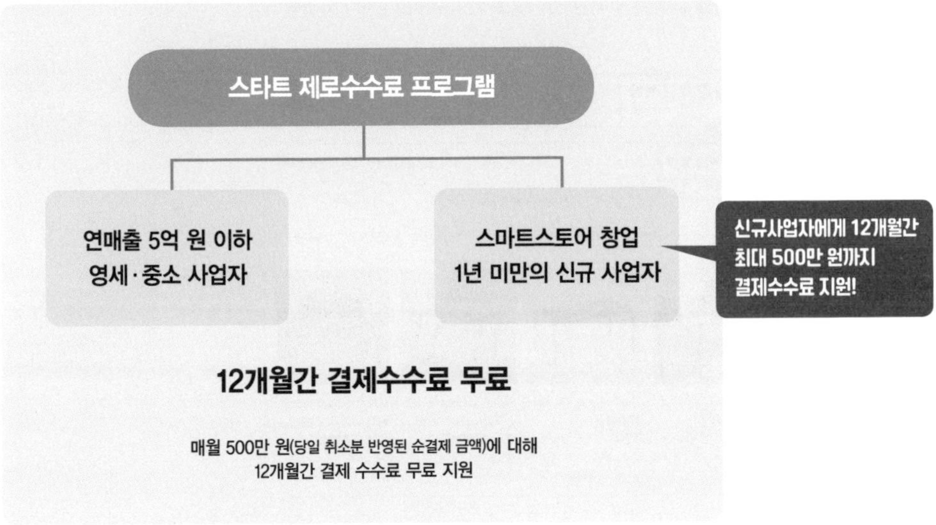

tip 네이버 도움으로 판매했다면 연동수수료를 낼 것!

네이버 쇼핑 연동수수료는 네이버의 도움으로 판매가 성사되었을 때 부과하는 수수료입니다. 예를 들어 다음처럼 네이버 검색을 통해 네이버 쇼핑 영역에서 구매할 경우 네이버의 도움을 받아서 구매한 것이므로 연동수수료 2%가 부과됩니다.

반면 다음처럼 개인 블로그, 카페, SNS(페이스북, 인스타그램, 트위터 등) 홍보를 통해 판매했다면 네이버 연동수수료는 0%가 됩니다.

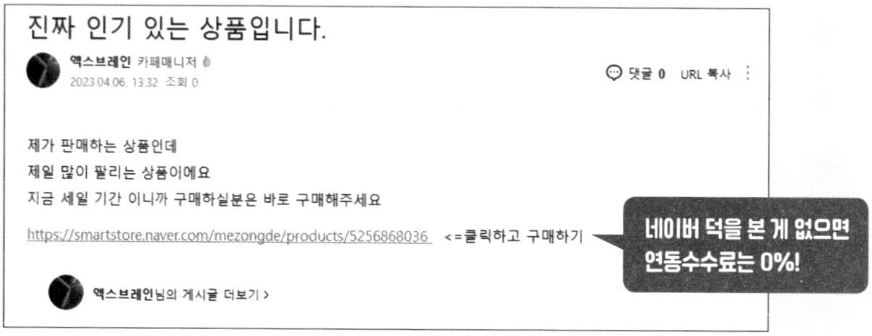

04

smartstore

스마트스토어 창업 전에 당장 해야 할 일 다섯 가지

쇼핑몰을 운영해본 경험이 없고 오픈마켓 판매 경험이 없는 분이라도, 팔려고 하는 물건의 사진과 글만으로도 스마트스토어를 시작하는 데는 어려움이 없다고 말씀드렸습니다. 간혹 준비만 하다가 시작조차 못하는 분들을 봅니다. 준비는 적당히 하는 게 좋습니다. 너무 많은 준비는 과유불급(過猶不及), 시간낭비일 뿐이지요. 그렇다면 무엇을 어떻게 준비해야 할까요? 우선 지금 당장 실천할 수 있는 다섯 가지 방법을 알려드리겠습니다.

왕초보 사장님이 당장 해야 할 일 ①
네이버페이 가입해보기

스마트스토어에서 상품을 구매하려면 무조건 네이버페이에 가입해야 합니다. 네이버페이를 쓰지 않고는 결제를 할 수 없기 때문입니다. 신용카드나 은

행 계좌를 등록해서 사용할 수도 있습니다. 간혹 스마트폰에 신용카드 정보 등을 보관하는 것이 불안하다고 하는 분들도 있습니다만, 온라인에서 판매하려고 마음먹었다면 한 번쯤은 네이버페이를 해보는 것을 권합니다. 직접 써보지 않으면 절대 소비자의 마음을 알 수 없기 때문입니다.

그럼 이제 네이버페이에 가입해볼까요?

❶ 네이버 메인화면에서 〈Pay〉를 클릭합니다.

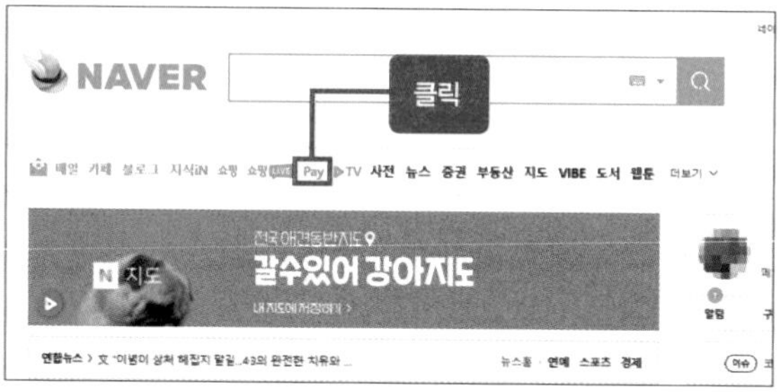

❷ '네이버페이 이용 동의' 페이지가 나오면 '약관 모두 동의하기'에 체크하고 〈서비스 시작하기〉를 클릭합니다.

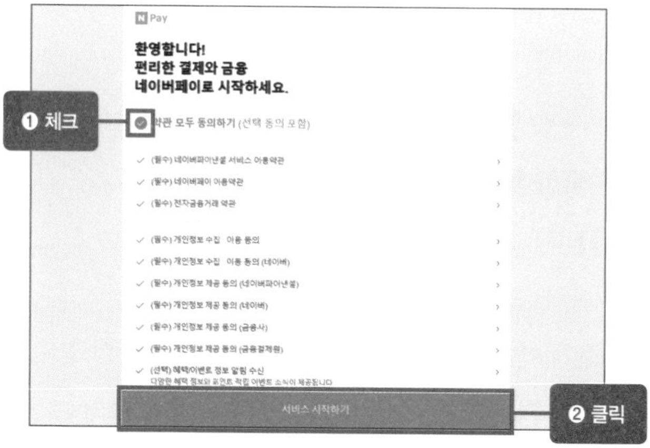

③ 네이버페이 가입이 완료되면 다음과 같은 화면을 볼 수 있습니다.

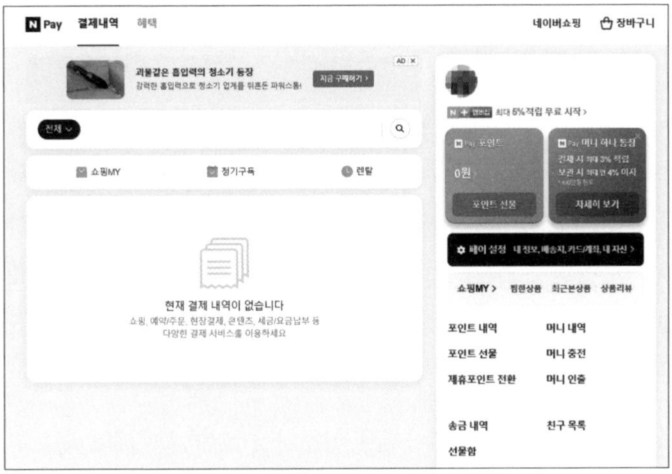

네이버페이에 가입했다면 스마트스토어 등에서 실제로 구매해보는 것으로 충분합니다. 여유가 된다면 G마켓, 옥션, 11번가 등에서 물건을 구입하기 위해 스마트폰에 ISP(Internet Service Provider)를 설치하거나 각종 간편결제서비스를 등록해보는 것도 좋습니다. 이런 과정을 거치다 보면 왜 사람들이 스마트스토어에서 구매하는지, 왜 네이버페이 결제가 가능한 쇼핑몰에서 구매하는지 이유를 알 수 있게 됩니다.

왕초보 사장님이 당장 해야 할 일 ②
PC로 스마트스토어에서 상품 구입해보기

상품을 파는데 온라인인지, 오프라인인지는 중요하지 않습니다. 잘 파는 방법은 온라인이나 오프라인이나 비슷하기 때문입니다. 또한 온라인 중에서도 G마켓에서 잘 파는 것이나, 옥션에서 잘 파는 것이나, 스마트스토어에서 잘 파는 것이나 큰 차이가 없습니다. 단지 스마트스토어는 포토샵을 할 줄 몰라도 상세페이지를 만들기 쉽다는 것이 장점이라는 차이점만 있습니다.

하지만 아무리 쉽다고 해도 스마트스토어에서 물건을 판매하려면 최소한 스마트스토어에서 물건을 구매해보는 경험은 필요할 것입니다. 필자를 찾아오는 분 중에는 단 한 번도 쇼핑몰이나 스마트스토어에서 물건을 구매해본 적이 없는 분도 종종 있습니다. 식당을 차리려는데 단 한 번도 식당에서 음식을 사 먹어본 적이 없다면 과연 식당을 잘 운영할 수 있을까요? 스마트스토어에서 창업하려고 한다면 꼭 스마트스토어에서 이것저것 많이 구매해보기를 권합니다.

그럼 이제 PC로 스마트스토어에서 고양이 간식을 한번 구매해볼까요?

1 네이버 메인화면에서 〈쇼핑〉을 클릭합니다.

② 네이버 쇼핑 메인화면에서 '고양이간식'을 검색한 뒤 원하는 상품을 클릭합니다.

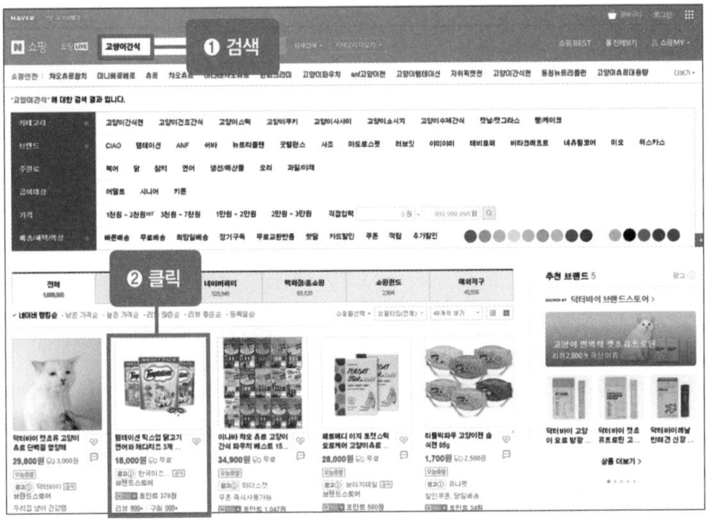

③ 상품의 옵션을 선택한 뒤 〈구매하기〉를 클릭합니다.

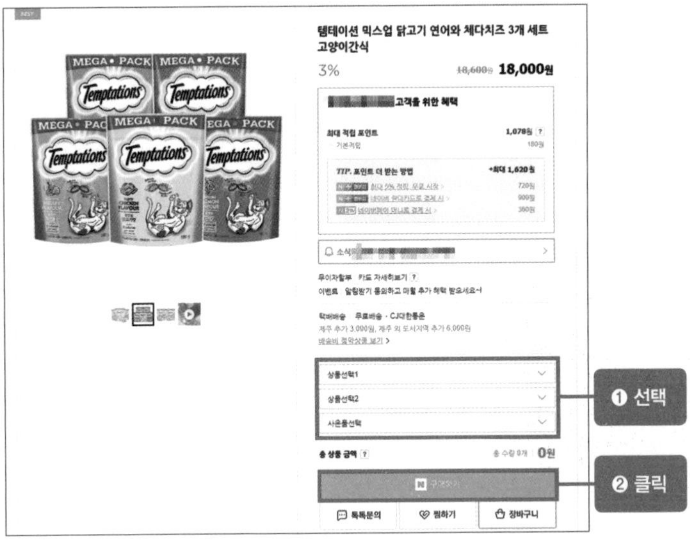

이런 방식으로 여러분이 필요한 상품을 직접 스마트스토어에서 구매해보세요.

왕초보 사장님이 당장 해야 할 일 ③
스마트폰으로 스마트스토어에서 상품 구입해보기

PC와 스마트폰 중 어떤 기기에서 상품을 더 많이 구매할까요? 불과 4~5년 전만 해도 온라인 구매는 대부분 PC에서 했지만 현재는 온라인 판매의 80~90% 이상이 스마트폰에서 구매가 진행됩니다. 온라인에서 이루어진 판매가 100건이라면 그중 80~90건은 스마트폰을 통한 것이고 나머지 10~20건만 PC를 통해 구매되었다는 말입니다.

PC에서만 구매하므로 스마트폰에서는 구매해본 적이 없다고 말하는 분들이 있습니다. 하지만 PC보다 더 많은 판매가 이루어지는 스마트폰에서 구매해보는 경험이 중요합니다. 그래서 꼭 스마트폰으로 구매해보는 것을 추천하고 싶습니다. 스마트폰에서 네이버 앱을 열고 상품을 구매해보세요.

그럼 이제 스마트폰으로 핸드폰 케이스를 구매해볼까요?

온라인 판매 80~90%가
스마트폰에서 진행!

① 스마트폰에서 인터넷으로 네이버에 접속하거나 네이버 앱을 다운로드한 뒤 실행합니다.

② 네이버 메인화면에서 '핸드폰 케이스'를 검색한 뒤 원하는 상품을 선택합니다.

③ 〈구매하기〉를 누릅니다.

④ 상품 옵션을 선택하고 〈바로 구매〉를 누릅니다.

스마트스토어 외에 다른 마켓플레이스(쿠팡, 티몬, 위메프, G마켓, 11번가, 옥션 등)에서도 한 번쯤 구매해보세요. 이것이 스마트스토어에서 판매하기 위한 최소한의 준비사항이기 때문입니다. 물론 PC에서 구매해보는 것은 기본입니다.

왕초보 사장님이 당장 해야 할 일 ④
판매자로 등록하고 상품등록해보기

쇼핑몰 또는 오픈마켓을 운영해본 분들이라면 상관없지만 한 번도 상품등록을 해보지 않은 분들은 이 과정을 두려워하기도 합니다. 하지만 그럴 필요가 없습니다. 아직 판매할 상품이 없어도 됩니다. 그냥 한번쯤 테스트로 스마트스토어에 상품을 등록해보는 것도 좋습니다.

1. 스마트스토어에 상품을 등록하기 위해서는 우선 판매자로 회원가입을 해야 합니다. 네이버 스마트스토어(sell.smartstore.naver.com)에 들어가서 〈가입하기〉를 클릭하고 회원가입을 합니다. 사업자등록증은 없어도 됩니다. 개인으로 진행하면 되니까요. 나중에 진짜로 판매할 때 사업자등록증을 등록하면 됩니다.

2. 회원가입 페이지가 표시되면 회원에 가입하세요. 이때 네이버 아이디로 가입하는 방법을 추천합니다.

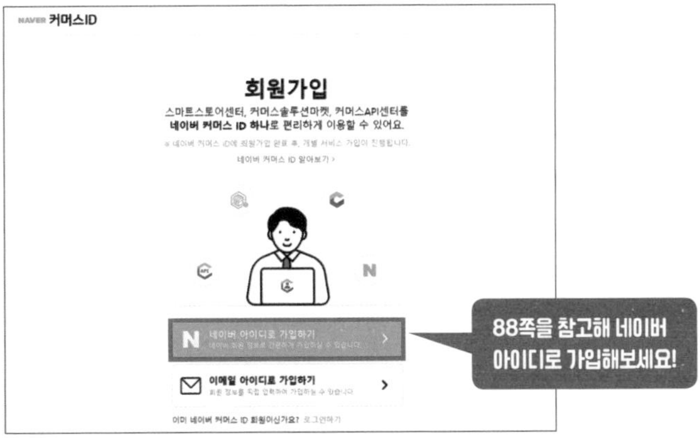

③ 회원에 가입하면 다음과 같은 화면이 나옵니다. 〈상품관리〉를 클릭하세요.

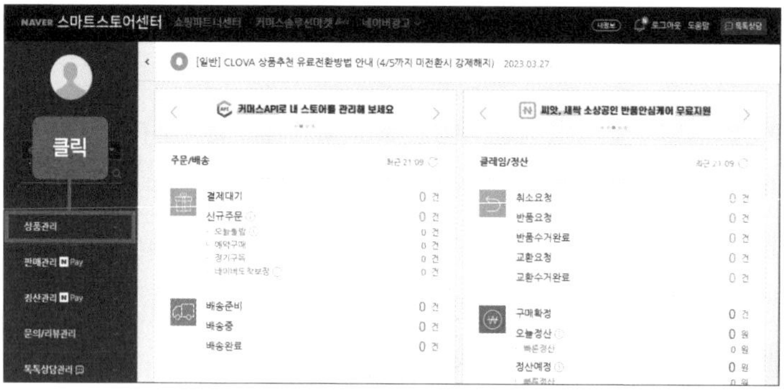

이제 상품을 등록하면 되는데, 가끔 어렵다고 하는 분도 있습니다. 하지만 이런 것들은 기능적인 부분이라 몇 번만 해보면 컴퓨터 왕초보분들도 잘하게 되니까 걱정하지 않아도 됩니다. 스마트스토어 가입과 상품등록에 대한 이야기는 〈1일 차. 스마트스토어 세팅하기〉에서 자세하게 다룹니다.

혹시 판매할 상품이 없다면 아무 상품이나 캡처해서 등록하면 됩니다. 캡처 프로그램은 아무거나 써도 상관없습니다. 네이버툴바나 알툴바에 있는 캡처 프로그램을 써도 되고, 다른 캡처 프로그램을 써도 됩니다. 어떤 캡처 프로그램이든 비슷비슷합니다.

왕초보 사장님이 당장 해야 할 일 ⑤
완벽하게 시작하겠다는 욕심 버리기

처음부터 모든 것을 완벽하게 마스터하겠다는 생각으로 시작하면 많이 복잡할 수 있습니다. 이후 〈1일 차. 스마트스토어 세팅하기〉에서 어떻게 상품을 등록하는지 설명하고, 〈2일 차. 스마트스토어 상세페이지 만들기〉에서 상세페이지를 어떻게 만들어야 하는지 설명합니다. 그리고 〈3일 차. 스마트스토어 상위노출하기〉에서 어떻게 해야 실제로 상위노출이 되는지 설명할 예정이니, 우선 지금까지 나온 내용만 따라해보면 됩니다.

온라인에서 한 번도 판매를 해본 적이 없어도 다음 사항 정도는 꼭 해봐야 스마트스토어를 시작할 수 있습니다. 자, 그러면 이제부터 준비가 되어 있는지 하나하나 체크해보세요.

스마트스토어 창업 전 기본 체크리스트

1. 스마트스토어에서 상품을 구입해본 적이 있나요?	YES ☐	NO ☐
2. 스마트폰을 사용해서 상품을 구매해본 경험이 있나요?	YES ☐	NO ☐
3. 네이버페이에 가입되어 있고 실제 사용해봤나요?	YES ☐	NO ☐
4. 상품등록을 위한 판매자로 가입을 해봤나요?	YES ☐	NO ☐

4번 문항은 〈1일 차. 스마트스토어 세팅하기〉에서 실제로 해볼 예정이니 경험이 없어도 괜찮습니다. 하지만 1~3번 문항에 대해서는 직접 해봐야만 스마트스토어에서 판매할 수 있으니 꼭 해보고 넘어가세요.

feat. 2년 만에 '프리미엄' 등급으로 우뚝 선 덕구 씨

05 세상에서 가장 쉬운 스마트스토어 창업 도전기! ①

smartstore

자영업자 덕구 씨의 스마트스토어 창업 성공기

이름에 대한 선입견을 가지면 안 되지만, 처음 덕구 씨의 이름을 들었을 때 조금 세련되지 못할 것이라는 편견이 있었습니다. 하지만 실제로 덕구 씨를 보았을 때 이름에서 주는 느낌과 전혀 다르게 외모가 훤칠해서 크게 놀랐던 기억이 납니다.

덕구 씨와는 전화를 통해서 첫만남을 가졌습니다. 제가 운영하는 네이버 카페(cafe.naver.com/ktcfob)에서 진행하는 쇼핑몰(스마트스토어) 판매 교육을 덕구 씨가 신청했기에 현재 상황을 물어보려고 전화했더니 이름은 '조덕구'이고 서울에서 여자친구와 함께 자영업을 하고 있다고 했어요.

엑스브레인 : 뭘 하고 싶으신가요?

덕구 : 서울에서 여자친구와 둘이서 자영업을 하고 있어요. 현재는 나쁘지는 않지만, 앞으로가 걱

정되어서 온라인 판매를 하려고 합니다.

엑스브레인 : 앞으로가 걱정이라고 하셨는데 어떤 걱정이시죠?

덕구 : 사업이 현재 비교적 잘 되고 있습니다. 하지만 이전에 비해서 고객들이 온라인에서 많이 구매하다 보니 이전보다 수익이 많이 줄었습니다. 지금만큼만 되어도 괜찮기는 하지만, 앞으로 점점 더 오프라인 판매보다는 온라인 판매 쪽으로 바뀔 것이라는 생각 때문에 온라인 판매도 준비해 보려고 해요.

오프라인 자영업자이지만
온라인도 공략!
'프리미엄' 등급 우뚝!

엑스브레인 : 그렇기는 하죠. 이제는 60세 넘으신 분들도 오프라인이 아닌 온라인에서 많이 구매하시니까요. 20~40대라면 더욱 그렇고요. 아~ 참! 자영업을 해보니까 어떤가요?

덕구 : 회사에서 월급 받고 일할 때보다 바쁘기는 한데, 그래도 노력한 만큼 벌 수 있어서 저는 만족해요. 단지 오프라인에서만 장사를 해봐서 온라인서도 잘 판매할 수 있을지가 걱정입니다.

엑스브레인 : 온라인이나 오프라인이나 물건을 잘 파는 방법은 비슷합니다. 다만 오프라인에서 상품을 팔 때는 고객이 직접 눈으로 보고 살 수 있어서 상품의 진열만 잘해도 충분한 경우가 많아요. 하지만 온라인에서는 글과 사진을 통해 판매하다 보니 고객을 설득하는 것이 좀 다를 뿐입니다. 어쨌든 저와 함께 며칠만 공부하면 크게 어렵지 않다고 느낄 거예요.

무작정 열심히만 하는 건 절대 NO!
정확한 방향으로 열심히 하는 것이 관건

유튜브나 각종 커뮤니티에 나오는 내용을 보면 열심히 상품 등록하고 꾸준히만 한다면 크게 어렵지 않다는 이야기를 많이 합니다. 덕구 씨는 이것이 맞는지를 물었고 필자는 이렇게 답변했어요.

"열심히 하면 됩니다. 하지만 대부분의 사람들은 잘못된 방향으로 열심히만 합니다. 상품을 열심히 등록하면 될 것이라고 생각하고 열심히 등록하죠. 10

개의 상품을 올렸는데도 잘 안 팔리면 또 10개의 상품을 올리고, 이렇게 하고도 잘 안 팔리면 '내가 열심히 하지 않아서 안 되는 거니까 더 열심히 해야지!' 라는 마음으로 계속 열심히 상품을 등록합니다. 그런데 이런 사람들은 대부분 실패합니다. 시간이 지날수록 지치고 상품을 많이 올려도 생각만큼 판매량이 늘지 않는다는 것을 알게 되기 때문입니다. 그리고 비법을 찾으러 다닙니다. 광고를 하면 될까? 상위노출을 하면 될까? 등등 말이죠. 정확하게 어떻게 하면 내 상품이 잘 팔리는지를 알지 못한 채 열심히만 합니다."

그런데 **진짜 잘하려면 하나를 팔아도 어떻게 팔아야 잘 팔리는지를 아는 것이 중요**하다고 이야기했습니다. 66쪽에서 소개하는 효정 씨는 달랑 한두 개의 제품만 팔아서 한 달에 매출만 7,000만 원을 달성하고 있어요. 이와 같이 **어떻게 해야 잘 팔리는지를 알고 나면 그 시점부터는 상품을 하나하나 더 늘려가는 것이 중요**합니다. 이렇게 해야 실패하지 않기 때문이죠. 물론 업종에 따라서 상품을 많이 등록해야 잘 팔리는 경우도 있습니다.

2년 만에 '프리미엄' 등급으로 우뚝!

결론부터 이야기하면 덕구 씨는 시작해서 2년도 안 되는 기간에 '프리미엄' 등급이 되었습니다. '프리미엄' 등급은 3개월 기준 매출 6억 원 이상, 판매건수 2,000건 이상, 리뷰평점 4.5점 이상이라는 굿서비스를 달성해야만 가능한 등급입니다.

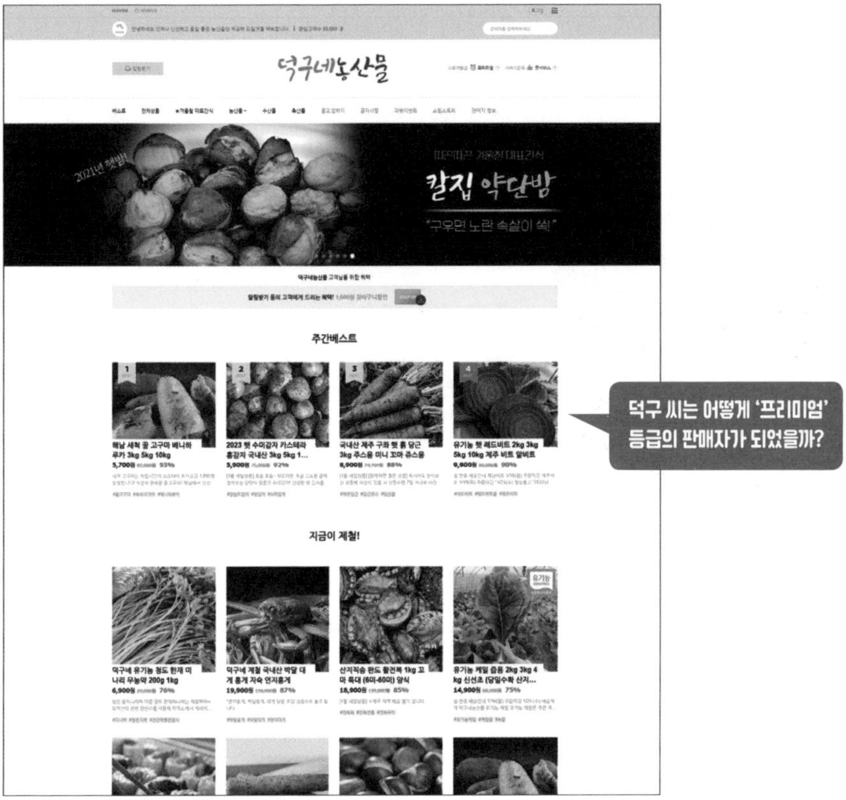

그럼 어떻게 덕구 씨는 '프리미엄' 등급을 달성했을까요?

가장 큰 비결은 판매하는 상품의 개수가 많지 않았다는 것입니다. 첫 시작을 1개의 상품으로 시작하다 보니 많은 상품을 파는 사람보다 하나의 상품에 집중할 수 있는 시간이 많았습니다. 그 덕분에 어떻게 해야 더 많이 팔 수 있는지를 고민할 시간이 많았던 것이죠. 또한 많은 제품을 판매하고 있는 판매자들보다 상품에 대한 이해도가 높고 고객 응대에도 최선을 다할 수 있었습니다. 결과적으로 이야기하면 **어떤 상품이든지 언제, 어떻게 팔아야 잘 팔 수 있는지**

를 알게 된 것입니다. 그리고 이때 배운 방법과 똑같은 방법으로 상품을 늘리니 매출이 쑥쑥 오를 수밖에 없었습니다. 이것이 바로 덕구 씨의 스마트스토어가 '프리미엄' 등급이 된 가장 큰 비법이었습니다.

참고로 덕구 씨처럼 오프라인에서 자영업을 하는 분들은 오프라인에서 판매하는 상품을 온라인으로 가져오기만 하면 되는 상황이라 어떤 아이템을 팔지 고민할 필요가 없습니다. 덕구 씨도 농산물 쪽에서 계속 일했던 경험이 있어서 크게 어렵지 않게 농산물로 온라인 판매를 시작하게 되었어요. 이와 같이 기존에 오프라인에서 판매하던 상품이 있다면 그것을 파는 것으로도 충분합니다.

소비자를 공략할 포인트만 잘 찾아도 성공은 눈앞에!

상품을 잘 파는 방법은 상품군에 따라 다를 수 있습니다. 품질이 균등한 공산품인지, 그렇지 않은 농수산물인지에 따라서도 다르고 똑같은 공산품이어도 브랜드나 경쟁사의 상황에 따라서 달라질 수 있습니다.

덕구 씨가 판매하는 농산물의 경우에는 판매자나 판매시기에 따라서 품질이 똑같지 않을 수 있습니다. 이 경우 자신이 판매하는 상품이 어떤 점에서 좋은 상품인지를 소비자에게 어필하는 것이 중요해요. 상세페이지는 결국 글과 사진을 통해 어떻게 소비자를 설득할 것인가가 담겨있어야 합니다. 2일 차 스마트스토어 상세페이지에서 자세하게 설명하겠지만, 덕구 씨는 이 부분에 집중했습니다.

우선 몇 가지 포인트만 살펴볼게요.

첫째, 농산물이 'GAP 인증상품'임을 강조해 신뢰 쌓기

'GAP 인증상품'이라는 부분을 글을 통해 강조하지 않고 눈으로 쉽게 보이도록 상품 사진에 GAP 마크를 넣어두었습니다.

GAP
(우수관리인증)
농림축산식품부
GAP 마크만 넣어도 소비자에게
믿음과 확신을 심어줄 수 있다.

둘째, 품질에 주력하기

소비자의 입장에서 보면 자신이 구매하려고 하는 이 상품이 진짜 사진에서 보는 것처럼 품질이 좋을 것인지 의구심을 가질 수 있어요. 그래서 덕구 씨는 '100% 품질 보장제'라는 문구를 통해 소비자에게 믿을 수 있는 상품이라는 신뢰감을 주었습니다.

오른쪽 화면과 같은 사진 1장과 간략한 메시지 하나! 별것 아닌 것 같지만 이런 포인트 하나하나가 모여서 결국 판매량을 늘리는 결과를 가져온답니다.

셋째, '오늘출발 무료배송' 강조하기

'오늘출발 무료배송'을 통해 소비자가 고민하지 않고 '그냥 여기서 구매하면 되겠구나!'라는 생각이 들게 상세페이지를 구성했어요.

참고로 소비자가 상품을 구매할 때는 여러 가지 요소를 고려합니다. 그중에서 중요한 하나의 요소를 꼽으라고 한다면 '언제 상품을 받을 수 있느냐'입니다. 그리고 또 하나는 지금 내가 구매하려고 하는 상품에 추가로 배송비를 지불해야 하는지의 여부입니다.

자, 그렇다면 진짜 무료배송이 있을까요?

'무료배송'이라고 써있어도 결국 판매가에 배송비가 녹아있을 것입니다. 하지만 덕구네는 '무료배송'이라는 단어를 통해 소비자가 좀 더 쉽게 구매까지 이르게 만들었어요. 또한 배송도 '오늘출발'이라는 단어를 넣어 '빨리 받을 수 있겠구나!'라는 생각을 구매자가 갖게 했습니다. 결국 이러한 포인트를 통해 덕구네는 해당 상품의 판매를 성공적으로 이끌었고 나중에 여러 가지 상품을 런칭하여 '프리미어' 등급이 되는 기록까지 세웠습니다.

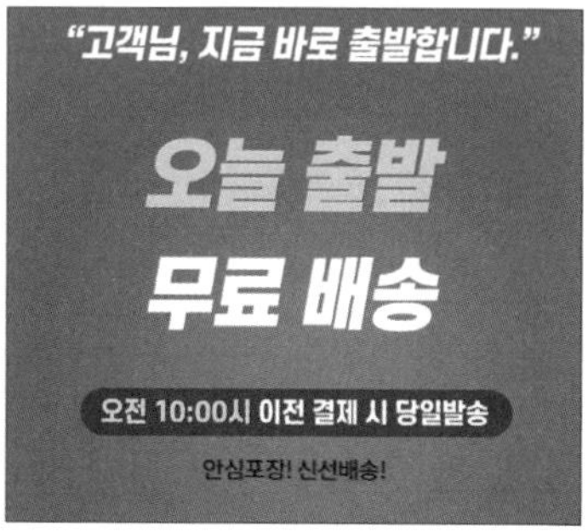

위탁판매 방식과 C/S 집중이 성공 포인트!

'덕구네농산물'은 직접 농산물을 재배하거나 사입(仕入)을 하지 않습니다. 위탁방식으로만 진행하므로 배송할 일도 없습니다. 사입을 해서 팔면 수익은 더 높을 수 있겠지만, 직접 배송뿐만 아니라 보관까지 해야 하므로 재고 문제도 생길 수 있어요. 판매물품이 농산물이어서 보관하려면 냉장 저장창고가 필요해서 많은 비용이 들어갈 수도 있고, 포장을 위한 인력까지 관리해야 해서 비용이 많이 듭니다. 그래서 '덕구네농산물'은 실제 구매가 발생하면 해당 위탁업체에서 배송해주는 '위탁판매' 방식으로 진행합니다.

이렇게 판매를 진행하면 마진이 많이 줄어드는 것 같지만, 직접 했을 때 소요되는 비용과 리스크 등을 감안한다면 훨씬 쉽게 일할 수 있어서 편리합니다. 덕구 씨는 위탁업체가 배송해주는 상품이 소비자가 만족할 수 있는 상품인지, 문제가 없는 상품인지를 관리하는 C/S에 집중하고 있을 뿐입니다.

서울에서 여자친구와 같이 자영업을 했던 덕구 씨는 이제 성공해서 고향인 울산으로 돌아갔습니다. 같이 일했던 여자친구 지향 씨와 결혼도 했고요. 성공을 진심으로 축하하고 저를 처음 만났을 때의 마음으로 언제나 열심히 노력해서 꽃길만 걸었으면 하는 것이 필자의 바람입니다.

feat. 월매출 7,000만 원 달성한 효정 씨

06 세상에서 가장 쉬운 스마트스토어 창업 도전기! ②

smartstore

영어 강사 효정 씨의 스마트스토어 성공기

효정 씨를 처음 본 것은 2년 전쯤이었습니다. 대학교를 졸업하고 서울에 있는 한 영어학원에서 영어 강사를 하던 효정 씨. 막상 일을 해보니 재미있는 것도 아니고 월급을 받아봐야 자취하는 상황이다 보니 월세 내고 이것저것 빼고 나면 크게 남는 것도 없어서 부업이 되었든, 전업이 되었든 쇼핑몰을 통해 돈을 더 벌고 싶어서 필자를 찾아왔습니다.

엑스브레인 : 뭘 하고 싶으신가요?

효정 : 뭐가 되었든 지금보다 많이 벌고 싶어서 찾아왔어요.

엑스브레인 : 아이템은 있어요?

효정 : 아직 정한 것은 없습니다.

엑스브레인 : 자본금은 얼마나 되나요?

포토샵도, 블로그도
모르고 시작!
농산물 판매로
월매출 7,000만 원 달성!

효정 : 월급 받아도 월세 내고 이것저것 쓰다 보니 돈을 모으지 못했어요. 제가 가지고 있는 돈은 총 300만 원밖에 안 됩니다.

엑스브레인 : 포토샵은 할 줄 아세요?

효정 : 모르는데요.

엑스브레인 : 혹시 블로그 운영해봤나요? 아니면 글을 잘 쓰나요?

효정 : 블로그를 해본 적도 없고, 글 쓰는 것도 잘 못합니다.

효정 씨를 만나게 된 것은 필자가 운영하는 네이버 카페(cafe.naver.com/ktcfob)에서 진행하는 쇼핑몰 교육에 그녀가 수강신청을 했기 때문이었습니다. 필자의 본업이 쇼핑몰 교육은 아니지만 그래도 가끔 시간이 날 때마다 쇼핑몰 교육을 하고 있어서 효정 씨를 만나게 된 것이지요.

무작정 퇴사하고 창업하는 건 절대 NO!

필자는 효정 씨에게 이런 질문을 했습니다.

"영어 강사 일이 싫어서 쇼핑몰을 하겠다는 건가요? 아니면 일이 꼭 싫은 건 아닌데 돈을 더 벌고 싶은 마음에 쇼핑몰을 하겠다고 하는 건가요?"

그때 효정 씨의 대답은 필자가 예상한 그대로였습니다. 일이 마음에 안 드는 것은 아니지만 원하는 수준에 비해서 높지 않은 급여 때문이었습니다. 그래서 필자는 이런 이야기를 했습니다.

"온라인 판매를 시작하면 처음 몇 달은 지금 하고 있는 일보다 수입이 훨씬 적을 가능성이 높습니다. 그런데 하는 일을 그만두고 바로 쇼핑몰을 하게 되면 그 몇 달을 버티지 못하고 오히려 크게 후회할 수 있어요. 그러니 가볍게 스마트스토어에서 부업으로 시작해보는 것이 좋을 것 같습니다."

영어 강사 일은 본인이 원하는 목표가 어느 정도 달성되는 것이 눈에 확실히 보이는 시점에 그만두는 것이 좋겠다고 조언했습니다.

성공의 핵심은 아이템!
농산물 판매로 월매출 7,000만 원 달성

오프라인에서 장사를 하고 있는 것도 아니고, 딱히 팔고 싶은 것이 있지도 않았던 효정 씨. 효정 씨는 어떤 아이템을 해야 할지 고민하고 있었습니다. 사실 필자는 어떤 아이템이든 크게 어렵지 않다고 생각합니다. 온라인에서 판매가 안 되는 것은 없으므로 무엇을 팔든 잘 팔 수 있는 방법만 안다면 큰 문제가 없다는 것이 필자의 생각입니다. 옷도 잘 팔리고, 잡화도 잘 팔리고, 인테리어 소품도 잘 팔리고, 식품도 잘 팔리고, 가구도 잘 팔리고……. 잘 팔리는 것이 정말 많습니다.

기존에 오프라인에서 판매하던 것이 있다면 그것을 팔면 됩니다. 그런데 오프라인에서 판매하던 것이 없다면, 필자는 본인이 좋아하고 관심 있는 상품을 판매하라고 이야기합니다. 취미를 기반으로 하는 것도 좋습니다. 왜냐하면 내가 관심 있고 좋아하는 상품을 판매해야 조금 힘들고 어려운 일이 있어도 즐겁게 일할 수 있기 때문입니다.

효정 씨는 대학교에 다니기 전까지 시골에서 살았고, 크지는 않지만 조그마한 텃밭에서 채소를 이것저것 심고 키웠던 경험이 있어서 농산물을 판매해보고 싶다고 하더군요. 서울에서 학원 강사로 일하면서 농산물을 파는 게 쉽지는 않은 상황이지만, 다행히 시골에 부모님이 살고 계셔서 초기에 부모님의 도움을 받을 수 있었습니다.

부모님이 크게 도와준 것은 아니었습니다. 효정 씨가 운영하는 스마트스토어에 주문이 들어오면 효정 씨가 부모님께 연락합니다. 그러면 부모님이 동네(5일장 등)에서 해당 농산물을 구매한 뒤 포장하고 송장을 붙여서 택배사가 가져가게 합니다.

스마트스토어를 시작한 지 3~4개월이 지나고 나니 영어 강사 때보다 훨씬 많은 수익이 생겼고, 이것을 계기로 본격적으로 본인이 직접 판매에 뛰어들게 되었습니다. 그리고 스마트스토어 창업 1년 5개월이 지난 시점에 효정 씨는 한 달에 7,000만 원 정도의 매출을 기록했습니다.

다음은 효정 씨가 필자의 카페에 남긴 후기(cafe.naver.com/ktcfob/10935)입니다.

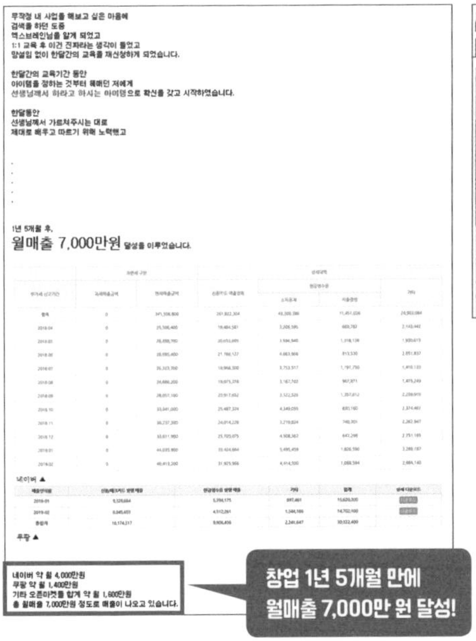

효정 씨의 상위노출 비결 :
아이템을 폼나게 해주는 글쓰기

똑같은 상품을 팔아도 누구는 잘 팔고 누구는 그렇지 않습니다. 어떤 차이 때문에 이런 현상이 나타날까요? 여러 가지 이유가 있을 수 있지만 그중에서 제일 큰 이유는 바로 글쓰기입니다. 오프라인에서 옷을 판다고 하면, 손님이 피팅룸에서 옷을 입어보고 나왔을 때 점원이 하는 말 한마디에 따라서 손님이 구매를 하기도 하고 하지 않기도 합니다. 블로그도 마찬가지입니다. 똑같은 화장품을 포스팅해도 어떤 게시글은 매출을 늘리는 효과가 있는 반면, 어떤 게시글은 접속하자마자 바로 이탈하고 나가버리게 만드는 경우도 많습니다.

영어 강사 효정 씨의 또 다른 성공비결 역시 정성껏 쓴 글이었습니다. 앞에서 스마트스토어는 소상공인 또는 이미 블로그 등에서 상품을 판매하는 사람들을 위해서 만들어진 오픈마켓이라고 말씀드렸습니다. 그렇다 보니 스마트스토어 상위노출 조건 중 하나는 블로그처럼 사진과 글이 어우러져 있는 상세페이지를 아주 잘 만드는 것입니다.

사실 이마트나 롯데마트에 가서 농산물이나 수산물, 과일 등을 구매할 때 점원한테 상세한 설명을 듣고 구매하지는 않을 것입니다. 카트를 끌고 가다가 필요하다는 생각이 들거나 보기에 괜찮아 보이면 별다른 생각 없이 구매하는데, 이것은 오프라인에서 통하는 방법이고 온라인에서는 그렇지 않습니다. 온라인에서는 원산지가 어떻고, 맛이 어떻고 등등 소비자를 설득하는 노력을 해야 합니다. '파워블로거'라고 하는 사람들도 이런 방식으로 글을 쓰지요. 화장품 하나를 가지고 글을 써도 이런저런 측면에서 소비자를 설득하기 위해서 노력합니다.

대학생 때 리포트 쓰던 것을 기억하나요? 남학생들은 요점 위주로 불과 몇 장 쓰고 나서 쓸 게 없다고 하지만, 여학생들은 쓸 것 없을 것 같은 내용을 늘리고 늘려서 수십 장을 만듭니다. 사실 이들의 리포트 결과물이 큰 차이가 나

지 않아도 일반적으로 분량이 많은 여학생들이 더 높은 학점을 받는 경우가 많습니다. 스마트스토어도 마찬가지입니다. 요점만 짧게 쓴 글보다는 정성껏 쓴 긴 글이 더 많은 판매 결과를 가져옵니다. 효정 씨가 억지로 글을 길게 쓴 것은 아니지만, 상품 하나를 등록하기 위해서 정성껏 쓴 글이 판매를 증가시키는 요인이 되었습니다.

스마트폰으로 제품 사진을 촬영해도 충분히 잘 팔린다

사람들이 쇼핑몰을 운영할 때 가장 신경을 많이 쓰는 부분은 대부분 사진입니다. 사실 사진을 잘 찍는다고 잘 팔리는 것도 아닌데 대다수는 예쁜 쇼핑몰을 만들려고 노력합니다. 그리고 어떻게 하면 사진을 더 잘 찍을 수 있는지 고민합니다. 그래서 포토그래퍼한테 의뢰하거나 DSLR(Digital Single Lens Reflex)을 구매해서 직접 사진을 찍기도 합니다.

그런데 소비자 입장에서는 보기에 예뻐서 구매했는데 막상 받아보니 생각보다 예쁘지 않아 실망한 경험이 있을 거예요. 한두 번쯤 이런 경험을 해본 적이 있을 겁니다. 상황이 이렇다 보니 생각보다 많은 사람이 예쁜 사진만 보고 구매하는 것이 아니라, **블로그 등의 현실성 높은 글을 보면서 구매를 결정**하는 경우가 많습니다. 모델보다는 일반인이 등장해 자연스럽게 찍은 사진을 보면서요. **이런 관점에서 만들어진 것이 윈도**(스타일윈도는 현재는 '패션타운 베타 버전'으로 이름을 변경하여 서비스중)입니다.

다음 사례를 보면 모델 컷이 없습니다. 스마트폰으로 가볍게 사진을 찍고 열심히 쓴 글 하나만으로 꽤 많이 팔고 있습니다.

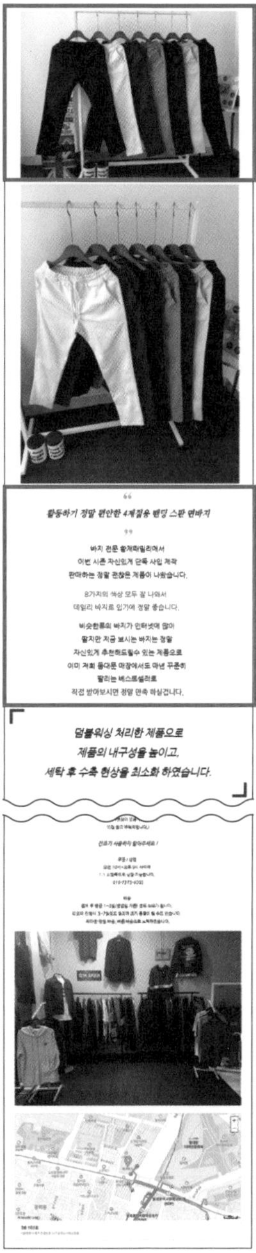

덤블워싱 처리한 제품으로
제품의 내구성을 높이고,
세탁 후 수축 현상을 최소화 하였습니다.

"
활동하기 정말 편안한 4계절용 밴딩 스판 면바지
"

바지 전문 황제패밀리에서
이번 시즌 자신있게 단독 사입 제작
판매하는 정말 괜찮은 제품이 나왔습니다.

8가지의 색상 모두 잘 나와서
데일리 바지로 입기에 정말 좋습니다.

비슷한류의 바지가 인터넷에 많이
팔지만 지금 보시는 바지는 정말
자신있게 추천해드릴수 있는 제품으로
이미 저희 동대문 매장에서도 매년 꾸준히
팔리는 베스트셀러로
직접 받아보시면 정말 만족 하실겁니다.

근사한 모델 사진 없어도 충분히 잘 팔린다.

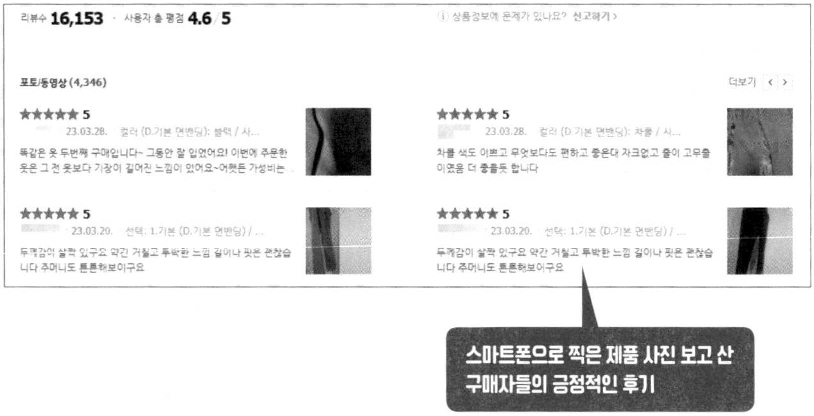

상품군에 따라 다소 다를 수 있지만 스마트스토어는 굳이 DSLR이나 포토그래퍼가 사진을 찍지 않아도 됩니다. 초보 판매자나 오프라인 사업자 본인이 열심히 찍은 사진만으로도 충분합니다. 영어 강사 효정 씨도 스마트폰으로 사진을 찍고 열심히 글을 쓰는 것만으로 충분히 잘 팔고 있습니다. 그러니 사진에 대한 부담은 많이 버려도 됩니다.

하지만 아무리 사진이 중요하지 않다고 해도 이왕이면 예쁘게 찍을 수 있다면 더 좋을 것입니다. 시간이 날 때마다 내가 팔려고 하는 상품을 스마트폰으로 찍어보세요. 이 정도 연습하는 것만으로도 충분합니다.

07

smartstore

스마트스토어에서 잘 팔리는 아이템은 무엇일까?

아이템 선택, 감보다 데이터를 분석하자

온라인에서 판매를 준비하는 분들이 제일 많이 물어보는 질문 중 하나가 이것입니다.

"어떤 아이템을 하는 것이 좋을까요?"

현재 오프라인에서 사업체를 갖고 있다면 지금 하고 있는 상품을 중심으로 온라인쇼핑몰을 준비하라고 이야기해줍니다. 오프라인 사업을 하고 있지 않다면, 또는 회사에서 사무직으로 근무했거나 딱히 별다른 기술이 없는 상태라면 본인이 좋아하고 관심 있는 업종을 중심으로 생각해보라고 조언합니다.

그럼에도 불구하고 좀 더 잘되고 좀 더 안 되는 아이템이 있는데, 이번에는 이런 아이템에 대해서 알아볼게요. 스마트스토어에서 판매하는 분들조차 네이버에서 어떤 상품들이 잘 팔리는지 모르는 경우가 많습니다. 그 이유는 구매하는 입장이 아니라 판매하는 입장에서만 보기 때문입니다. 그렇다면 지금부터 초보자들도 잘 팔리는 아이템을 찾을 수 있도록 간단하게 데이터를 분석하는 방법을 살펴보겠습니다.

① 쇼핑베스트 활용하기

네이버 쇼핑(shopping.naver.com)의 오른쪽 위에 있는 〈쇼핑Best〉를 클릭하면 패션의류, 패션잡화, 화장품, 미용 등 각 카테고리별로 잘 팔리는 상품 베스트가 보입니다.

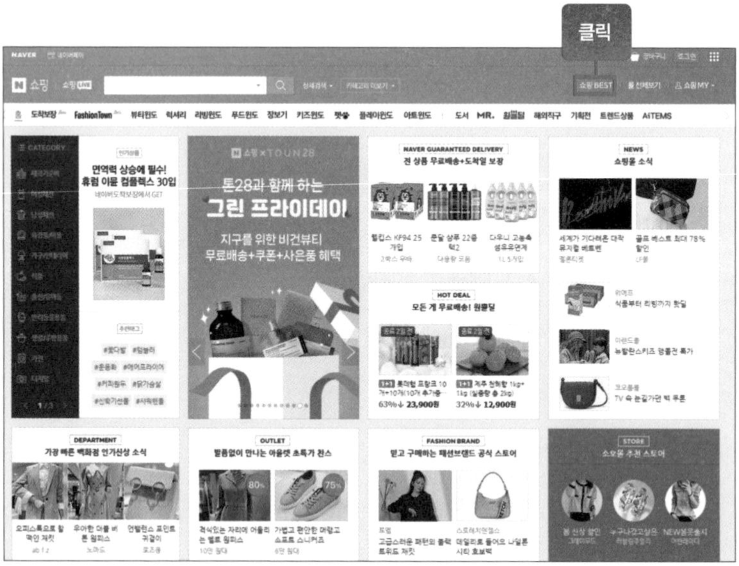

날짜별로 각 카테고리에서 잘 팔리는 상품 베스트를 선정해놓았습니다. 그 중 〈패션의류〉를 클릭했더니 그날 1등부터 95등까지 보여서 1등 상품을 클릭해보았습니다.

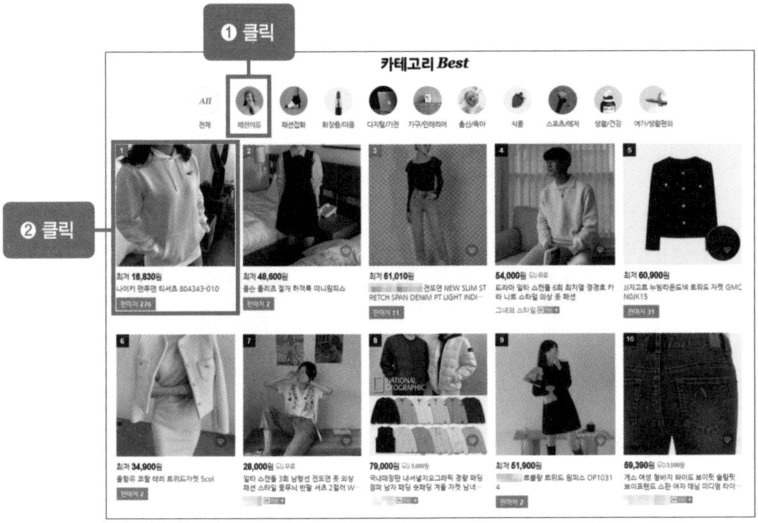

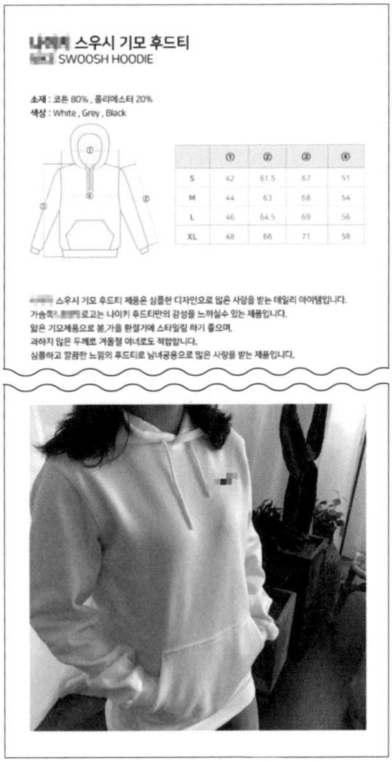

상품의 상세페이지가 나옵니다. 앞서 이야기했듯이 일반 쇼핑몰처럼 화려한 상세페이지가 아닙니다. 현실성 높은 사진 몇 장에, 블로그에 글을 쓰듯이 열심히 쓴 글뿐입니다. 그런데도 잘 팔립니다.

개정판 책을 쓰기 위해서 오랜만에 이 페이지에 들어왔는데, 예전에 필자를 찾아온 분들의 계정을 볼 수 있어서 기뻤습니다. 처음 시작하는 분이라면 이렇게 이미 잘 팔고 있는 판매자들을 보고 벤치마킹하는 것도 실력을 높일 수 있는 방법입니다.

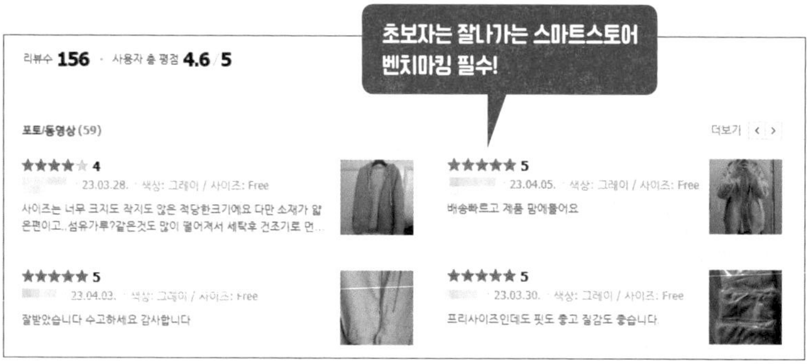

② 네이버 검색조회수 활용하기

소비자들이 네이버에서 어떤 상품을 많이 검색하는지 검색조회수를 살펴보면서 아이템을 찾을 수도 있습니다.

1. 네이버 광고(searchad.naver.com)에 접속해 로그인합니다. 회원가입이 되어 있지 않은 분은 회원가입합니다.

❷ 로그인 후 메인화면에서 <키워드도구>를 클릭합니다.

❸ 내 사업과 관련된 키워드를 검색합니다. '향수'를 입력했더니 한 달 동안 PC와 모바일을 합쳐 약 16만 건의 검색이 발생했습니다. 이렇게 검색하는 사람들한테만 잘 팔아도 부자가 되는 것은 어렵지 않을 것입니다.

③ G마켓 등 오픈마켓 검색조회수(유효구매 조사) 활용하기

②번까지만 해도 충분하지만 꼼꼼하게 점검할 분은 ③번까지 하는 것도 좋습니다. 스마트스토어에서 판매하지만 기타 오픈마켓의 검색조회수를 활용하는 이유가 있습니다. 네이버에서 검색하는 사람들은 크게 두 가지 목적을 갖고 있을 가능성이 높습니다. 하나는 구매하기 위해서, 또 하나는 관련된 정보를 얻기 위해서입니다.

예를 들어 네이버에서 '도어락'을 검색하는 사람들을 보면 구매하기 위해서 검색하는 사람도 있지만 단순히 도어락 관련 정보를 찾기 위해서 검색하는 사람도 많습니다. 반면 오픈마켓인 G마켓에서 도어락을 검색하는 경우는 네이버에서 검색하는 것보다 실제로 도어락을 구매하기 위해서 검색하는 사람들이 훨씬 많습니다. 그래서 실제 유효한 판매 타깃을 정확하게 알 수 있다는 장점이 있습니다. 이런 측면에서 네이버의 조회수만 보지 말고 각종 오픈마켓의 검색조회수를 활용하는 방법을 추천합니다.

G마켓, 옥션, 11번가 등 오픈마켓의 검색조회수를 확인하려면 각 마켓의 '판매자관리센터' 메뉴로 들어가서 회원가입 후 살펴보면 됩니다. G마켓과 옥션은 ESM플러스(www.esmplus.com/Member/SignIn/LogOn)에 가입한 뒤 키워드를 입력해서, 11번가는 판매자의 관리자 페이지인 셀러오피스(soffice.11st.co.kr/view/intro)에서 조회수를 확인할 수 있습니다. 여기에서는 해당 오픈마켓에 방문하는 사람들이 해당 상품을 얼마나 많이 구매하는지 정확하게 알 수 있으므로 해당 상품이 온라인에 적합한지의 여부를 금방 파악할 수 있어요.

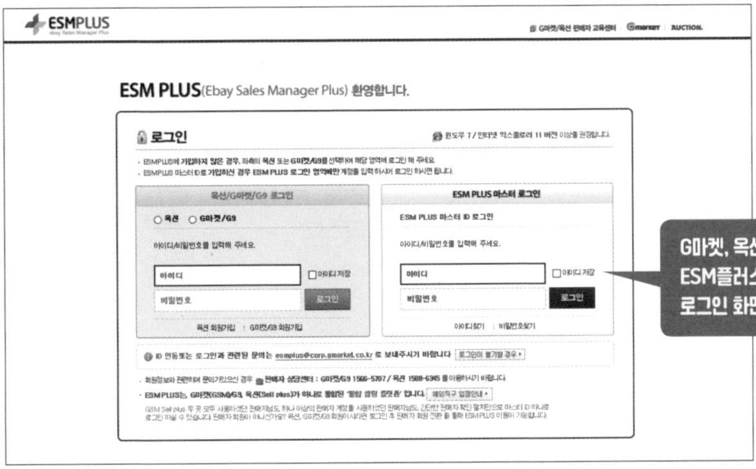

G마켓, 옥션의 ESM플러스 로그인 화면

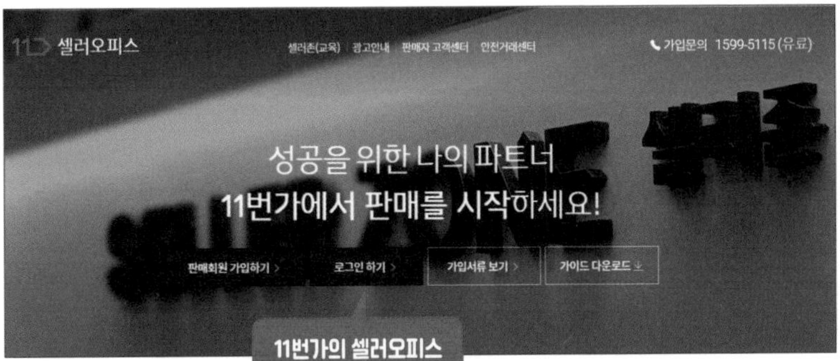

11번가의 셀러오피스 로그인 화면

아이템 최종 결정 총정리(feat. 스니커즈)

"어떤 아이템을 하는 것이 좋을까요?"라는 질문에 대한 정답을 정리해볼게요. 만약 현재 오프라인에서 사업체를 갖고 있다면 지금 판매하고 있는 상품을 중심으로 합니다. 만약 오프라인에서 사업을 하고 있지 않고 부업으로 뭔가 시작하고 싶다면 본인이 좋아하고 관심 있는 업종을 중심으로 생각해보면 됩니다. 단, 무작정 시작하는 것이 아니라 다음 세 가지 요소를 고려해서 진행 여부를 결정해야 합니다.

꼼꼼하게 챙기려면 1~3번 문항까지 모두 확인! 가장 중요한 2번 문항은 더 꼼꼼히 확인!

아이템 선정 체크리스트

1. 네이버의 '쇼핑Best'에 있는 상품군인가요?	YES ☐	NO ☐
2. 네이버 검색조회수가 일정 수준 이상 되는 상품인가요?	YES ☐	NO ☐
3. 정보 탐색보다는 실질 구매를 위해 검색하는 각종 오픈마켓에서도 조회수가 어느 정도 나오는 상품군인가요?	YES ☐	NO ☐

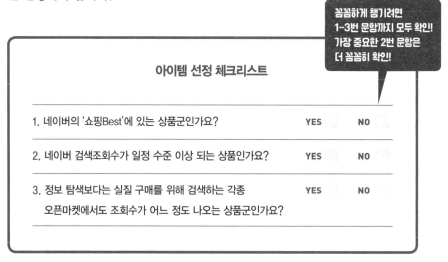

만약 스니커즈를 판매 아이템으로 잡았다면 다음 사항을 점검해보세요.

① 스니커즈가 네이버의 '쇼핑Best'에 있는가?

만약 스니커즈를 팔고 싶다면 네이버의 '쇼핑 Best'에 스니커즈가 있는지 살펴봅니다. 여기에 스니커즈가 있다면 충분히 시장성이 있는 상품이니 시작해도 좋을 것입니다.

② 스니커즈는 네이버 검색조회수가 높은가?

만약 쇼핑 베스트 100에 스니커즈가 없다면 네이버에서 해당 상품군이 얼마나 검색되었는지 살펴봅니다. 스니커즈를 찾아보니 지난 한 달 동안(2023.

3.29 기준) PC에서 16,100번, 모바일에서 140,500번으로, 총 156,600번 검색되었습니다. 이렇게 많은 사람이 원하는 상품군이라면 충분히 시장성이 있으므로 그냥 진행해도 좋습니다.

③ 스니커즈는 오픈마켓에서도 많이 팔리나?

좀 더 꼼꼼하게 살펴보려면 실제 구매하기 위해서 검색한 사람의 유효구매 숫자를 알아봅니다. 이것을 알아보는 방법은 G마켓, 옥션, 11번가 등에서 해당 상품군에 대한 검색조회수가 얼마였는지 살펴보는 것입니다.

11번가의 경우 일주일 동안 '스니커즈' 검색 건수가 웹에서는 130건, 모바일에서는 939건으로, 합치면 1,069건입니다. 네이버의 기준과 맞추기 위해서 1개월로 생각해본다면 대략 4,000번 조금 넘는 유효구매 숫자가 나옵니다.

여기서는 11번가만 보여드렸지만 G마켓과 옥션 등을 각각 생각해본다면 네이버의 수치보다는 작을 수 있습니다. 그래도 스니커즈는 많은 사람이 구매하기를 원하는 아이템이라는 것을 확신할 수 있습니다.

앞에서 소개한 세 가지 방법으로 내가 판매하려고 하는 상품이 실제 많이 팔릴 만한 상품인지 알아보면 됩니다.

마지막으로 이렇게 아이템을 결정하고 그럭저럭 잘해낼 수 있으면 그때부터는 본격적으로 마케팅을 공부해야 합니다. 왜냐하면 아무리 치열하지 않은 영역이어도 시간이 지나면 조금씩 치열해지기 시작합니다. 그런데 마케팅 실력이 부족하면 결과적으로 처음에는 조금 팔리는 듯하다가 시간이 지나면서 판매가 부진해집니다. 이 책에서는 초보자들이 비교적 쉽게 접근할 수 있는 상품을 기준으로 말씀드리지만 마케팅을 더 공부하려면《엑스브레인 쇼핑몰 성공법》(진서원출판사)을 참고하거나 필자가 운영하는 네이버 카페(cafe.naver.com/kfcfob)에 와서 공부하는 것을 추천합니다.

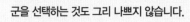

tip

초보 판매자라면 경쟁이 덜 치열한 아이템도 고려하자

여기서 꼭 생각해봐야 하는 것이 있습니다. 네이버의 '쇼핑Best'에 있는 상품군이고 네이버, G마켓, 11번가 등에서 검색량이 많으면 무조건 좋은 상품이냐고 물어본다면 꼭 그런 것만은 아니라고 말씀드리고 싶습니다.

예를 들어 꿀은 네이버의 '쇼핑Best'에 없습니다. 또한 검색량도 스니커즈처럼 많지 않습니다. 당연히 스니커즈보다 꿀이 더 많이 팔릴 가능성은 없습니다. 하지만 검색량이 많고 팔리는 상품이 많다는 것은 경쟁이 치열하다는 뜻일 수도 있습니다. 검색량이 높은 아이템을 팔 것인지, 검색량이 낮은 아이템을 팔 것인지는 개인의 상황과 능력에 따라 달라지겠지만, 초보 판매자라면 경쟁이 치열하지 않은 상품군을 선택하는 것도 그리 나쁘지 않습니다.

1일 차

스마트스토어 세팅하기

08 네이버 스마트스토어센터에 입성하기

09 스마트스토어에 판매상품 등록하기

10 소비자의 눈길을 사로잡는 상세페이지 구성하기

11 이것만 해도 매출 UP!
상세페이지에 꼭 필요한 구매 촉진 요소 일곱 가지

12 사업자등록과 통신판매업신고는 어떻게 할까?

08

smartstore

네이버 스마트스토어센터에 입성하기

스마트스토어센터 가입은 네이버 아이디로 편리하게!

이제 본격적으로 1일 차 수업을 시작합니다. 〈준비운동. 스마트스토어 감잡기〉에서 스마트스토어는 블로그형 쇼핑몰이라고 말씀드렸습니다. 기존 오픈마켓(G마켓, 11번가, 옥션 등)에서 판매하려면 잘 찍은 사진도 필요하고 포토샵으로 예쁘게 상세페이지도 만들어야 합니다. 하지만 스마트스토어에서는 몇 장의 사진과 잘 쓴 글만으로도 충분히 판매할 수 있어서 초보자도 쉽게 시작할 수 있습니다.

여러분은 대부분 이미 네이버에 가입해 있겠지만, 스마트스토어 판매자가 되기 위해서는 추가로 스마트스토어센터에 회원가입을 해야 합니다. **방법은 두 가지**입니다. **네이버 아이디를 이용해서 가입**하는 방법과 **별도의 이메일을 이용해서 가입**하는 방법이 있는데, 이 두 가지 방법 중 네이버 아이디로 가입하는 방법이 가입할 때도, 평소에 사용할 때도 더 편리합니다. 이메일 방식으로 가입하면 네이버에 로그인되어 있어도 스마트스토어센터에 접속할 때 다시 로그인해야 해서 불편합니다. 하지만 네이버 아이디로 가입하면 네이버에 로그인되어 있는 상태에서 스마트스토어센터에 접속할 경우 간단하게 로그인할 수 있어서 무척 편리합니다.

법인회사도 네이버 아이디로 가입 추천

네이버 아이디가 아닌 다른 방법으로 가입하기를 원한다면 이메일을 이용해서 가입할 수 있습니다. 법인회사는 이메일 가입을 하는 경우가 많은데, 가장 큰 이유는 혼자만 스마트스토어에 접속하는 것이 아니라 다른 직원도 해당 계정에 접속이 가능해야 하기 때문입니다. 하지만 이 방법도 스마트스토어센터에서 〈판매자정보〉→〈매니저 관리〉 기능을 이용하면 내 아이디와 패스워드를 공개하지 않고도 다른 사람이 접속할 수 있는 권한을 부여할 수 있으므로 네이버 아이디 방식으로 가입하는 것이 훨씬 편리합니다.

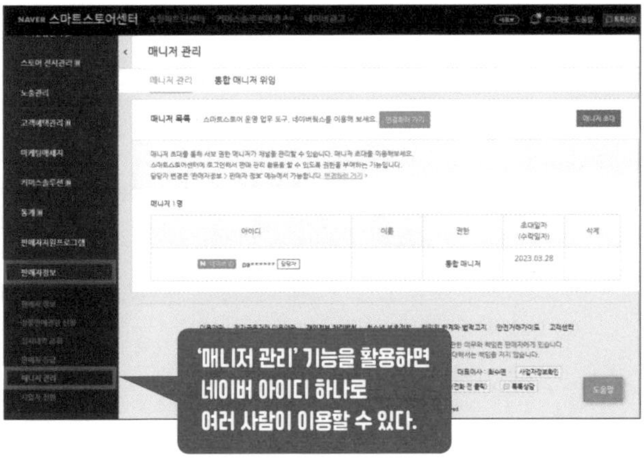
NAVER 스마트스토어센터
매니저 관리
'매니저 관리' 기능을 활용하면
네이버 아이디 하나로
여러 사람이 이용할 수 있다.

스마트스토어센터 가입 한눈에 보기

다음은 스마트스토어센터 가입 과정을 한눈에 볼 수 있도록 정리한 것입니다. 92쪽부터 스마트스토어센터 가입 순서대로 하나하나 따라해볼 것이니 길 잃지 말고 잘 따라오기 바랍니다.

스마트스토어센터 접속

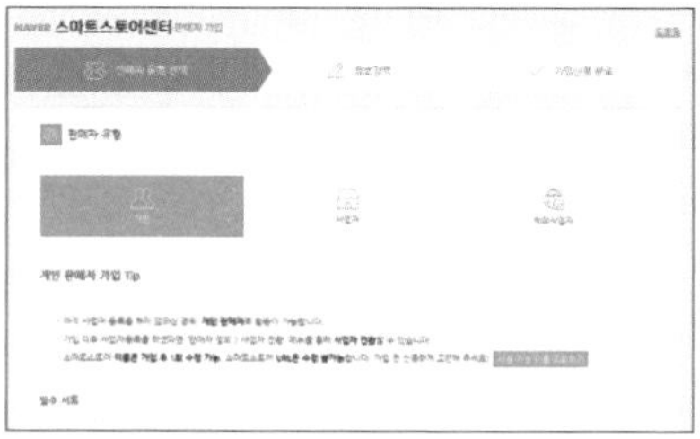

판매자 유형 선택(92쪽 참고)

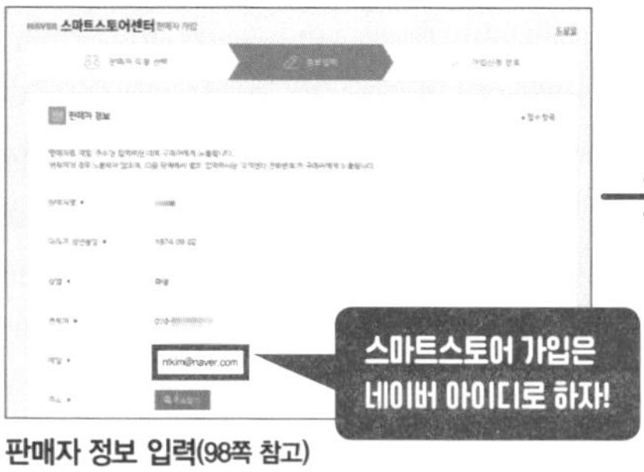

판매자 정보 입력(98쪽 참고)

판매상품 정보 입력(101쪽 참고)

가입 완료(102쪽 참고)

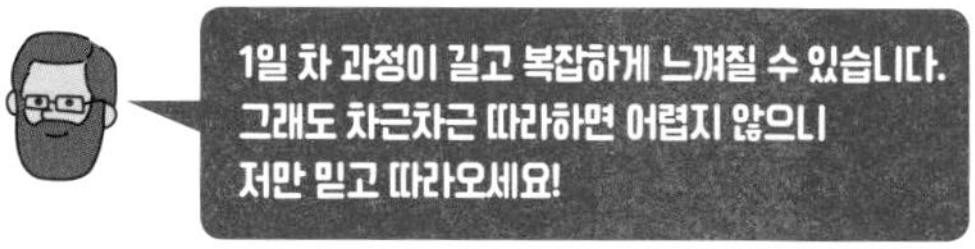
1일 차 과정이 길고 복잡하게 느껴질 수 있습니다.
그래도 차근차근 따라하면 어렵지 않으니
저만 믿고 따라오세요!

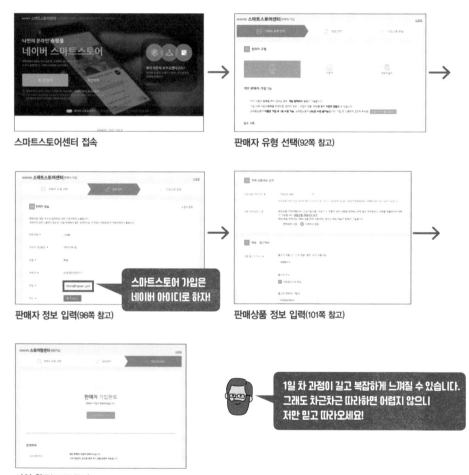

미리 생각해두자! 내 스마트스토어 이름

스마트스토어의 이름은 소비자가 검색했을 때 나오는 상점명이 됩니다. 예를 들어 내가 스마트스토어에서 떡을 판매하고 있고 스토어 이름을 '떡보의 하루'로 정했다면 '떡'이라는 검색어로 검색했을 때 쇼핑 영역에 내가 설정한 스마트스토어의 이름이 나타납니다.

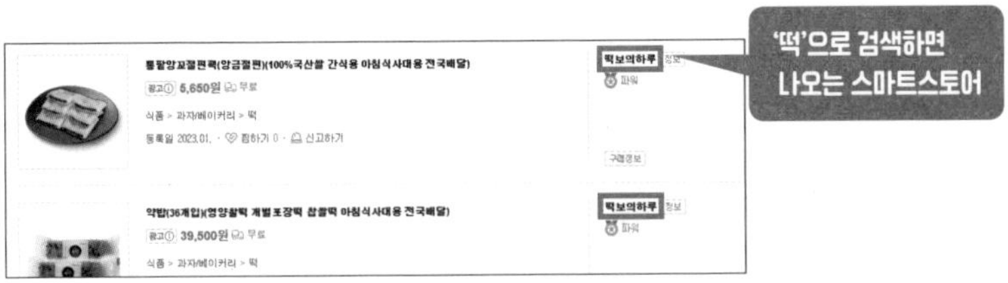

떡을 구매하려는 소비자 입장에서 보면 판매상품과 상관없어 보이는 이름을 쓰는 곳보다는 '떡보의 하루'와 같이 딱 봐도 떡을 판매하는 곳이라고 여겨지는 경우 훨씬 더 신뢰할 수 있습니다. 그러므로 이왕이면 판매하려고 하는 상품과 스마트스토어 이름의 연관성을 생각해서 짓는 것이 좋습니다. 스마트스토어 이름은 한글과 영문 모두 가능하며 1회만 변경할 수 있어요. 여기서는 연습 차원에서 하는 것이므로 필자는 '엑스브레인'이라는 스마트스토어 이름을 썼습니다.

스마트스토어의 이름은 소비자의 마음으로 생각하면 쉽습니다. 판매하려고 하는 상품군에서 판매자들의 이름을 하나씩 살펴봅니다. 만약 떡을 판매하려고 한다면 해당 상품군을 검색해서 다른 판매자들은 어떤 이름을 쓰고 있는지 살펴보고, 그중 어떤 것이 소비자에게 더 신뢰감을 주는지 생각해서 내 스마트스토어의 이름을 정하면 어렵지 않을 것입니다.

나도 판매왕!

네이버 스마트스토어센터 가입 방법

① 판매자 유형 선택하기

초보자를 위해 스마트스토어센터 가입부터 상품등록에 이르기까지 하나하나 살펴보겠습니다. 눈으로만 보는 것보다는 하나씩 따라해보면 더 좋습니다.

1 네이버에서 '스마트스토어판매자센터'를 검색합니다.

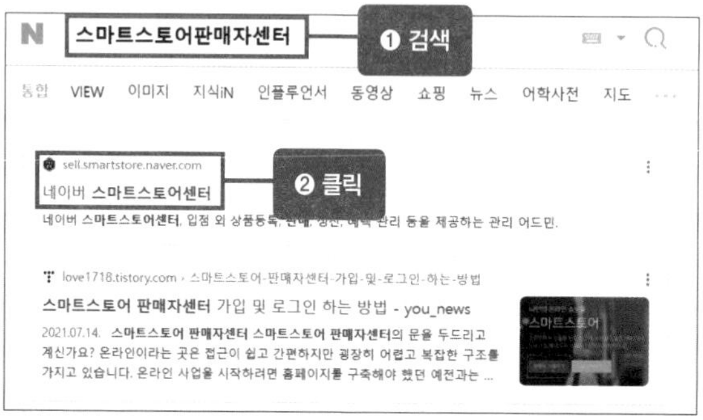

2 스마트스토어센터(sell.smartstore.naver.com)에 접속하고 〈가입하기〉를 클릭합니다.

❸ 회원가입 화면이 나타나면 네이버 아이디나 이메일 아이디로 가입합니다.

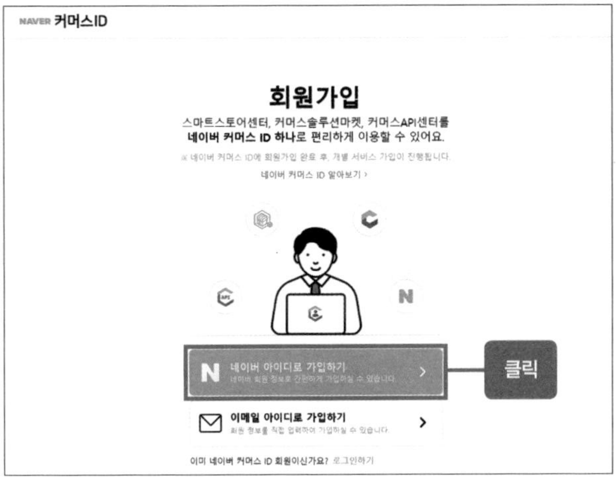

❹ '판매자 유형'에서 〈개인〉을 선택한 후 〈다음〉을 클릭합니다. '사업자'나 '해외사업자'인 경우는 97쪽을 참고해서 선택하세요.

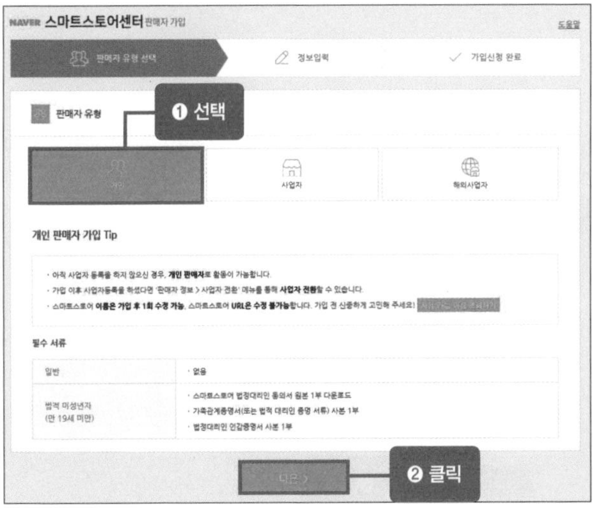

5 〈휴대전화 본인인증〉을 클릭해 휴대전화 인증을 하고 〈다음〉을 클릭합니다.

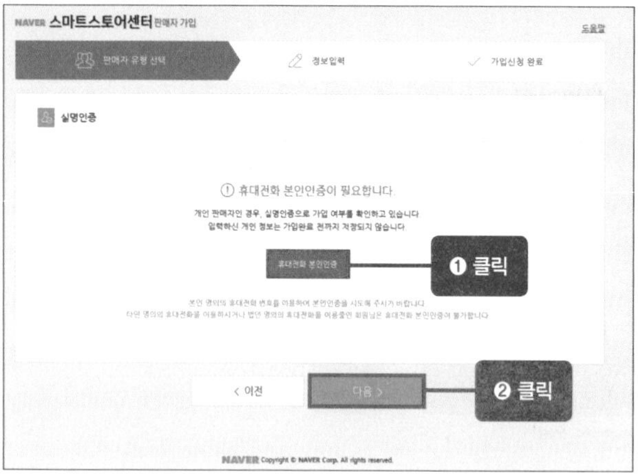

6 인증을 마치면 〈네이버 아이디로 가입하기〉를 클릭하고 〈다음〉을 클릭합니다. 앞에서 왜 네이버 아이디로 가입하는 것이 좋은지 다 읽었죠? 아직 안 읽었다면 88쪽을 참고하세요.

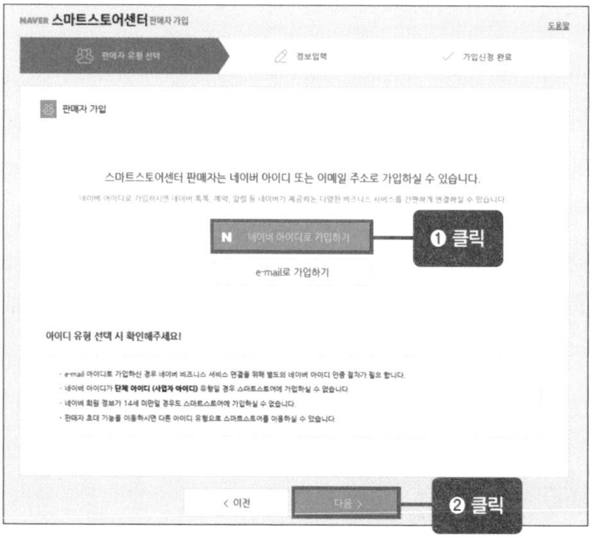

7 휴대전화 번호나 이메일 주소를 입력하고 '휴대전화 번호 인증' 또는 '이메일 주소 인증'을 선택합니다. 이 책에서는 이메일 주소 인증으로 진행할 것이므로 이메일 주소를 입력하고 〈다음〉을 클릭합니다.

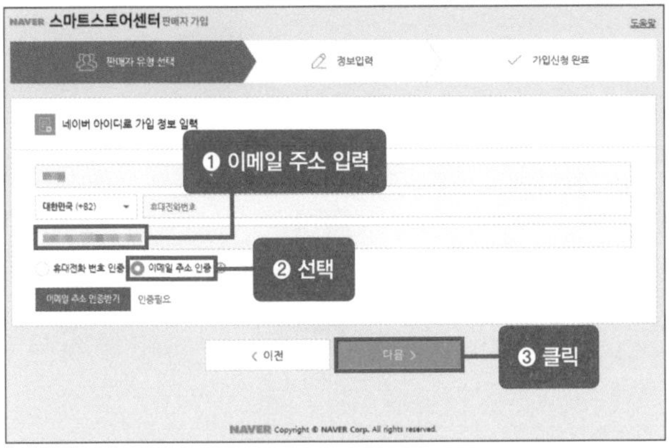

8 7 과정에서 입력한 메일 주소를 확인하는 인증번호를 입력합니다.

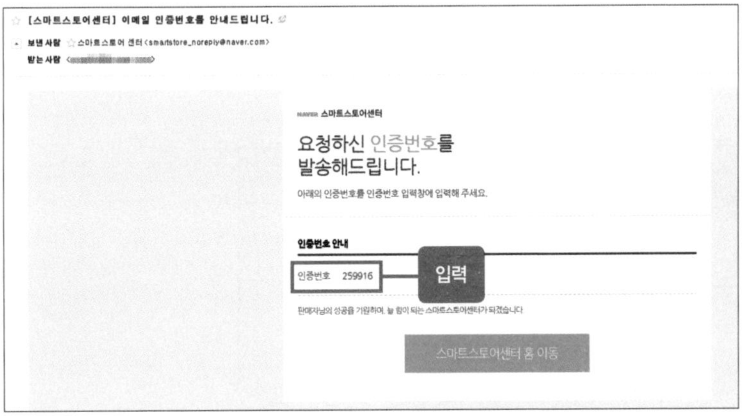

9 '네이버 쇼핑'과 '네이버 톡톡'을 오른쪽으로 드래그해서 활성화하고 〈다음〉을 클릭합니다. '네이버 쇼핑'을 활성화하지 않으면 네이버에서 검색했을 때 내 상품이 노출되지 않습니다. '네이버 톡톡'을 활성화하지 않으면 스토어찜을 한 구매자에게 판매자가 메시지를 전달할 수 없습니다.

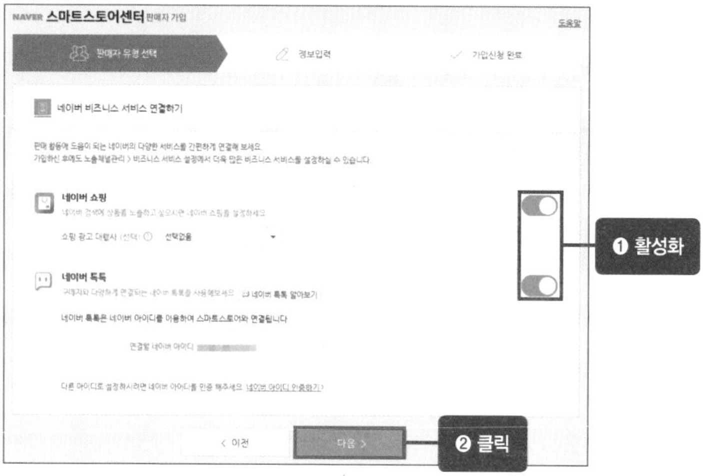

10 약관을 확인하고 '이용 약관에 모두 동의합니다'에 체크한 후 〈다음〉을 클릭합니다. 여기까지 따라하면 판매자 유형 선택 과정이 끝납니다. 다음에 이어지는 판매자 정보 입력 과정도 잘 따라와주세요.

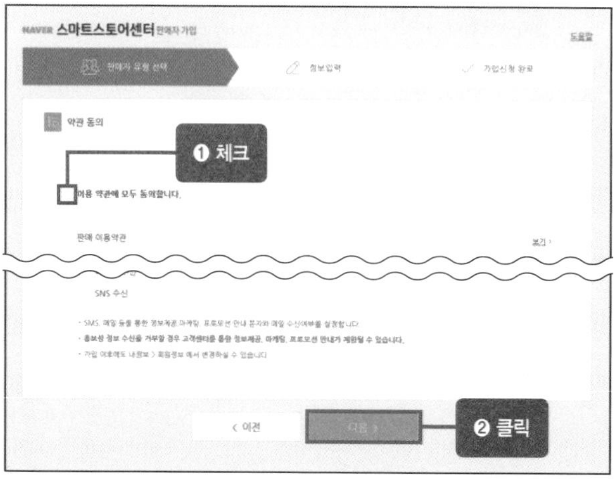

tip 사업자등록증 유무에 따른 판매자 유형 선택하기

아직 사업자등록증이 없다면 93쪽 ④ 과정에서처럼 '판매자 유형'에서 〈개인〉을 선택하면 됩니다. 사업자등록증이 있으면 〈사업자〉를, 해외에 거주하면서 판매하려면 〈해외사업자〉를 선택하세요.

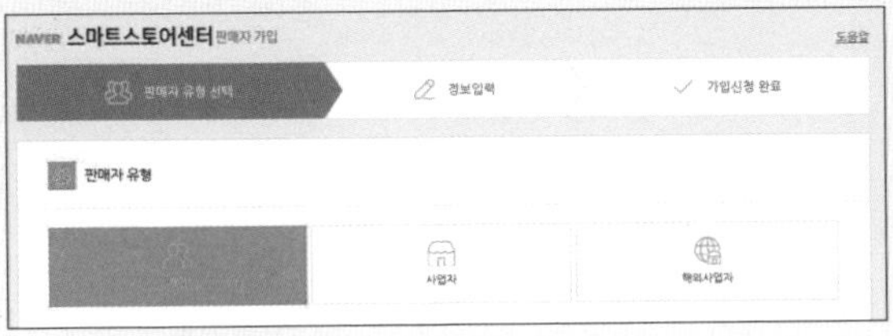

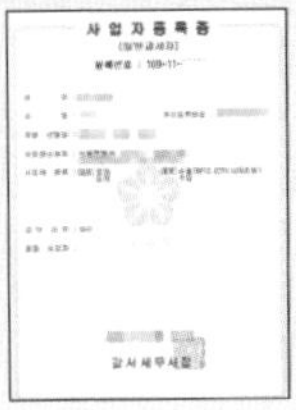

■ **사업자 유형별 서류**

구분	개인	사업자	해외사업자
자격	사업자등록을 하지 않은 개인	사업자등록증이 있는 경우	해외에 거주하면서 판매하는 경우
필수조건 (필수서류)	휴대전화 본인인증	• 사업자등록증 • 통신판매업신고증 • 사업자 명의 통장 사본	• 사업자등록증 (미국의 경우 IRS 서류) • 대표자 여권 사본 • 해외에 개설된 사업자 명의 통장 사본

개인은 휴대전화로 본인인증만 하면 바로 가입되지만 사업자나 해외사업자는 해당 서류를 제출해도 네이버에서 서류를 확인한 후에 계정이 만들어집니다. 그래서 개인이 아닌 사업자 등으로 가입하면 소요시간이 늘어납니다. 이 시간을 줄이려면 일단 개인으로 가입한 후 스마트스토어센터의 〈판매자정보〉→〈사업자 전환〉에서 사업자로 변경 요청하고 바로 필요한 서류를 보내주면 아무런 문제가 없습니다. 그러므로 처음에 회원가입은 개인으로 하는 것이 시간을 줄이는 좋은 방법입니다.

나도
판매왕!

네이버 스마트스토어센터 가입 방법

② 판매자 정보 입력하기

앞에서 판매자 유형 선택은 잘 따라했나요? 이제 판매자 정보를 입력하는 창이 나옵니다.

1 '판매자 정보'에 나오는 사항에 개인정보를 입력한 후 〈다음〉을 클릭합니다.

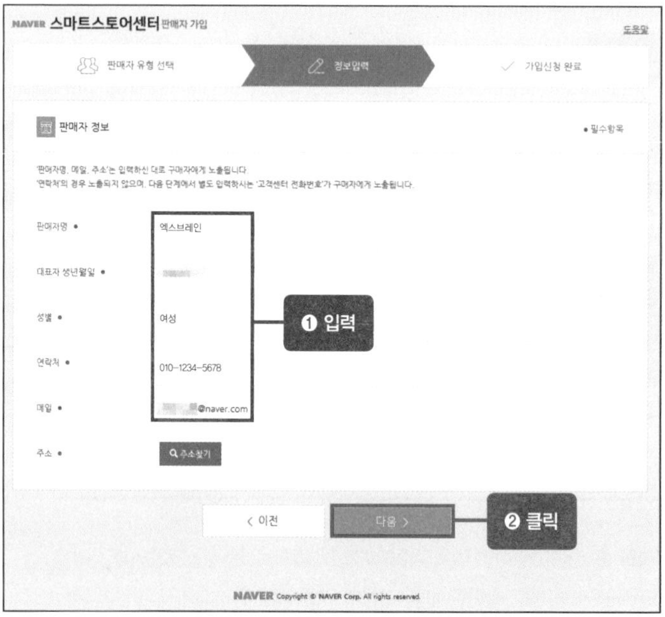

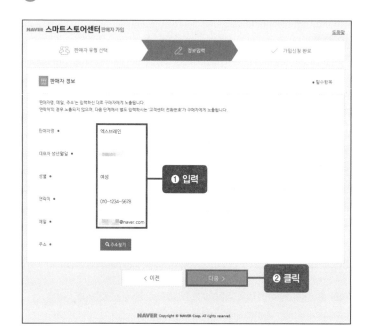

❷ 내 가게의 URL과 소개글, 전화번호 등 정보를 입력한 후 〈다음〉을 클릭합니다. 여기서 스마트스토어의 URL은 smartstore.naver.com/ 뒤에 사용할 주소를 입력하면 됩니다. 만약 xbrain을 입력했다면 주소는 smartstore.naver.com/xbrain이 됩니다.

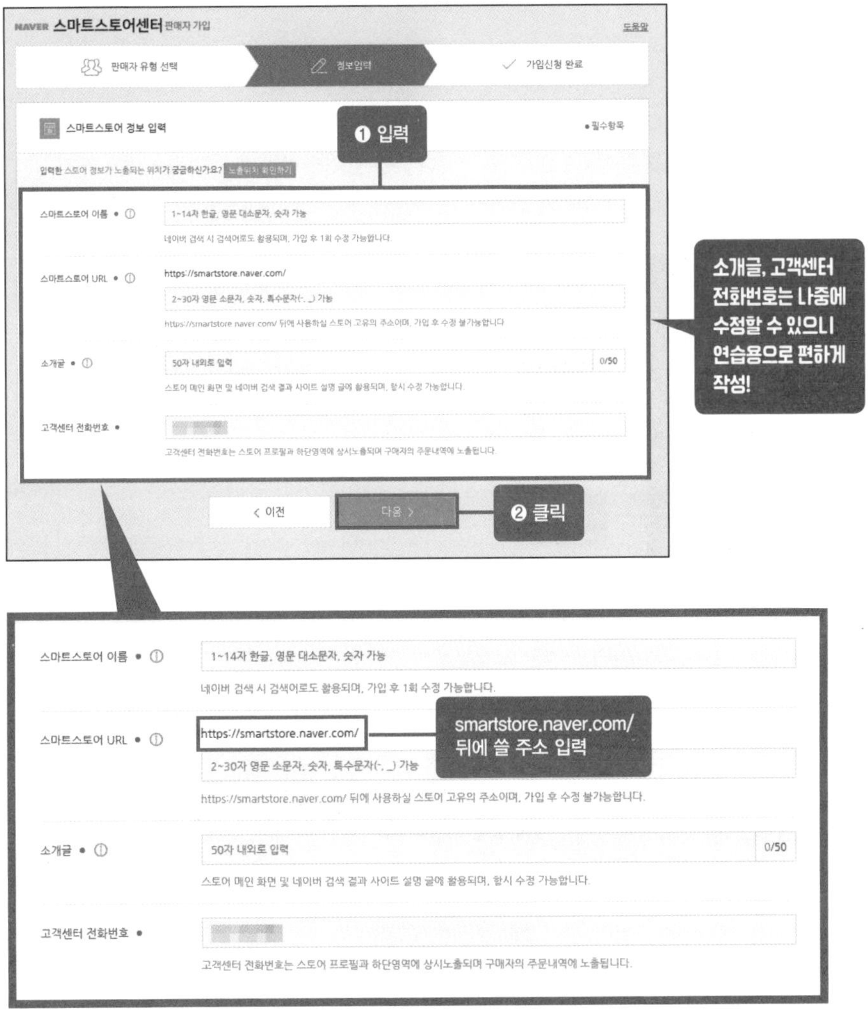

tip 내 스마트스토어 주소인 URL을 내 입맛대로 바꿔보자

스마트스토어는 기본적으로 smartstore.naver.com/xbrain과 같은 주소를 제공합니다. 하지만 원한다면 www.xbrain.co.kr과 같이 개인이 직접 구매해 가지고 있는 도메인을 사용할 수도 있습니다. 도메인 변경은 스마트스토어센터에서 〈스토어 전시관리〉 → 〈스토어 관리〉를 차례대로 클릭하고 '스토어 URL' 항목에서 '개인도메인'을 선택한 뒤 가지고 있는 도메인을 입력하면 됩니다.

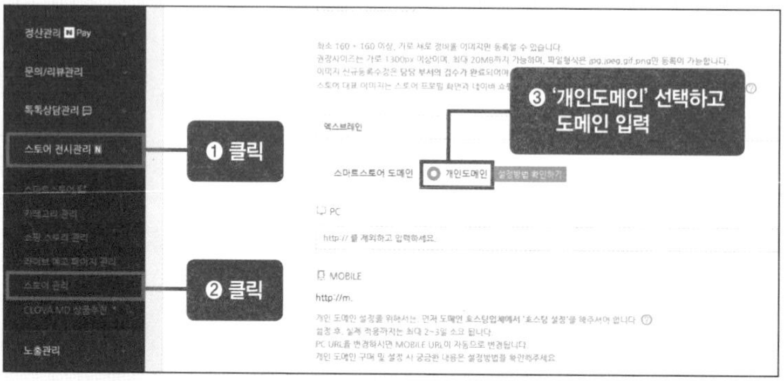

도메인은 가비아(www.gabia.com), 후이즈(www.whois.co.kr), 카페24(www.cafe24.com) 등을 통해 구매할 수 있으며, 비용은 대략 연 15,000원(부가세 포함)입니다.

gabia. WHOIS cafe24

다양한 개인 도메인 구매처

나도 판매왕!

네이버 스마트스토어센터 가입 방법

③ 판매상품 정보 입력하기

판매자 정보 입력을 마치면 자동으로 판매상품 정보를 입력하는 창이 나옵니다.

1 여러분이 팔고자 하는 상품의 정보를 순서대로 입력하고 〈신청 완료〉를 클릭합니다.

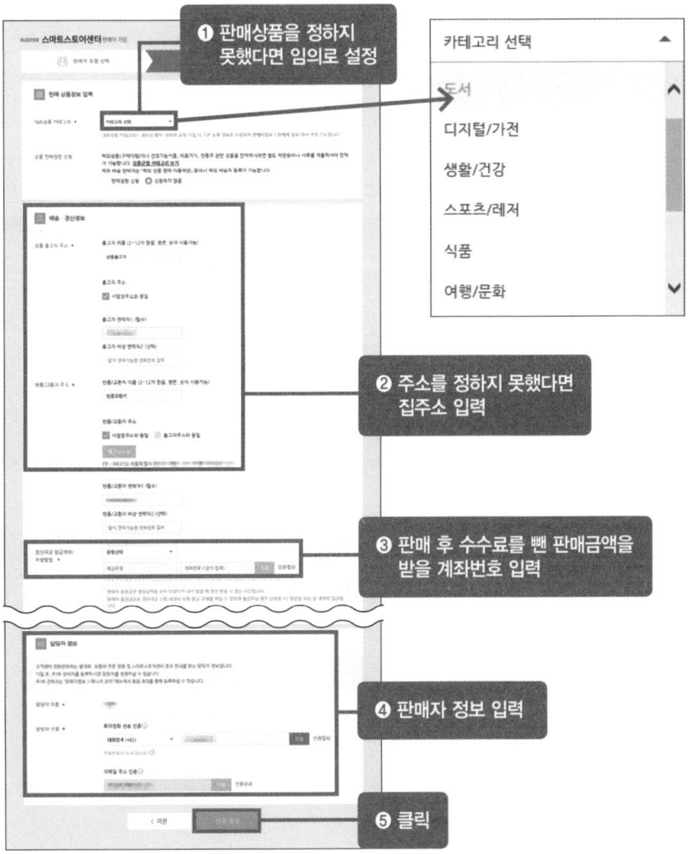

2 상품 정보를 모두 입력하면 다음 화면과 같은 가입 완료 메시지가 나타납니다.

여기까지 스마트스토어센터 가입을 위한 ① 판매자 유형 선택 → ② 판매자 정보 입력 → ③ 판매상품 정보 입력 과정이 모두 끝났습니다. 이제 103쪽부터는 스마트스토어 상위노출을 좌우하는 판매상품 등록에 대해 살펴보겠습니다.

09
smartstore

스마트스토어에 판매상품 등록하기

꼼꼼한 상품등록은 상위노출의 지름길! 귀찮아도 상품등록은 필수

스마트스토어센터에 가입했다면 이제는 판매할 상품을 등록할 차례입니다. 상품등록까지 마치면 판매를 위한 기본적인 준비가 끝납니다. 판매하려고 하는 상품이 아무리 좋은 상품이어도 상품등록을 제대로 하지 않으면 상위노출을 비롯한 많은 부분에서 문제가 생길 수 있으므로 상품등록은 매우 중요합니다.

상품등록 화면을 보면 알겠지만 등록할 것이 아주 많습니다. 여기서 중요한 부분이 하나 있습니다. 필자는 가끔 '상대방은 왜 그렇게 했을까?'를 생각해보자는 이야기를 합니다. 도대체 스마트스토어는 왜 이렇게 많은 사항을 입력하게 했을까요? 상품을 등록하는 판매자 입장에서 보면 입력할 것이 많다는 것은 굉장히 귀찮은 일입니다.

등록할 것이 많아도
절대 소홀히 하면 안 되는
상품등록 단계!

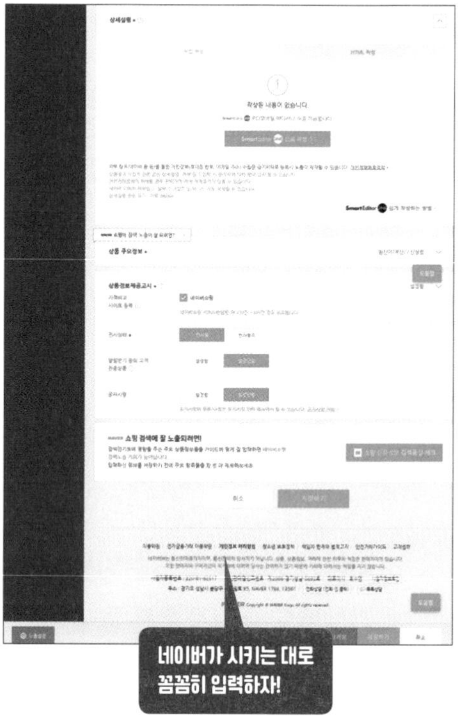
네이버가 시키는 대로
꼼꼼히 입력하자!

하지만 네이버 입장에서 생각해보면 이렇게 상세하게 입력사항을 정해둔 이유가 있을 것입니다. 단순히 상품을 등록하는 사람을 괴롭히기 위해서가 아니라 좀 더 정확하고 좋은 서비스를 제공하기 위해 다 필요한 내용이기 때문입니다. 실제로 **해당 필드값을 정확하게 입력하지 않으면 상위노출이 되지 않습니다.** 〈3일 차. 스마트스토어 상위노출하기〉에서 상위노출에 대해 자세히 다루겠지만, 상품등록을 열심히 하고 안 하고가 결국 내 상품의 판매량을 결정한다는 생각으로 상품등록을 열심히 해야 합니다. 그렇지 않으면 절대 상위노출이 되지 않으니 조금 귀찮더라도 하나하나 꼼꼼히 등록하세요.

상품등록 한눈에 살펴보기

다음 상품등록 순서대로 107쪽부터 차근차근 따라해볼 것입니다. 상품등록은 상위노출의 핵심인 만큼 정신 바짝 차리고 하나도 놓치지 말고 따라해주세요!

스마트스토어센터 접속

〈상품 등록〉 선택(107쪽 참고)

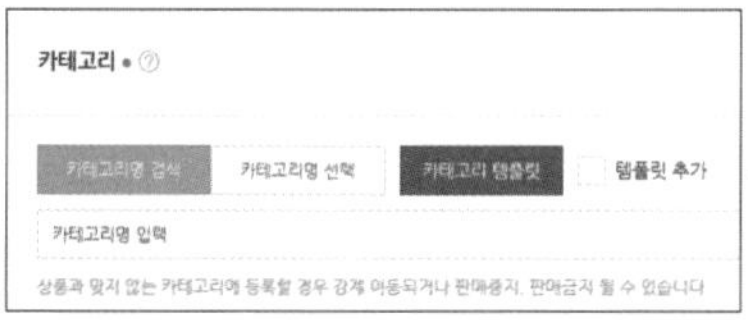

판매상품의 카테고리 설정(109쪽 참고)

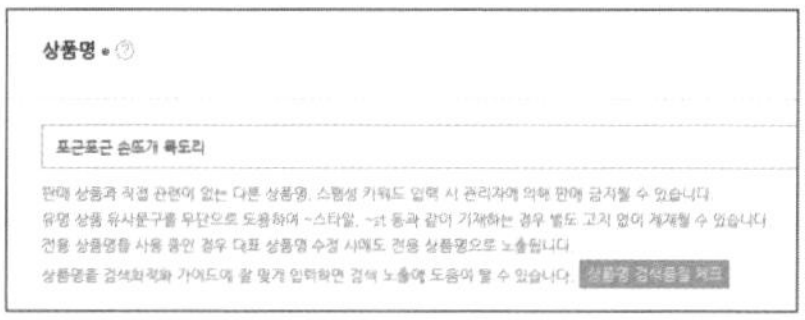

상품명 설정(113쪽 참고)

판매가와 재고수량 설정(116쪽 참고)

옵션 설정(120쪽 참고)

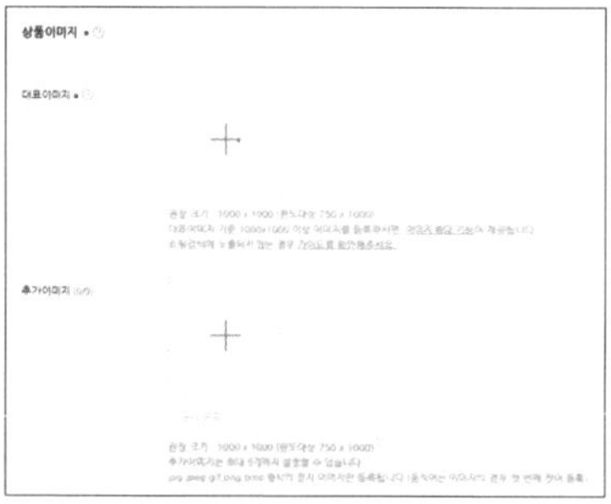

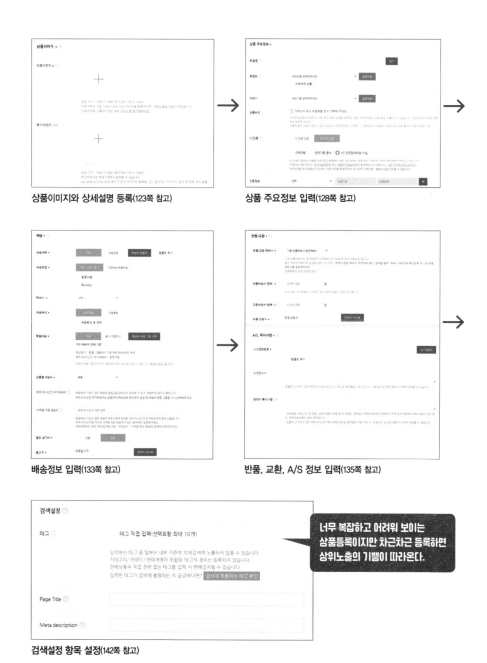

상품이미지와 상세설명 등록(123쪽 참고)

상품 주요정보 입력(128쪽 참고)

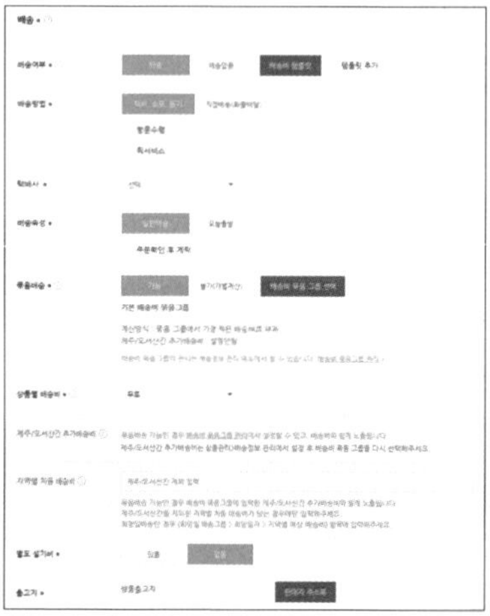

배송정보 입력(133쪽 참고)

반품, 교환, A/S 정보 입력(135쪽 참고)

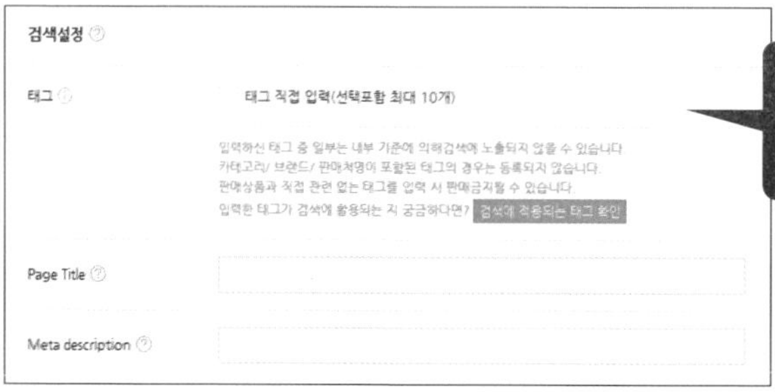

검색설정 항목 설정(142쪽 참고)

너무 복잡하고 어려워 보이는 상품등록이지만 차근차근 등록하면 상위노출의 기쁨이 따라온다.

나도 판매왕!

판매상품 등록 방법

① 상품등록 페이지에 접속하기

상품등록을 통해 본격적으로 스마트스토어 판매자가 되어볼까요? 네이버 아이디로 로그인하는 것은 다 알고 있죠? 모르면 88쪽을 참고하세요.

1 스마트스토어센터(sell.smartstore.naver.com)에 접속해서 로그인합니다.

2 〈상품관리〉 → 〈상품 등록〉을 클릭합니다.

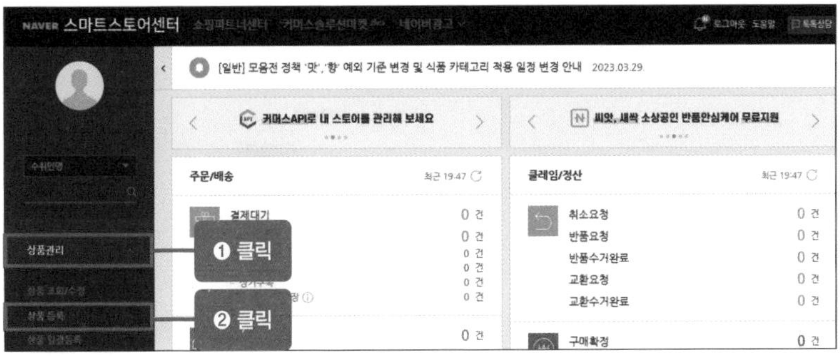

③ '상품등록' 페이지가 나타나면 카테고리, 상품명, 재고수량, 옵션, 상품이미지, 상세설명, 배송 등의 정보를 입력해야 합니다. 복잡해 보이지만 하나씩 천천히 입력하다 보면 판매상품의 상위노출에 도움이 됩니다.

판매상품 등록 방법

② 카테고리 등록하기

1 | 카테고리명 검색

1. 108쪽 화면의 '카테고리' 항목에서 〈카테고리명 검색〉을 클릭합니다. 카테고리명 검색은 판매하려는 상품의 카테고리를 직접 입력해서 검색하는 방법입니다.

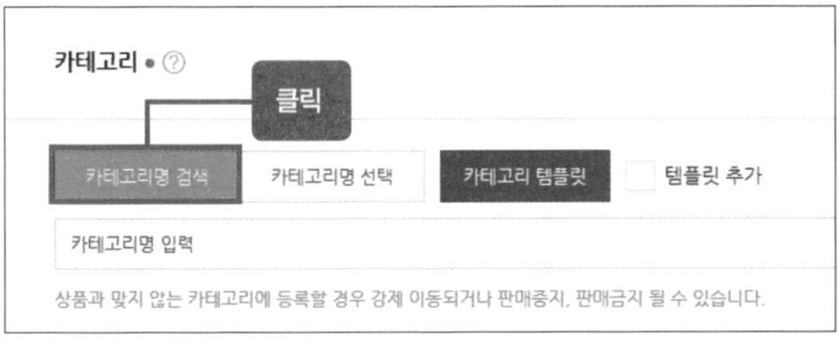

2. 판매하려는 상품의 카테고리를 입력해봅시다. 여기서는 '뜨개질'을 입력해보세요.

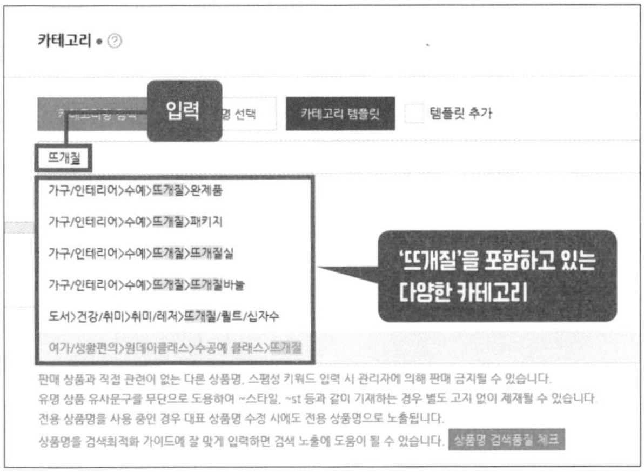

❸ 여러 카테고리 중 내 상품에 가장 적합한 카테고리를 선택하면 됩니다.

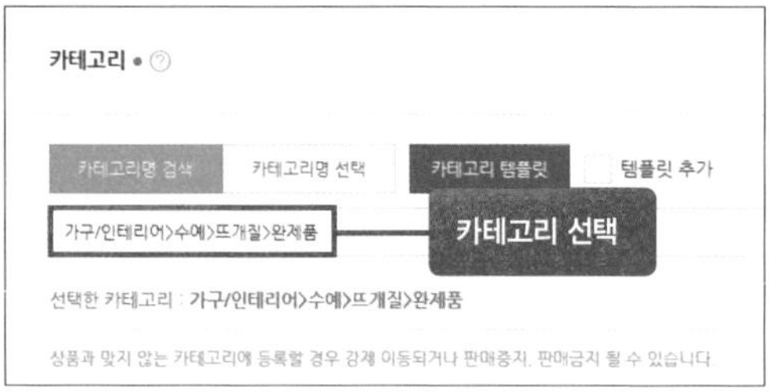

2 | 카테고리명 선택

❶ 이번에는 다른 방법으로 카테고리명을 선택해보겠습니다. '카테고리' 항목에서 〈카테고리명 선택〉을 클릭합니다. '카테고리명 선택'은 판매하려고 하는 상품의 카테고리를 한 단계씩 확인해가면서 선택하는 방법입니다.

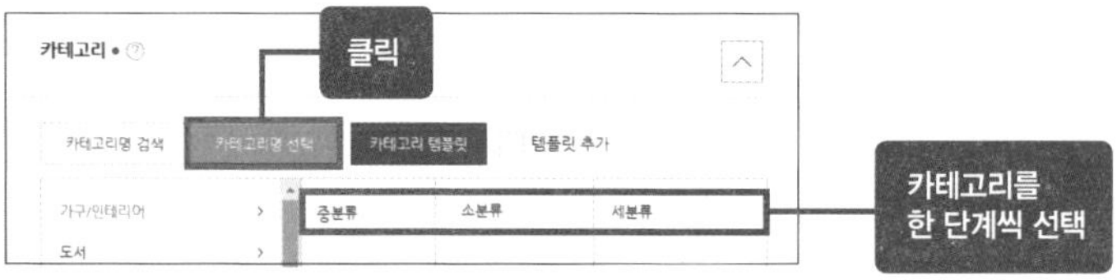

❷ '대분류'→'중분류'→'소분류'→'세분류' 순으로 선택합니다.

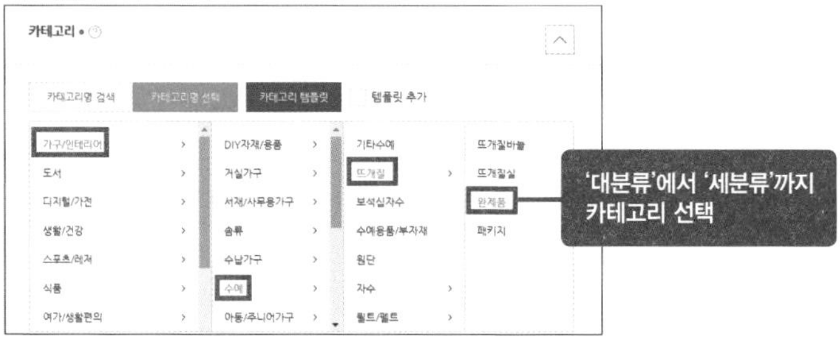

이와 같이 두 가지 방식으로 카테고리를 등록할 수 있습니다. 여러분도 적절한 방법으로 판매상품의 카테고리를 등록해보세요!

‘카테고리명 검색’ vs ‘카테고리명 선택’ 중 승자는 누구? 빠른 시간에 등록 가능한 ‘카테고리명 검색’ 압승!

오픈마켓에 상품을 등록할 때 예전에는 ‘카테고리명 검색’ 기능이 없어서 무조건 대분류, 중분류, 소분류를 선택하는 ‘카테고리명 선택’만 가능했어요. 이 방법의 단점은 시간이 많이 걸리고, 어떤 카테고리에 등록할지 금방 판단하기가 어렵다는 것입니다. 또한 오픈마켓마다 정해놓은 카테고리 분류 방식이 달라서 상품등록을 할 때마다 번거롭습니다.

예를 들어 어린이시계를 판매할 경우 옥션은 ‘대분류’에 〈쥬얼리/시계〉도 있고 〈브랜드 쥬얼리/시계〉도 있습니다. 그렇다면 이 중에서 무엇을 선택해야 할까요? 만약 브랜드 어린이시계를 판매한다면 〈브랜드 쥬얼리/시계〉를 선택해야 합니다. 이렇게 선택하면 문제가 없을 것 같지만, 브랜드가 없는 어린이시계를 판매한다면 카테고리 분류에 따라 문제가 생길 수 있습니다. '대분류'에 〈브랜드 쥬얼리/시계〉를 선택하면 '중분류'에는 〈시계〉와 〈쥬얼리〉와 같이 네 종류가 표시되는데, 여기서는 당연히 〈시계〉를 선택하면 됩니다. 하지만 이렇게 〈브랜드 쥬얼리/시계〉 → 〈시계〉를 선택하고 '소분류'를 보면 〈공용/커플〉, 〈여성용〉, 〈디지털/스포츠〉, 〈남성용〉의 네 종류만 있고 〈어린이용〉은 없습니다. 이러면 어쩔 수 없이 '대분류'로 되돌아가서 새로 카테고리를 찾아야 하므로 번거롭습니다.
스마트스토어는 이런 문제를 해결하고자 카테고리명 검색을 통해 빠른 시간 안에 적합한 카테고리를 찾을 수 있도록 했습니다. 따라서 〈카테고리명 선택〉보다는 〈카테고리명 검색〉 기능을 이용하는 것이 훨씬 편합니다.

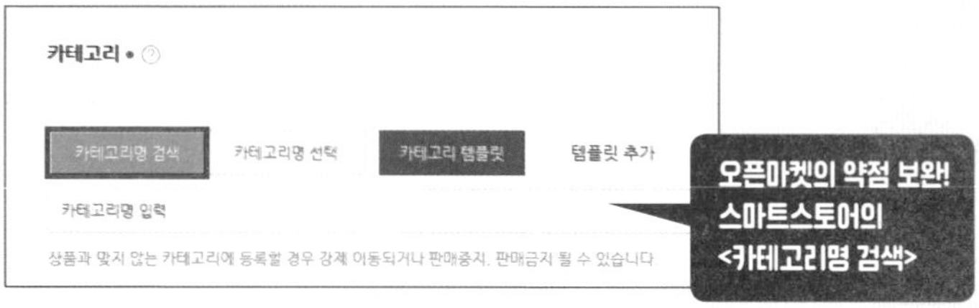

카테고리명 검색을 할 때 하나 더 알아두면 좋은 것이 있습니다. 예를 들어 '어린이시계'로 검색했는데 결과가 나오지 않는다면 제일 중요한 키워드 하나만으로 검색하는 것이 좋습니다. 가장 중요한 키워드인 '시계'로 검색하면 손쉽게 '쥬얼리/시계〉아동용쥬얼리'라는 카테고리에서 원하는 상품을 선택할 수 있습니다.

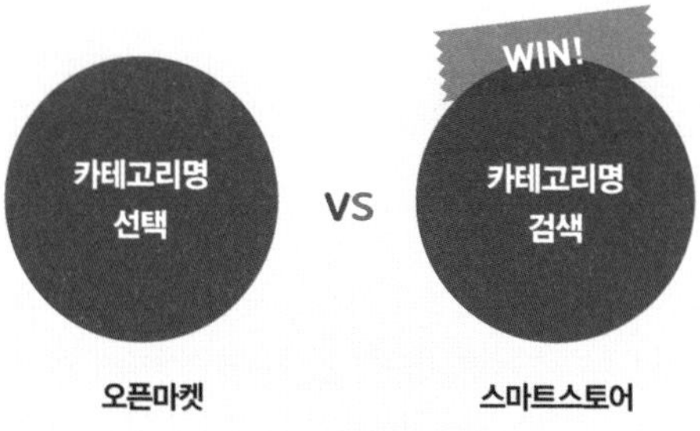

나도
판매왕!

판매상품 등록 방법

③ 상품명 설정하기

판매할 상품의 싱품명을 등록하고, 제대로 등록되었는지 체크해보겠습니다.

1. 108쪽 화면의 '상품명' 항목에서 '포근포근 손뜨개 목도리'라고 상품명을 적었습니다.

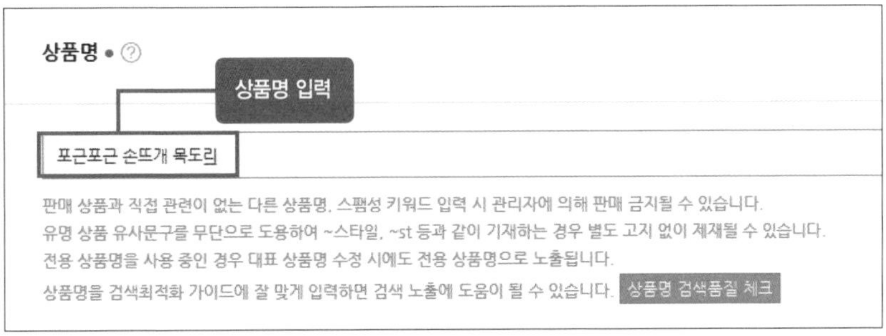

2. 〈상품명 검색품질 체크〉를 클릭해 입력한 상품명을 사용할 수 있는지 확인해봅니다.

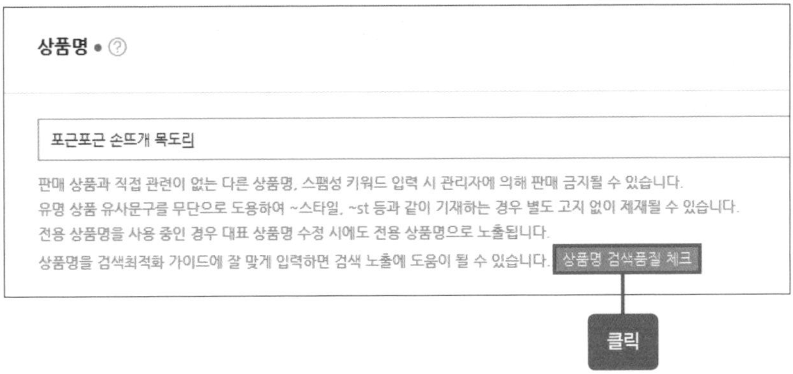

③ 상품명에 문제가 없다면 다음 화면과 같은 메시지가 표시됩니다. 〈확인〉을 클릭하세요.

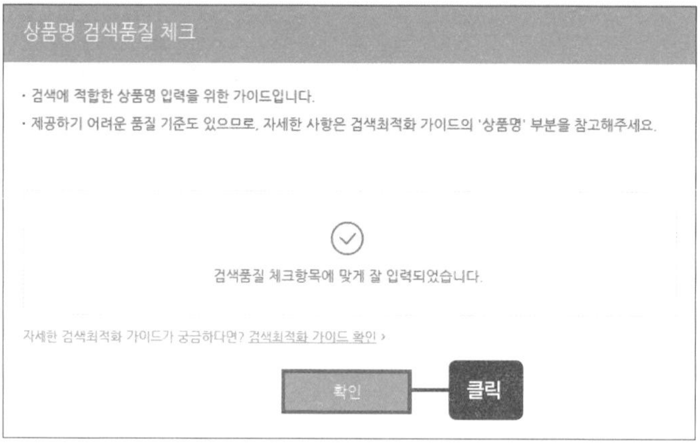

④ 이곳에 등록한 상품명이 다음 화면과 같이 소비자들이 검색했을 때 나타나는 상품명이 됩니다. 소비자들이 좋아하도록 상품명을 잘 결정해야 상위노출이 되겠지요?

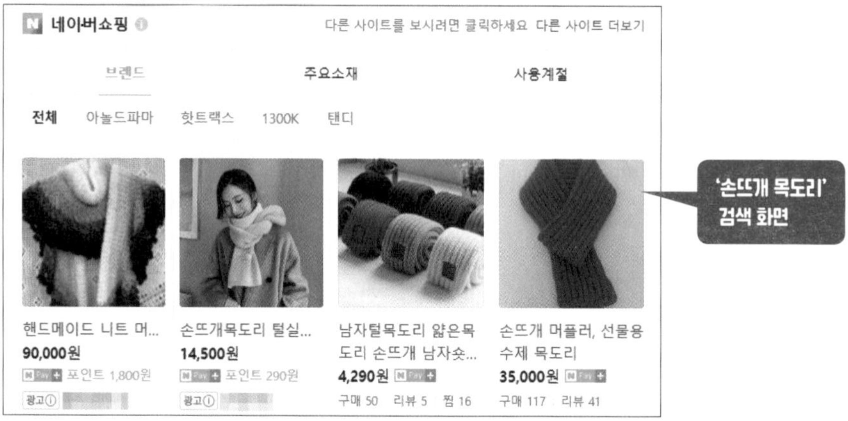

tip 소비자에게 어필하는 상품명은 어떻게 정해야 할까?

상품의 특성이 잘 드러나는 상품명을 쓰는 것이 중요합니다. 소비자들이 이 상품이 어떤 상품인지 직관적으로 알아볼 수 있어야 그렇지 않은 경우보다 판매량이 증가하기 때문입니다. 또한 상품명을 어떻게 쓰는지에 따라 상위노출 여부가 결정되기도 합니다.

스마트스토어를 처음 하다 보니 상품명 쓰는 것도 어렵다고 하는 분들이 많지만 한두 번만 해보면 어렵지 않습니다. 제일 쉬운 방법은, 이미 스마트스토어를 운영하고 있는 사람들이 상품명을 어떻게 썼는지 확인해보는 것입니다. 다른 의류 스마트스토어의 상품명을 살펴볼까요?

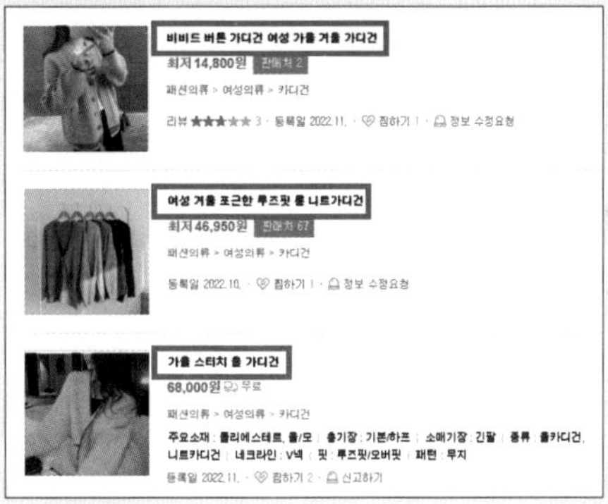

- **비비드 버튼 가디건 여성 가을 겨울 가디건**
  - → 비비드 : 채도가 높은 색상
  - → 버튼 가디건 : 버튼 형식의 가디건
  - → 여성 가을 겨울 가디건 : 가을과 겨울에 적합한 여성용 가디건

- **여성 겨울 포근한 루즈핏 롱 니트가디건**
  - → 겨울철 여성용 가디건
  - → 루즈핏에 포근한 롱 스타일 니트 가디건

- **가을 스티치 울 가디건**
  - → 스티치 : 두꺼운 실을 이용해 옷이 돋보이게 하는 방식
  - → 울 : 울 함량
  - → 가을 분위기 가디건

나도 판매왕!

판매상품 등록 방법

④ 판매가와 재고수량 설정하기

이번에는 판매가와 재고수량을 등록하겠습니다. 많은 사람이 원래 가격을 다 주고 사기보다는 이왕이면 조금이라도 할인받고 사는 것을 좋아합니다. 그래서 네이버는 판매가와 할인을 설정할 수 있도록 되어 있습니다. 특정 금액만큼 할인을 해줄 수도 있고 할인율(%)을 정할 수도 있습니다.

1 | 판매가 입력하기

108쪽 화면의 '판매가' 항목에서 원하는 판매가를 입력합니다. 경쟁사를 조사한 뒤 적절한 가격을 결정해야겠지요?

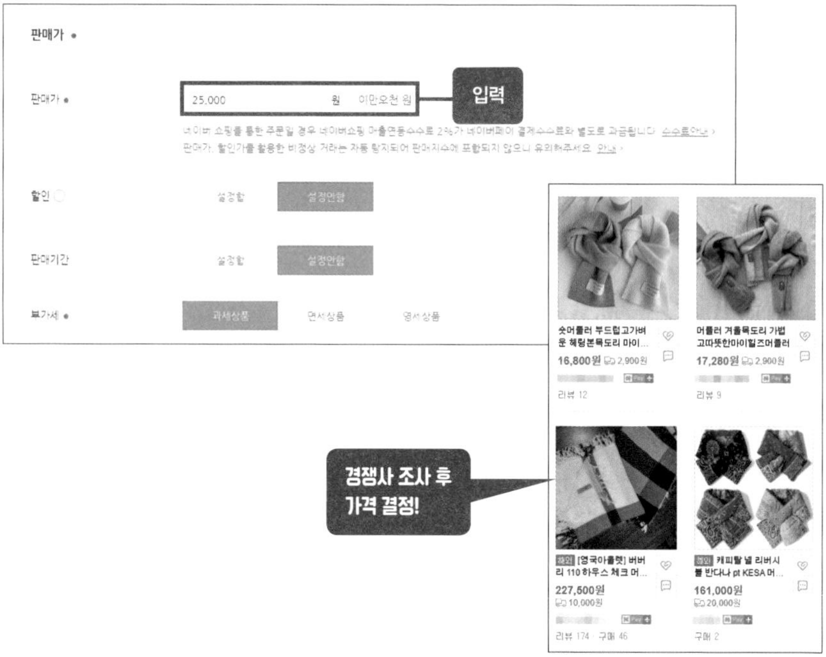

2 | 할인가 설정하기

1. 스마트스토어에서는 할인가를 설정할 수 있습니다. 여기서는 실제 가격인 22,500원보다 높게 25,000원을 정가로 책정하고 10% 할인(2,500원)을 적용해보겠습니다.

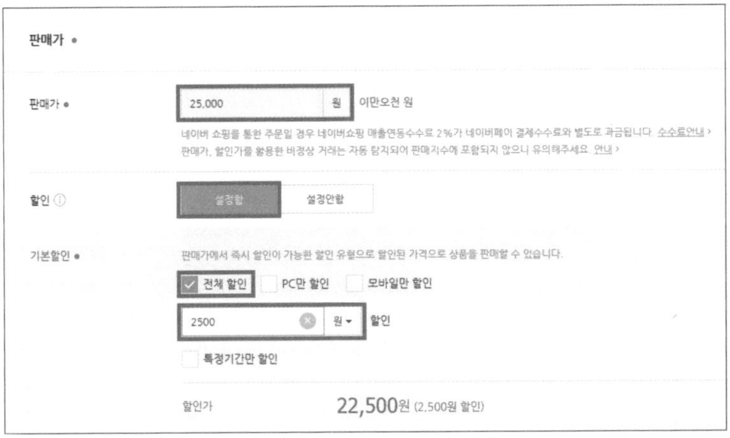

2. 이렇게 설정하면 가격이 다음 화면처럼 나타나므로 구매자 입장에서는 정가보다 10% 할인된 가격으로 사는 것처럼 보입니다. 판매량에 큰 영향을 주지는 않아도 대부분의 판매자들이 하고 있는 방법이므로 이런 식으로 가격과 할인가를 설정하는 것이 좋습니다.

3 | 부가세 항목 선택하기

판매하는 상품에 따라 '부가세' 항목에 해당하는 것을 선택합니다. 이때 부가가치세(부가세, VAT)가 부과되는 상품(대다수 상품은 여기에 해당)이면 〈과세상품〉을, 부가가치세가 면제되는 상품이면 〈면세상품〉을 선택합니다.

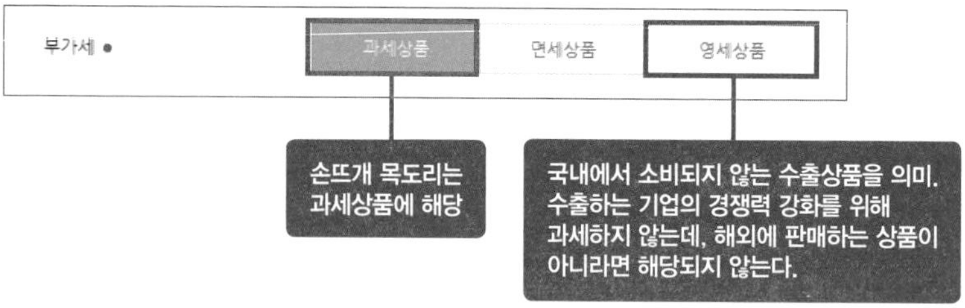

소비자가 지불하는 비용은 '공급가(NET)+부가가치세(VAT)'로 구성되어 있습니다.

소비자가 상품 구매 시 지불하는 비용=공급가(NET)+부가가치세(VAT)

예 냉면 11,000원=공급가 10,000원+부가가치세 1,000원
→10,000원은 냉면집 사장님의 수입, 1,000원은 국가에 납부하는 세금(부가가치세)

4 | 재고수량 설정하기

가지고 있는 상품의 재고수량을 입력합니다. 이때 주의할 점은 재고수량으로 설정해둔 개수만큼 상품이 다 팔리고 나면 구매자들에게 상품이 더 이상 노출되지 않는다는 사실입니다. 따라서 실재고보다 조금 넉넉하게 재고수량을 설정해두는 것이 좋습니다.

tip 부가세(부가가치세)가 없는 상품이 있다? 농축수산물과 책은 면세상품!

부가세가 없는 상품도 있습니다. '면세상품'이라고 부르는데, 농축수산물과 책이 면세상품에 해당합니다. 예를 들어 돼지고기를 11,000원에 구매했다면 공급가(11,000원)+부가세(0원)로 구성되어 부가세를 납부할 필요가 없습니다.
쇼핑몰도 마찬가지입니다. 스마트스토어에서 장난감을 11,000원에 팔았다면 공급가(10,000원)는 내 수입이지만 부가세(1,000원)는 국가에 납부해야 하는 세금입니다. 반면 돼지고기를 11,000원에 팔았다면 공급가 11,000원에 부가세는 없습니다.
이와 같이 부가세가 과세되는 상품을 판매한다면 〈과세상품〉을, 부가세가 없는 상품을 판매한다면 〈면세상품〉을 선택하세요.

부가세를 내지 않는 면세상품

나도
판매왕!

판매상품 등록 방법

⑤ 옵션(단독형, 조합형) 설정하기

사이즈나 컬러, 용량 등 옵션이 다양한 상품을 하나의 상세페이지에서 판매한다면 옵션을 하나하나 정확하게 설정해야 합니다.

1 | 단독형

1. 108쪽 화면의 '옵션' 항목에서 아이보리, 베이지, 검정, 이렇게 세 가지 컬러의 손뜨개 목도리를 판매한다고 가정하겠습니다. 선택할 수 있는 옵션이 '컬러' 한 가지이므로 다음 화면과 같이 옵션을 설정합니다.

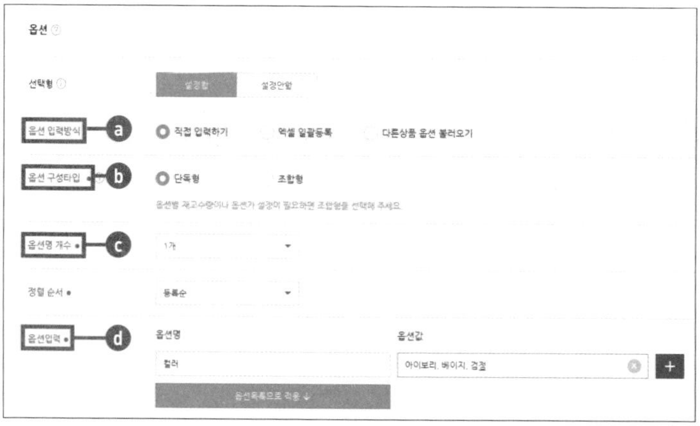

ⓐ **옵션 입력방식** : '직접 입력하기'를 선택합니다.
ⓑ **옵션 구성타입** : 옵션이 하나(컬러)이므로 '단독형'을 선택합니다.
ⓒ **옵션명 개수** : '1개'로 설정합니다.
ⓓ **옵션입력** : '옵션명'에는 '컬러'를, '옵션값'에는 '아이보리, 베이지, 검정'을 입력합니다.

② ❶ 과정의 ⓐ~ⓓ 단계대로 옵션을 설정하면 다음 화면처럼 나타납니다.

2 | 조합형

① 색상뿐만 아니라 무늬도 꽈배기 무늬와 일반 무늬, 이렇게 두 종류가 있다고 가정하겠습니다.

ⓐ **옵션 입력방식** : '직접 입력하기'를 선택합니다.

ⓑ **옵션 구성타입** : 옵션이 2개(컬러, 무늬)이므로 '조합형'을 선택합니다.

ⓒ **옵션명 개수** : '2개'로 설정합니다.

ⓓ **옵션입력** : '옵션명'에 '컬러'와 '무늬'를 입력합니다. '옵션값'에서 '컬러'에는 '아이보리, 베이지, 검정'을, '무늬'에는 '꽈배기무늬, 일반'을 입력합니다.

② ① 과정의 ⓐ~ⓓ 단계대로 옵션을 설정하면 다음 화면처럼 나타납니다.

여러 종류의 상품을 등록하려면 위와 같은 방식으로 하면 됩니다. 엑셀시트 등을 통해 좀 더 쉽게 상품을 등록할 수도 있습니다. 이 부분을 어려워하는 분들이 있는데, 몇 번만 해보면 누구나 쉽게 할 수 있습니다. 만약 처음 상품을 등록해보는 분이라면 우선 단일상품 하나만 등록해보는 것도 충분합니다. 참고로 같은 상품 안에서 컬러 세 가지, 무늬 두 가지로 총 여섯 종류의 목도리를 판매하는 것 정도는 괜찮습니다. 하지만 다른 카테고리에 있는 상품을 하나의 상세페이지에 함께 묶어서 판매하거나 금액 차이가 많이 나는 것을 옵션으로 구성하는 것은 네이버가 좋아하는 방식이 아닙니다. 이렇게 등록할 경우 상품명도 모호해질 수 있어요. 또한 소비자 입장에서는 가격 차이 등으로 어떤 옵션을 선택할지 고민해야 하며, 상세페이지도 복잡하고 길어져서 빠른 구매가 힘들어질 수 있다는 것을 꼭 기억하세요.

나도
판매왕!

판매상품 등록 방법
⑥ 상품이미지와 상세설명 등록하기

1 | 상품이미지 등록하기 : 대표이미지와 추가이미지 등록

대표이미지는 목록이미지로 나타나는 부분으로, 검색했을 때 네이버 쇼핑 영역에서 보이는 이미지입니다. 추가이미지는 해당 상품의 상세페이지에서 이미지에 마우스 포인터를 올려놓으면 상품의 이미지를 빨리 볼 수 있도록 만들어놓은 이미지입니다.

1. 108쪽 화면의 '상품이미지' 항목에서 '대표이미지'와 '추가이미지'가 들어가는 박스 안의 ⊞ 모양을 클릭합니다.

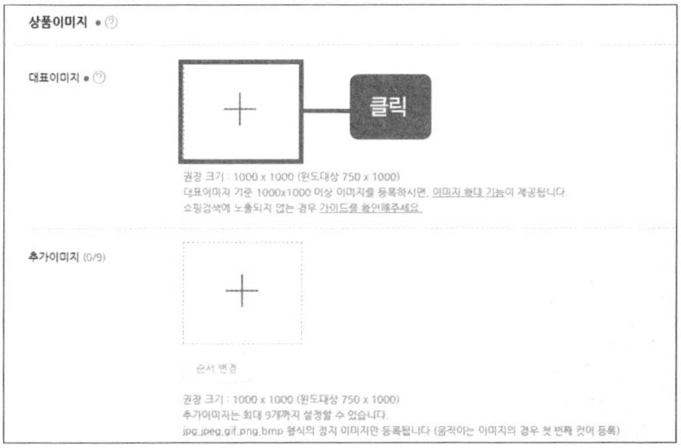

2. 〈내 사진〉을 클릭하고 대표이미지에 들어갈 사진 파일을 선택합니다.

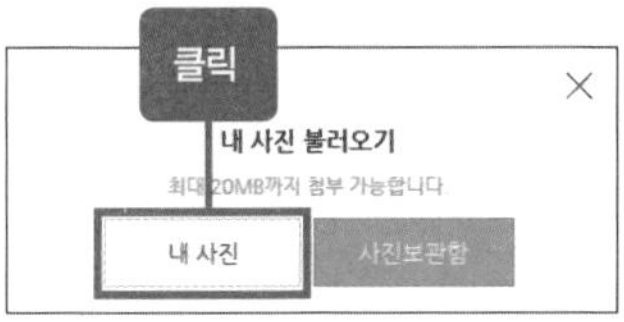

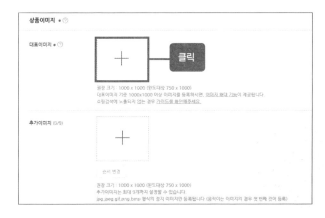

3 대표이미지는 하나만 등록할 수 있지만, 추가이미지는 여러 장을 등록할 수 있습니다. 다음 화면은 대표이미지와 추가이미지를 등록한 모습입니다.

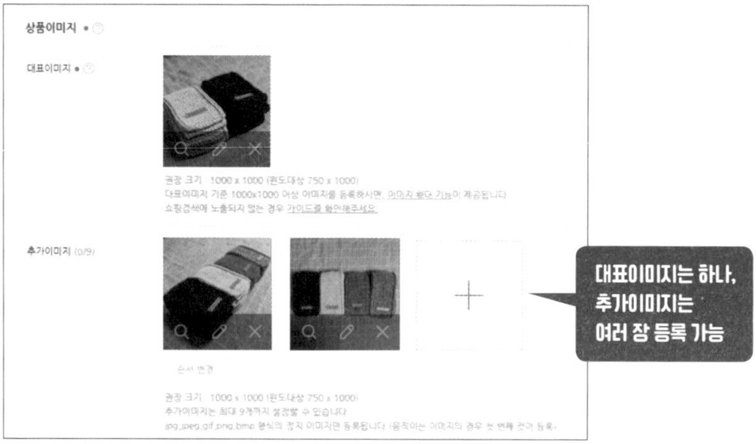

4 대표이미지와 추가이미지를 등록하면 스마트스토어 페이지에 다음 화면과 같이 이미지가 들어갑니다.

2 | 상품이미지 등록하기 : 동영상 등록

동영상은 많이 사용하지는 않지만, 등록할 만한 동영상이 있다면 등록해주는 것도 나쁘지 않습니다. (동영상 등록 기능이 처음 추가된 시점에는 검색에 가점이 붙어서 상위노출에 다소 도움이 되므로 많이 사용했습니다. 하지만 최근에는 동영상이 검색에 반영이 안 되어서 동영상을 거의 등록하지 않는 추세입니다.)

❶ 동영상이 들어가는 박스 안의 ⊞ 모양을 클릭합니다.

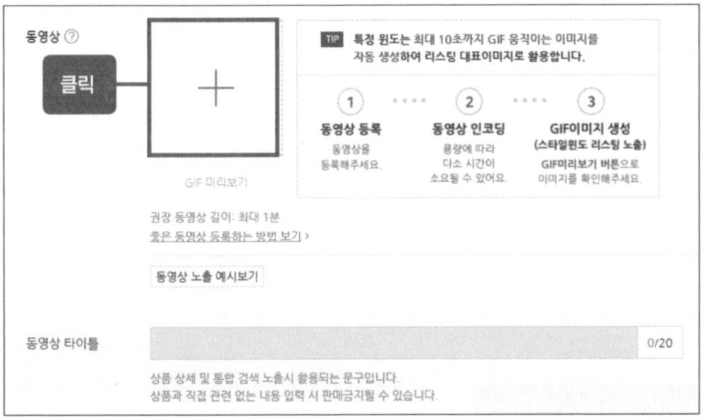

❷ 〈내 동영상 가져오기〉를 클릭하고 들어갈 동영상 파일을 선택합니다.

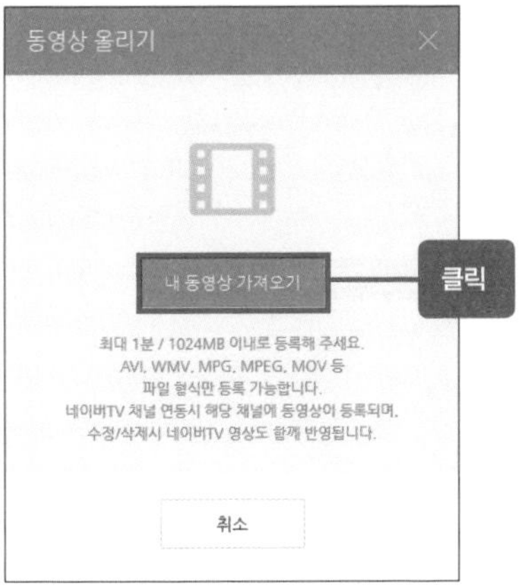

③ 동영상의 제목을 입력합니다.

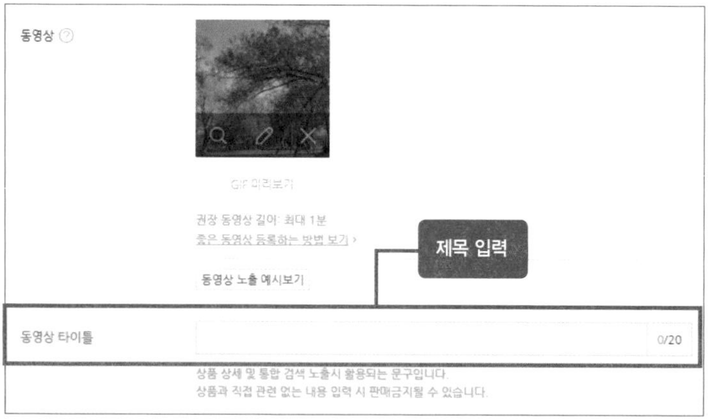

④ 동영상은 상품 상세페이지에서 목록 이미지 부분의 가장 마지막에 노출됩니다.

3 | 상세설명 등록하기

'상세설명'은 상세페이지를 등록하는 곳입니다. 상세페이지는 사진과 글을 통해 상품의 종류와 기능, 특성 등을 설명하는 곳입니다. 상세페이지를 어떻게 구성하는지에 따라 상위노출과 판매량에도 영향을 미치므로 꼼꼼하게 등록하는 것이 중요합니다.
상세페이지를 등록하는 방법은 직접 작성하는 방법과 HTML을 이용하는 방법이 있습니다. 기존 오픈마켓처럼 HTML을 이용해서 상품을 등록할 수도 있지만, 스마트스토어에서는 HTML을 사용하지 않아도 누구나 쉽게 상세페이지를 만들 수 있습니다. 기존 오픈마켓처럼 상세페이지 등록을 원하는 분이라면 〈HTML 작성〉을 선택하면 되고, 아니면 스마트에디터를 이용해 상품을 등록하면 됩니다. 상세페이지를 만드는 방법은 '10. 소비자의 눈길을 사로잡는 상세페이지 구성하기'에서 자세하게 다룹니다.

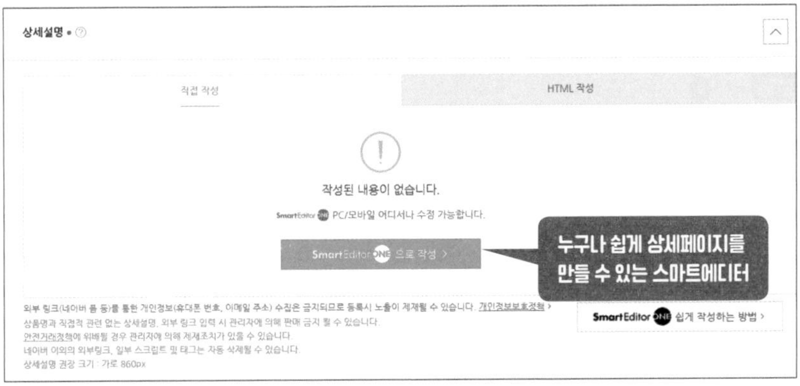

나도
판매왕!

판매상품 등록 방법

⑦ 상품 주요정보 입력하기

1 | 모델명과 브랜드, 제조사 입력하기

108쪽의 '상품 주요정보' 항목에서 판매하려는 상품의 모델명과 브랜드 등 구체적인 정보를 입력합니다. 브랜드 상품이 아니면 브랜드나 제조사는 입력하지 않아도 큰 문제가 없습니다.

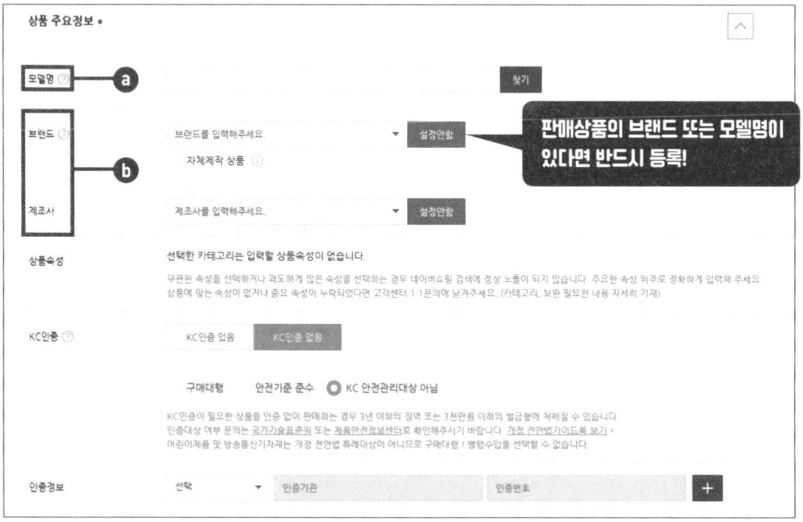

ⓐ **모델명** : 모델명은 네이버 쇼핑에서 가격비교 추천이나 상품 모아보기에 활용됩니다. 모델명이 있어야 검색이 가능해지므로 상품에 모델명이 있으면 꼭 적어주는 것이 좋습니다.

ⓑ **브랜드, 제조사** : 판매하려는 상품의 브랜드명이나 제조사 등을 입력합니다.

2 | 상품속성 입력하기

'상품속성' 항목은 상품군마다 소비자가 중요하다고 생각하는 부분을 검색엔진에 반영하기 위해 만든 항목입니다. 상품에 따라 필드값이 달라지므로 필드값 중 해당하는 것을 선택하면 됩니다.

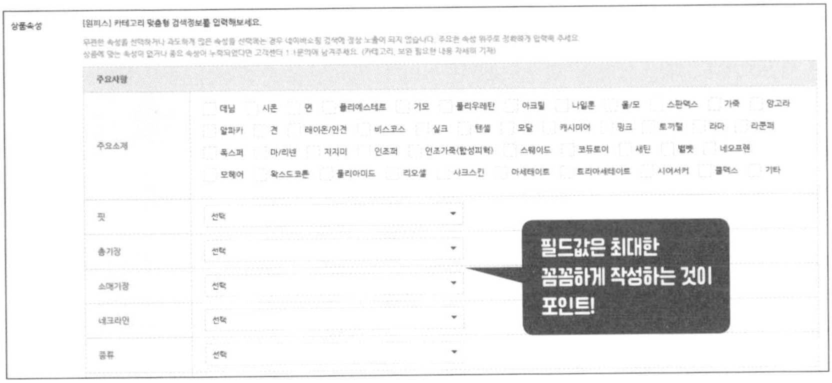

다음은 상품속성 필드값을 적용한 예입니다. 필드값 중 '소매기장'을 〈긴팔〉로 선택하면 '상품속성' 항목에 체크된 데이터를 기반으로 다음 화면과 같이 네이버 쇼핑 검색결과에 반영됩니다.

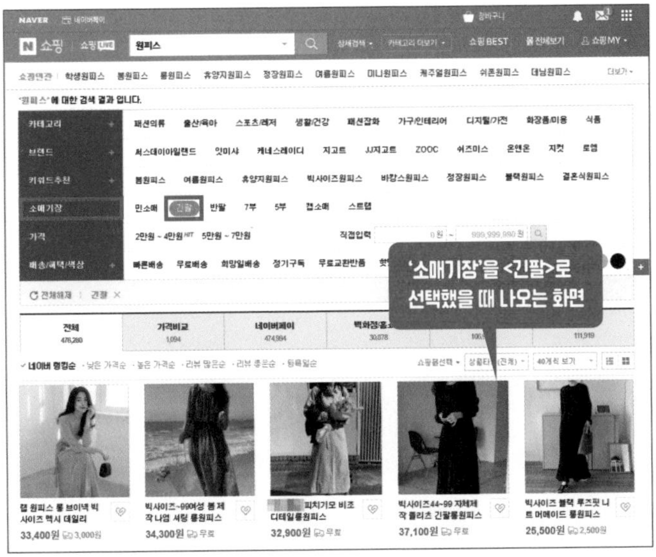

3 | KC인증 받기 – 전기용품, 생활용품, 어린이용품은 필수!

특정 제품군(전기용품, 생활용품, 어린이용품)은 유통 및 판매하려고 할 경우 반드시 공인기관에 인증(KC인증)을 받아야 합니다. 안전인증을 받지 않더라도 안전확인 또는 공급자적합성을 확인해야 하는 경우도 있습니다.

예를 들어 전기용품 중 전자제품 등은 반드시 KC인증을 받아야 합니다. 그리고 생활용품 중 가스라이터, 물놀이기구, 가정용 압력냄비와 압력솥뿐만 아니라 어린이용품 중 어린이보호장치(카시트), 장난감, 비비탄총 등은 꼭 KC인증을 받아야 합니다. 이렇게 인증을 받아야 하는 상품을 판매한다면 제조사 등에서 제공하는 KC인증번호를 입력하면 됩니다.

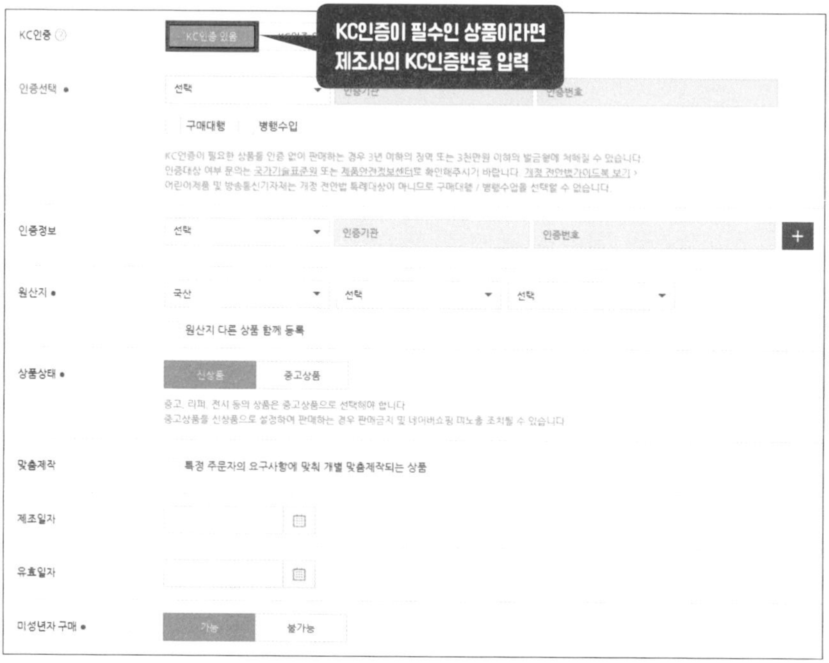

tip 너무 많은 상품 주요정보, 무조건 다 적어야 할까? 정답은 YES!

주요정보를 세세히 다 입력해야 하는지 물어보는 분들이 있는데, 입력하는 게 좋습니다. 필자가 운영하는 네이버 카페(cafe.naver.com/ktcfob)에서 "상품을 판매할 때는 판매자 입장이 아니라 소비자 입장에서 생각하자."는 이야기를 종종 하는데, 이 역시 마찬가지입니다. 네이버 개발자는 판매자를 귀찮게 하고 싶어서 이런 것을 기입하게 만든 것이 아닙니다. 어떻게 하면 최적의 검색결과를 보여줄까 하는 고민에서 소비자들에게 필요하다고 생각하는 내용을 입력하게 만든 것입니다. 따라서 이런 값을 기입하지 않으면 상위노출에 문제가 생길 수 있으니 기입할 수 있는 것들은 꼭 입력하는 것이 좋습니다.
또한 상세페이지를 제작할 때 콘텐츠를 만들기 어렵다면 상품속성에 있는 내용을 참고해 쉽게 만들 수 있습니다. 흔히 상위노출을 하려면 검색엔진최적화(SEO)를 잘해야 한다고 이야기합니다. 이것은 대단한 것이 아니라 이런 필드값을 하나하나 정확하게 넣어주는 것을 말하니, 꼼꼼하게 입력하세요.

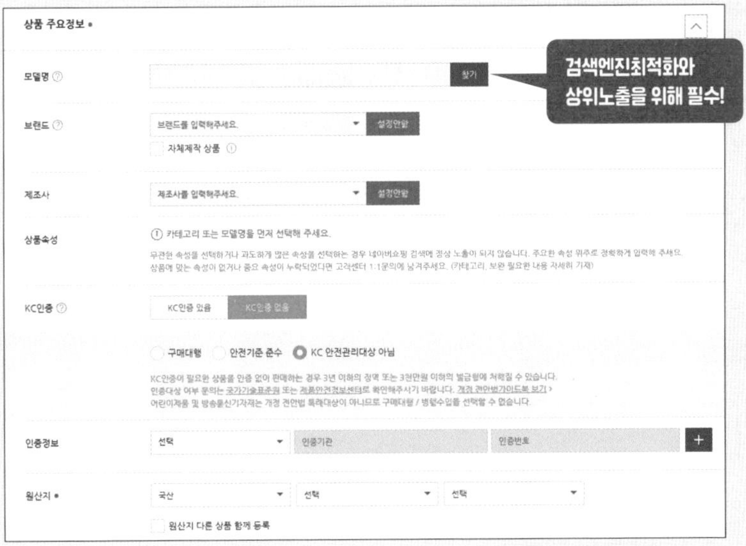

나도 판매왕!

판매상품 등록 방법
⑧ 상품정보제공고시 등록하기

만약 구두를 사려고 한다면 소비자 입장에서는 구두의 소재가 소가죽인지, 인조가죽인지가 매우 중요할 것입니다. 그런데 일부 판매자들이 이런 정보를 정확하게 상세페이지에 표기하지 않고 판매해 문제가 많이 발생합니다. 이에 따라 '전자상거래 등에서의 소비자보호에 관한 법률(법률 제17799호)'에 의거해 상품군별로 꼭 기입해야 하는 항목을 지정해놓고 있습니다.

1. 108쪽 화면의 '상품정보제공고시' 항목에서 필요한 내용은 항목별로 지정해서 기입해도 됩니다. 만약 상세페이지에 해당 사항이 모두 있으면 '상품상세 참조로 전체 입력'에 체크하세요.

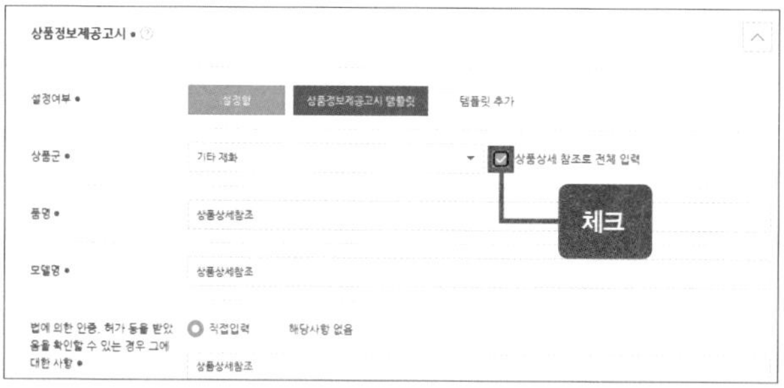

2. '상품상세 참조로 전체 입력'에 체크하면 해당하는 사항을 각각 선택할 수 있습니다.

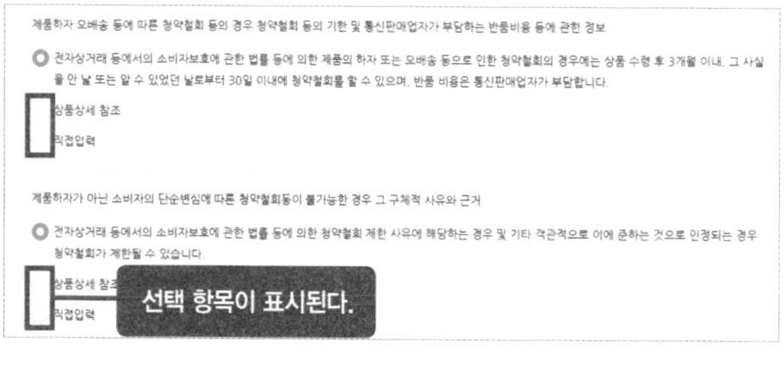

판매상품 등록 방법

⑨ 배송, 반품, 교환, A/S 정보 입력하기

1 | 배송 정보 입력하기

108쪽 화면의 '배송' 항목에서 배송 정보를 입력해보겠습니다.

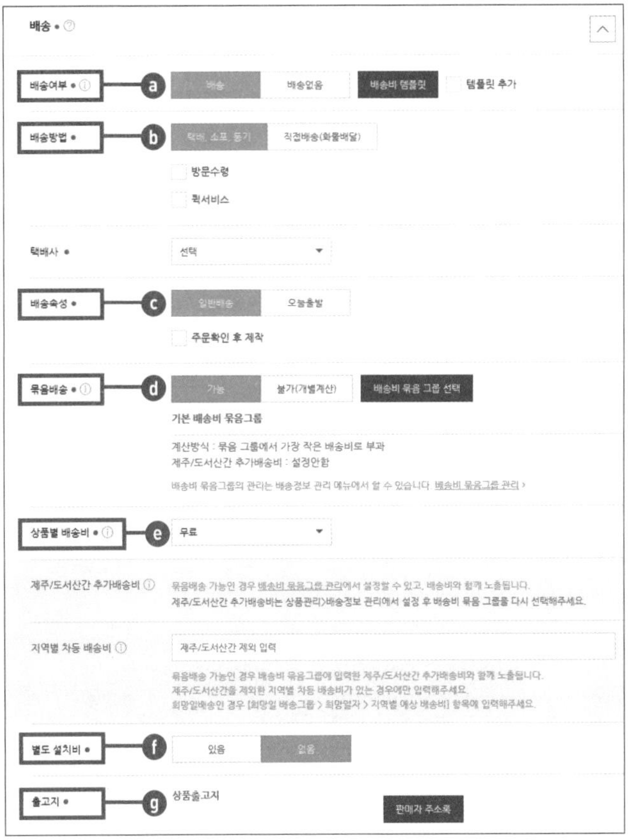

ⓐ 배송여부 : 주문 상품을 배송할 것이므로 〈배송〉을 선택합니다.

ⓑ 배송방법 : 직접 배달하는 것이 아니면 〈택배, 소포, 등기〉를 선택합니다.

ⓒ 배송속성 : 당일발송이 가능한 상품이면 〈오늘출발〉을, 아니면 〈일반배송〉을 선택합니다.

ⓓ 묶음배송 : 묶음배송은 2개 이상의 물품을 한꺼번에 묶어서 배송하는 것을 말합니다. 묶음배송이 가능하다면 〈가능〉을 선택합니다.

ⓔ 상품별 배송비 : '무료', '유료', '조건부무료' 등을 설정할 수 있습니다. '무료'는 해당 상품을 구매하면 무료배송을 해준다는 것이고, '유료'는 판매자가 설정한 기본배송비가 부과됩니다. '조건부무료'는 얼마 이상 구매했을 때 무료배송을 해줄지 설정할 수 있습니다.

ⓕ 별도 설치비 : 가구나 가전제품 등은 별도 설치비를 설정해두기도 합니다. 판매상품이 설치가 필요한 상품이면 〈있음〉을 클릭합니다.

ⓖ 출고지 : 상품이 출고되는 곳의 주소를 입력합니다.

tip

조건부무료배송, 제대로 알고 설정하자

조건부무료배송은 일정 금액 이상 구매 시 배송비를 무료로 해주는 것을 의미합니다. 이때 주의할 것은 상품별 배송비는 결제금액 기준이 아니라 판매자가 설정한 상품의 판매가를 기준으로 청구된다는 것입니다.

예를 들어 판매가격은 30,000원, 할인금액은 3,000원으로 책정했다면 실제 소비자가 구매 시 지불하는 금액은 27,000원이 됩니다. 그런데 만약 30,000원 이상 구매 시 무료배송으로 설정했다면 실제 결제금액이 27,000원이어도 무료배송이 되므로 이 부분을 꼭 주의해야 합니다.

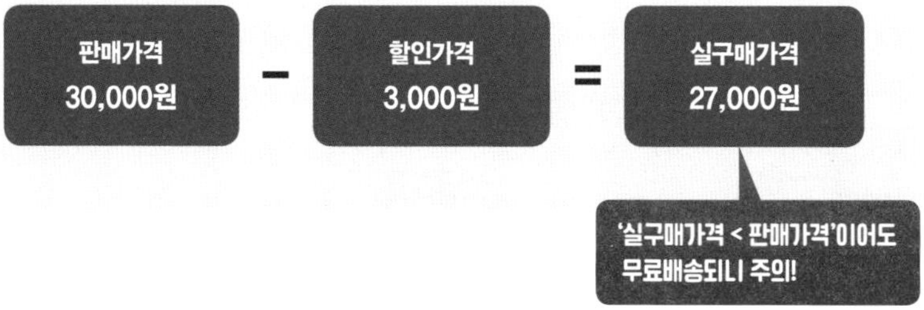

2 | 반품, 교환, A/S 정보 입력하기

소비자들이 상품을 반품 및 교환하고 A/S를 신청할 때 필요한 정보를 입력합니다. 상품마다 조금씩 다르겠지만 다음 화면처럼 입력한다면 큰 문제는 없을 것입니다.

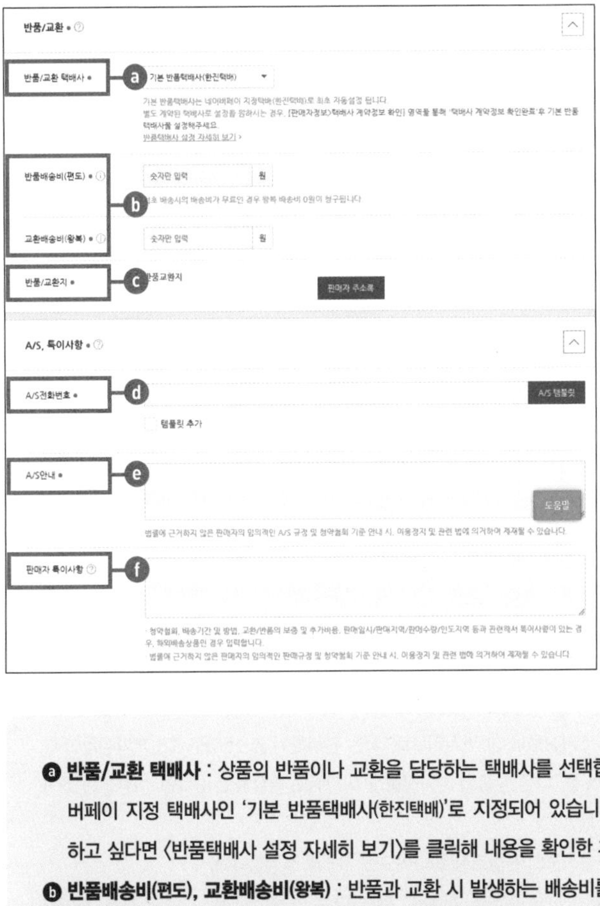

ⓐ **반품/교환 택배사** : 상품의 반품이나 교환을 담당하는 택배사를 선택합니다. 기본적으로 네이버페이 지정 택배사인 '기본 반품택배사(한진택배)'로 지정되어 있습니다. 다른 택배사를 지정하고 싶다면 〈반품택배사 설정 자세히 보기〉를 클릭해 내용을 확인한 후 설정합니다.

ⓑ **반품배송비(편도), 교환배송비(왕복)** : 반품과 교환 시 발생하는 배송비를 입력합니다.

ⓒ **반품/교환지** : 반품이나 교환 상품을 받을 주소를 입력합니다.

ⓓ **A/S전화번호** : A/S 관련 문의를 받는 전화번호를 입력합니다.

ⓔ **A/S안내** : A/S 관련 공지사항을 입력합니다. 법률에 근거하지 않은 내용을 입력하면 제재를 받을 수 있으니 주의해서 입력합니다.

ⓕ **판매자 특이사항** : 판매와 관련해 공지할 특이사항이 있으면 입력합니다.

나도
판매왕!

판매상품 등록 방법

⑩ 추가상품 등록하기

1 | 추가상품 입력하고 개수 설정하기

추가상품은 판매하는 기본상품 외에 추가로 판매하는 상품을 말합니다. 108쪽 화면의 '추가상품' 항목에서 손뜨개 목도리의 추가상품으로 '선물포장'을 등록해보겠습니다.

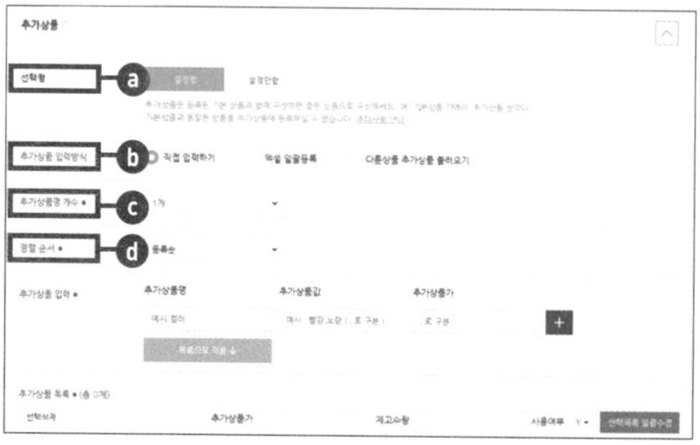

- ⓐ **선택형** : 추가상품을 등록하려면 〈설정함〉을 클릭합니다.
- ⓑ **추가상품 입력방식** : 추가상품이 한 가지이므로 '직접 입력하기'를 선택합니다. 추가상품이 다양하면 '엑셀 일괄등록'을, 다른 상품의 추가상품을 여기에도 등록하고 싶다면 '다른상품 추가상품 불러오기'를 선택합니다.
- ⓒ **추가상품명 개수** : 추가상품이 선물포장 하나이므로 '1개'로 설정합니다.
- ⓓ **정렬 순서** : 추가상품의 정렬 순서를 '등록순', '가나다순', '낮은가격순', '높은가격순' 중에서 선택합니다.

2 | 추가상품 목록 적용하기

1. '추가상품 입력'의 '추가상품명'에는 '포장 여부'를, '추가상품값'에는 '선물포장'을, '추가상품가'에는 '2000'을 입력하고 〈목록으로 적용〉을 클릭하면 아래 '추가상품 목록'에 나타납니다. 목록으로 적용된 후 재고수량을 지정해주지 않으면 '판매상태'가 '품절'로 표시되니 꼭 재고수량을 지정해주어야 합니다.

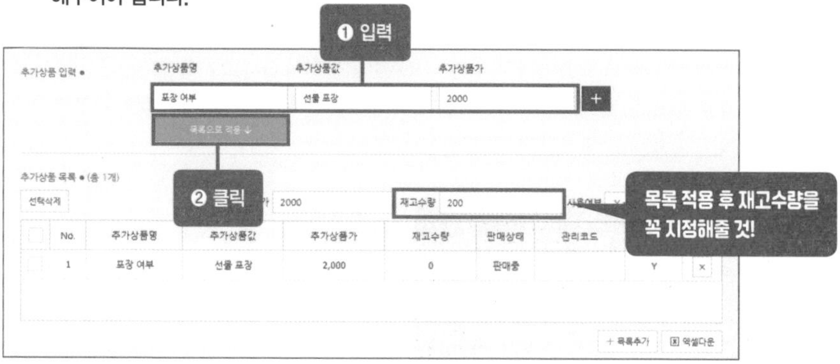

2. 이렇게 추가상품을 등록하면 다음 화면과 같이 표시됩니다.

tip 판매상품에 추가상품 등록해 수익률을 끌어올리자

다음은 RC 비행기를 판매하는 상세페이지입니다. 이 상품의 옵션은 필수로 선택해야 하지만 추가상품은 구매해도 되고 안 해도 됩니다. 이 상품의 경우 RC 비행기를 구동하기 위해서 필요한 AA건전지를 추가상품으로 판매하고 있어서 AA건전지를 선택하면 기본상품과 추가상품이 함께 배송되는 형태입니다. 이와 같이 추가상품은 기본상품을 구매할 때 같이 구매하면 도움이 될 만한 상품을 등록하면 됩니다.

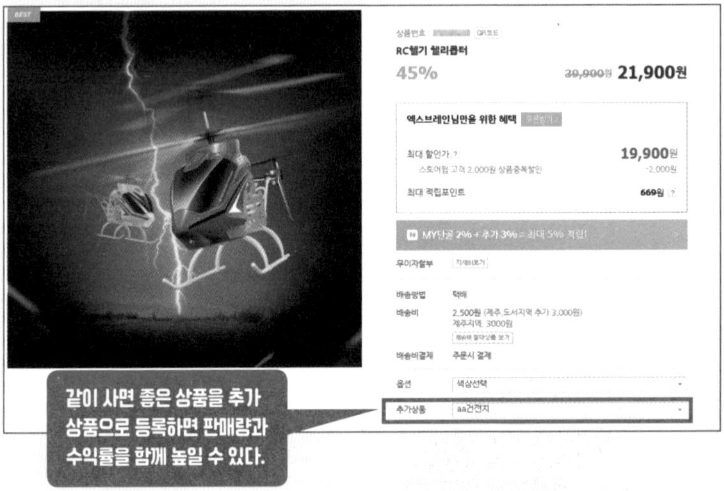

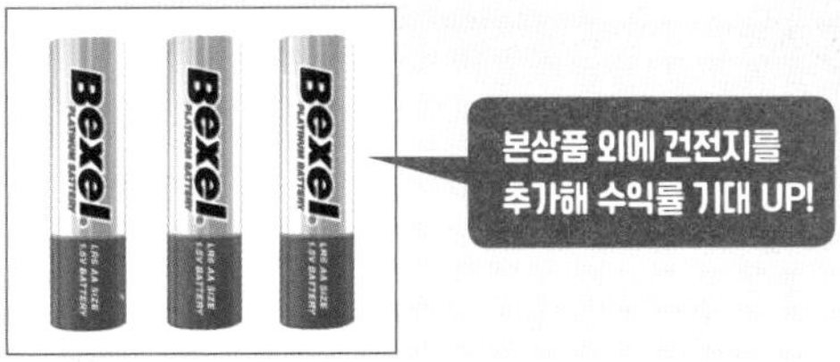

Bexel
본상품 외에 건전지를 추가해 수익률 기대 UP!

※ 자료제공 : www.bexel.co.kr

판매상품 등록 방법

⑪ 구매조건과 혜택조건 설정하기

1 | 최소/최대구매수량 설정하기

108쪽 화면의 '구매/혜택 조건' 항목에서 '최소구매수량'과 '최대구매수량'에 한 사람당 구매할 수 있는 최소/최대구매수량을 입력합니다. 최소구매수량은 입력하지 않으면 기본 1개로 적용됩니다.

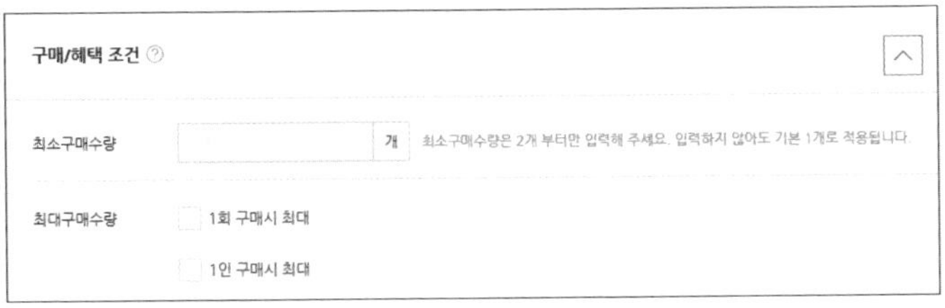

2 | 복수구매할인 설정하기

108쪽 화면의 '구매/혜택 조건' 항목에서 '복수구매할인'을 설정합니다. 복수구매할인은 2개 이상 주문하는 고객에게 할인혜택을 주는 것으로, 〈설정함〉을 클릭하면 다음과 같은 화면이 나타납니다. 해당 칸에 원하는 금액을 입력하세요.

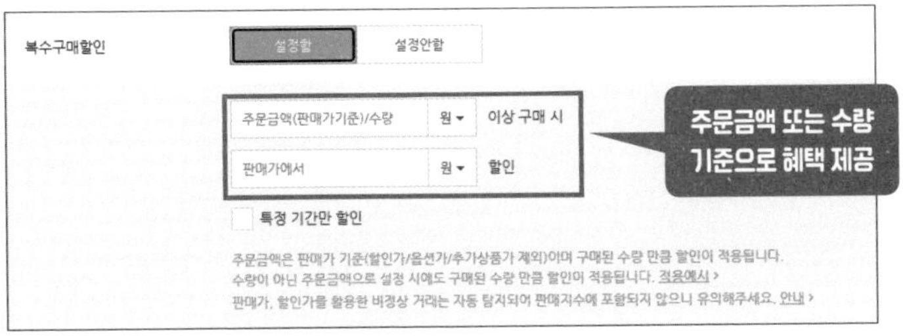

3 | 포인트 설정하기

'상품 구매 시 지급'과 '상품리뷰 작성시 지급'에 체크하면 다음과 같은 화면이 나타납니다. 해당 칸에 원하는 금액을 입력하세요.

상품 구매 시 지급되는 포인트와 리뷰 작성 시 지급되는 포인트를 설정하면 스마트스토어가 자체적으로 지급하는 포인트에 판매자가 설정한 금액이 포함되어 구매자에게 지급됩니다. 저가 상품이라면 네이버에서 제공하는 포인트만 주는 것보다 리뷰 작성 시 지급하는 포인트를 함께 제공하는 것이 좋습니다.

4 | 무이자할부 설정하기

일정 금액 이상 카드결제 시 무이자할부 개월수를 선택합니다.

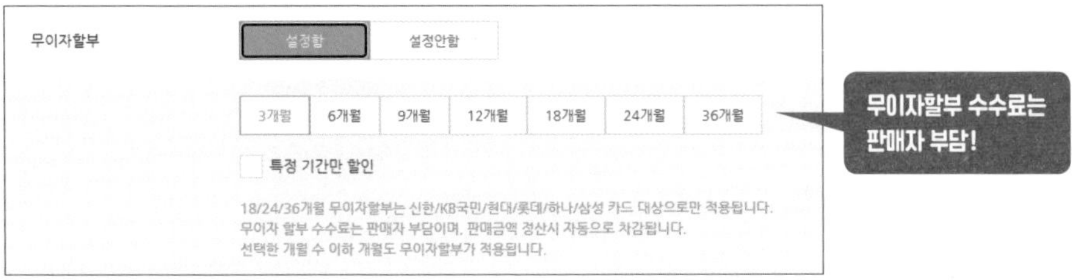

5 | 사은품과 이벤트 설정하기

결제 시 사은품이나 쿠폰 증정 등 이벤트가 있다면 입력합니다.

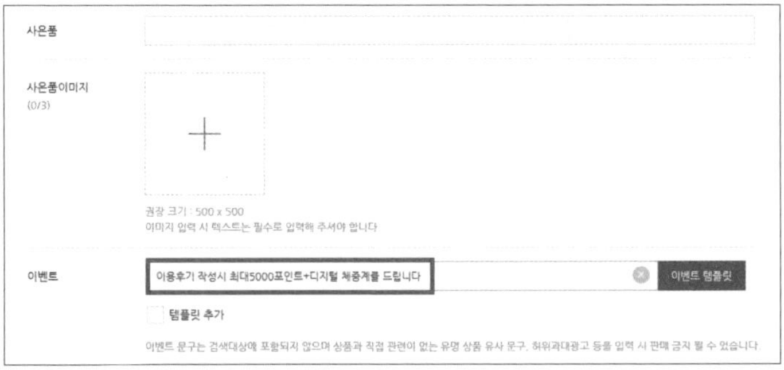

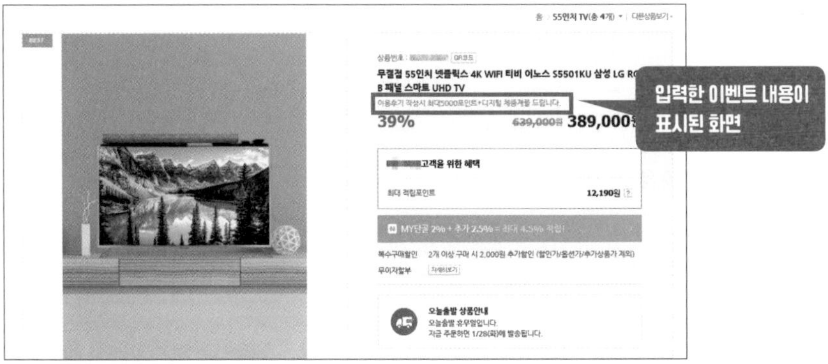

나도 판매왕!

판매상품 등록 방법

⑫ 검색설정 항목 설정하기

1 | 태그 설정하기

태그는 108쪽 화면의 '검색설정' 항목에서 가장 중요한 부분입니다. 태그는 쉽게 말하면 어떤 키워드를 통해 해당 상세페이지가 노출되길 바라는지 설정하는 것입니다. 예를 들어 '예쁜 원피스'라는 키워드에 해당 상품이 노출되길 바란다면 '예쁜 원피스'라는 태그를 쓰면 됩니다. 그리고 판매하는 원피스가 시폰원피스라면 태그는 '시폰원피스'가 될 것입니다.
태그는 최대 10개까지 직접 입력하여 설정할 수 있습니다. 선택한 태그가 검색에 적용되는지, 안 되는지는 〈검색에 적용되는 태그 확인〉을 클릭하면 확인할 수 있습니다.

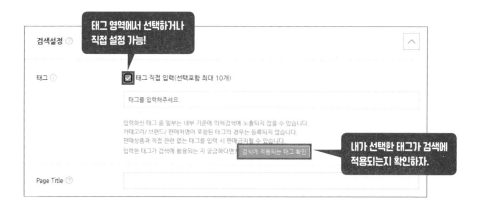

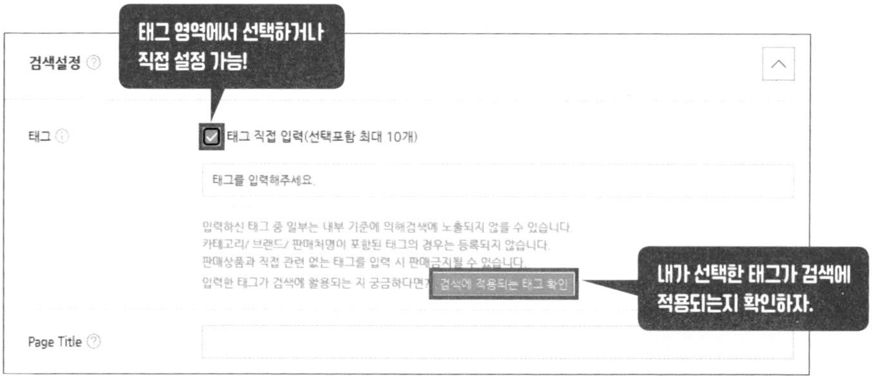

2 | 판매자 코드 입력하기

판매자 코드는 내부관리 코드를 말합니다. 판매하는 상품이 많아지면 상품명만으로는 어떤 상품이 팔렸는지 관리하기가 어려운 경우가 생깁니다. 그래서 판매하는 상품이 많을 경우 내부적으로 상품코드만 보면 무슨 상품인지 알 수 있도록 코드체계를 만들어두고 그에 맞추어서 판매자 상품코드를 입력하는 것이 좋습니다. 또는 판매자 상품코드가 아니라 바코드를 통해 관리할 수도 있습니다. 만약 판매 상품 수가 아주 많지 않다면 굳이 기입하지 않아도 됩니다.

3 | 노출 채널 체크하기

스마트스토어만 운영할 때는 채널명에 스마트스토어만 표시됩니다. 하지만 네이버 쇼핑윈도도 운영하고 있다면 스마트스토어와 윈도가 함께 표시됩니다. 상품등록 시 스마트스토어와 윈도에 동시에 노출하려면 두 군데 다 체크하면 됩니다. 아울러 '네이버쇼핑'에 체크하지 않으면 네이버 검색을 통해서 노출되지 않으니 꼭 체크해야 합니다.

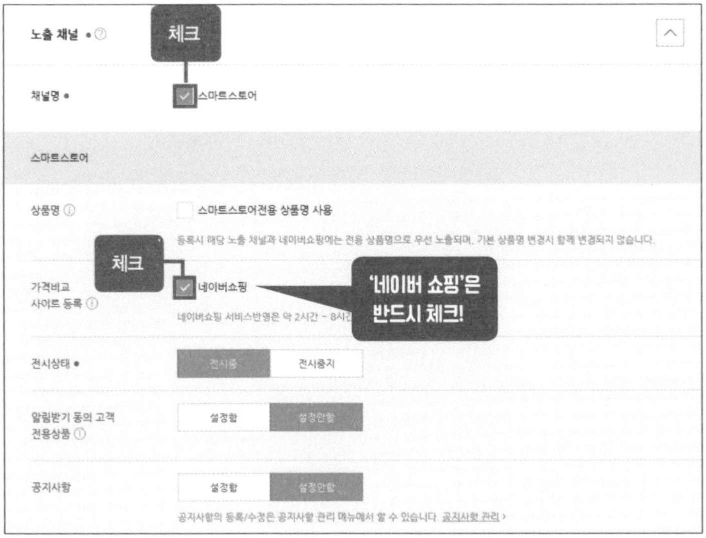

4 | 복사등록 이용해 빠르게 상품등록하기

상품등록 과정이 꽤 복잡하다고 생각할 수 있습니다. 하지만 한 번만 등록하고 나면 그다음부터는 '복사등록' 기능을 이용해서 쉽게 상품을 등록할 수 있습니다. '복사등록'에서 기존 상품과 다른 부분만 수정하면 되므로 빠른 시간 안에 상품을 등록할 수 있습니다.

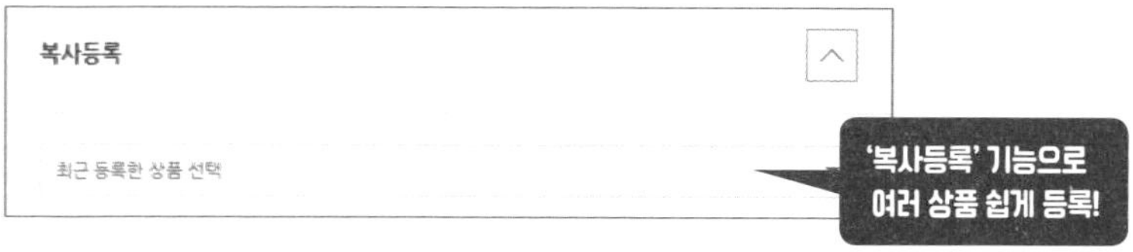

길고 긴 상품등록 과정이 마무리되었습니다. 이어서 145쪽부터는 스마트스토어 운영의 핵심이라고 할 수 있는 상세페이지에 대해 알아보겠습니다.

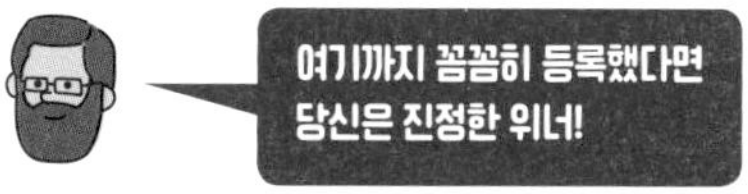

10

smartstore

소비자의 눈길을 사로잡는 상세페이지 구성하기

상세페이지에 꼭 들어가야 하는 필수 요소 다섯 가지

스마트스토어 상세페이지는 쉽고 간단하게 만들 수 있지만, 사진만 달랑 올리거나 정보가 부족하면 소비자로부터 외면당하기 쉽습니다. 상세페이지는 교수님에게 제출하는 리포트처럼 정성스럽게 만들어야 합니다. 앞에서 살펴본 '09. 스마트스토어에 판매상품 등록하기'에 입력한 정보를 토대로 상세페이지에는 다음 다섯 가지 정보가 꼭 들어가야 합니다.

■ 상세페이지의 필수 5요소 ■

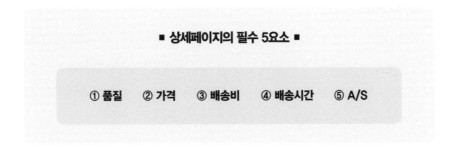

① 품질　② 가격　③ 배송비　④ 배송시간　⑤ A/S

① 품질

물건을 구매하려는 고객은 여러 가지를 생각하지만 그중에서도 가장 먼저 고려하는 것이 상품의 품질입니다. 따라서 구매하려는 상품의 품질이 괜찮은지, 제대로 된 물건인지 확인할 수 있도록 정확한 정보를 제공해야 합니다.

② 가격

소비자들은 대부분 구매하려는 상품이 가격 대비 적절한지 판단한 후 구매합니다. 무조건 싸거나 비싼 것이 아니라 품질 대비 가격이 적절해야 구매를 한다는 뜻입니다.

③ 배송비

스마트스토어나 다른 오픈마켓 판매자들 중 꼼수로 배송비를 뺀 가격을 보여주는 경우가 있고, 반대로 배송비를 합쳐서 보여주는 경우도 있습니다. 하지만 소비자는 배송비까지 합쳐진 금액을 가격이라고 생각하지, 배송비를 빼거나 넣었다고 해서 구매를 결정하지는 않습니다. 그러니 자신의 상황에 맞춰서 배송비 포함 여부를 결정해야 합니다.

④ 배송시간

배송시간은 물건을 받기까지 걸리는 시간을 의미합니다. 고객에게는 그 물건이 필요한 시간에 맞게 배송될지, 또는 지금 주문하면 오늘 발송되는지, 아니면 내일 발송되는지 등의 문제가 중요합니다. 그래서 많은 판매자가 '오후 ㅇ시까지 주문 시 당일발송'이라는 문구를 넣습니다.

택배사도 중요합니다. 가끔 택배사 사정으로 인해 물건이 제시간에 도착하지 않는 경우가 있다 보니 택배사를 보고 구매를 결정하는 소비자도 있습니다. **택배사 중 가장 믿을 만한 곳은 우체국택배**입니다. 가격이 다른 택배사보다 조금 비쌀 수 있지만 여유가 된다면 우체국택배 이용을 추천합니다.

우체국택배가 가장 좋기는 하지만 가격이 비싼 편이고 택배 최소수량이 일정 수준(일반적으로 일평균 100개, 월평균 3,000개) 이상이어야 한다는 조건이 있습니다. 그래서 이 조건에 충족되지 않을 경우에는 해당 지역에 있는 택배사에 전화해서 계약조건 등을 확인하고 진행하면 됩니다. 또한 '카페24'(www.cafe24.com) 등에서 운영하는 창업센터 등을 이용하면 저렴한 가격으로 택배를 보낼 수 있으니 이런 방법을 생각해봐도 좋습니다.

⑤ A/S

제품에 하자가 있을 경우 반품 과정이 어떻게 되는지, 교환이나 A/S는 받을 수 있는지 등에 대한 정보를 반드시 정확하게 가입해야 합니다. 상품에 문제가 생기면 소비자로서는 난감할 수밖에 없으므로 상세페이지에서 반드시 A/S에 대한 정보를 언급해주는 것이 좋습니다.

스마트스토어 상세페이지의 구성 순서

상세페이지를 구성하는 요소는 많습니다. 또한 각각 상황에 따라서 조금씩 다를 수 있습니다. 상세페이지는 145쪽에서 말한 상세페이지의 다섯 가지 필수 요소를 바탕으로 다음과 같은 순서로 구성합니다.

■ 상세페이지의 구성 순서 ■

❶ 각종 공지사항	→	❷ 각종 혜택, 이벤트	→	❸ 상품 설명, 상품 정보	→	❹ 배송 정보
고객에게 꼭 알려야 하는 정보 전달		구매고객에게 제공하는 각종 혜택 안내		제품 품질, 스펙 안내		배송, A/S 정보 안내

① 각종 공지사항

고객에게 꼭 알려야 하는 정보나 판매자가 고객에게 알리고 싶은 부분을 쓰는 영역입니다. 예를 들어 연휴가 있어서 특정일까지만 배송할 수 있고 배송이 이루어지지 않는 기간이 있다면 이런 내용은 꼭 알려야 합니다. 또는 몇 시까지 주문해야 오늘 출고되는지를 알려주는 것도 중요합니다. 이런 내용을 알려주지 않고 배송이 늦어지면 소비자의 불만이 생길 수 있기 때문입니다.

주요 공지부터 신경 쓰지 않으면 소비자 불만으로 직결!

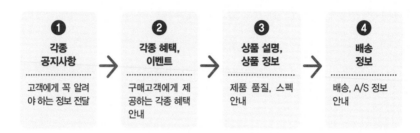

② 각종 혜택, 이벤트

이 상품을 구매했을 때 소비자가 얻는 각종 혜택을 설명해줍니다. 또는 그 외에 어떤 혜택이 있는지 알려줍니다.

다음은 스마트스토어에서 가장 많이 사용하는 방법 중 하나로, 알림받기에 동의하면 일정 금액을 할인해주는 혜택 방법입니다.

자랑하고 싶은 것이 있으면 자랑해도 괜찮습니다. 벌써 많이 팔렸으므로 한정기간 또는 한정수량만 싸게 판다는 사실을 고지해 상품 자랑을 하면서 소비자에게 혜택을 주는 방법도 좋고 포토상품평 이벤트를 하는 것도 좋습니다. 상품평을 쓰면 보상(리워드)을 제공해서 상품평을 유도하는 방법이기 때문입니다.

물론 주의할 점이 있습니다. 초보 사장님은 손익을 생각하지 않고 고객에게 어필하려는 마음에 무작정 이벤트를 진행하는 경우가 많습니다. 하지만 **이벤트는 고객의 이익을 위한 것이 아니라 판매자의 이익을 위한 것**입니다. 이런 이벤트를 하면 판매량이 늘겠다, 이런 이벤트를 하면 상품평을 쌓는 데 유리하겠다, 이런 이벤트를 하면 추가구매가 늘겠다, 이런 이벤트를 하면 재구매가 늘

겠다와 같이 정확한 목적을 가지고 이벤트를 진행해야 합니다. 따라서 무작정 고객에게 퍼주는 것은 반드시 지양해야 합니다.

③ 상품 설명, 상품 정보

판매하는 상품에 대한 정보를 설명하는 영역입니다. 이 제품을 구매하려는 사람들에게 구매자가 원하는 정보를 제공해줘야 합니다. 예를 들어 옷을 판매하려고 한다면 사진만 넣는 것이 아니라 이왕이면 입었을 때 어떤 느낌이고, 사이즈는 어떻고, 스타일이 어떤지를 하나하나 말해주는 것이 좋습니다. 다음은 잘 판매하고 있는 한 판매자의 사례입니다.

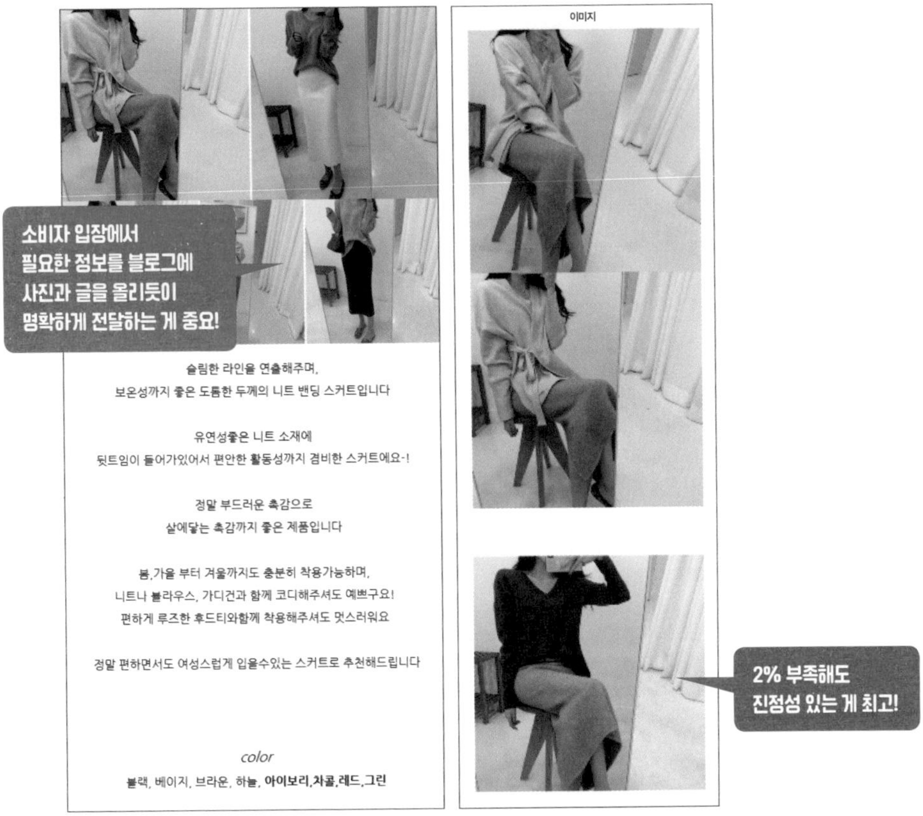
소비자 입장에서 필요한 정보를 블로그에 사진과 글을 올리듯이 명확하게 전달하는 게 중요!
슬림한 라인을 연출해주며,
보온성까지 좋은 도톰한 두께의 니트 밴딩 스커트입니다
유연성좋은 니트 소재에
뒷트임이 들어가있어서 편안한 활동성까지 겸비한 스커트에요-!
정말 부드러운 촉감으로
살에닿는 촉감까지 좋은 제품입니다
봄,가을 부터 겨울까지도 충분히 착용가능하며,
니트나 블라우스, 가디건과 함께 코디해주셔도 예쁘구요!
편하게 루즈한 후드티와함께 착용해주셔도 멋스러워요
정말 편하면서도 여성스럽게 입을수있는 스커트로 추천해드립니다
color
블랙, 베이지, 브라운, 하늘, 아이보리,차콜,레드,그린
이미지
2% 부족해도 진정성 있는 게 최고!

'슬림한 라인을 연출해주며, 보온성까지 좋은 도톰한 두께의 니트 밴딩 스커트입니다'로 시작하는 글은 원단부터 촉감, 입었을 때 모양, 어떤 옷과 코디했을 때 어울릴지까지 소비자가 알고 싶어하는 정보를 진솔하게 썼습니다. 또한 색상별로 실제 착용샷을 실어서 소비자가 알고 싶어하는 부분을 명확하게 보여주고 있습니다.

의류라면 연출컷을 통해 판매할 수도 있고, 모델 없이 제품컷만으로 판매할 수도 있습니다. 하지만 이왕이면 '이 옷을 입으면 예쁠 것 같다'는 생각이 들게

끔 사진과 글을 구성하는 것이 좋습니다.

인테리어 소품도 마찬가지입니다. '우리 집에 갖다두면 예쁠 것 같다'는 생각이 들게끔 사진을 보여주고 설명해준다면 훨씬 상품이 잘 팔릴 것입니다.

농수산물처럼 생산자가 직접 뛰어들어 판매하는 경우라면 초보 티가 나는 2% 부족한 상세페이지도 괜찮습니다. 부족한 사진, 부족한 글이라도 진정성이 담겨있으면 충분합니다. 농수산물만 그런 것이 아닙니다. 때로는 2% 부족한 상세페이지가 소비자의 마음을 더 쉽게 잡을 수 있습니다.

④ 배송 정보

배송 정보에는 소비자가 알고 싶어하는 내용이 들어가는 것이 좋습니다. 몇 시까지 주문했을 때 당일발송하는지, 교환이나 반품은 어떻게 되는지, A/S는 어떻게 되는지 등을 기재합니다. 택배사가 어딘지 궁금해하는 분들도 많으니 이용하는 택배사를 명시해주는 것도 좋습니다.

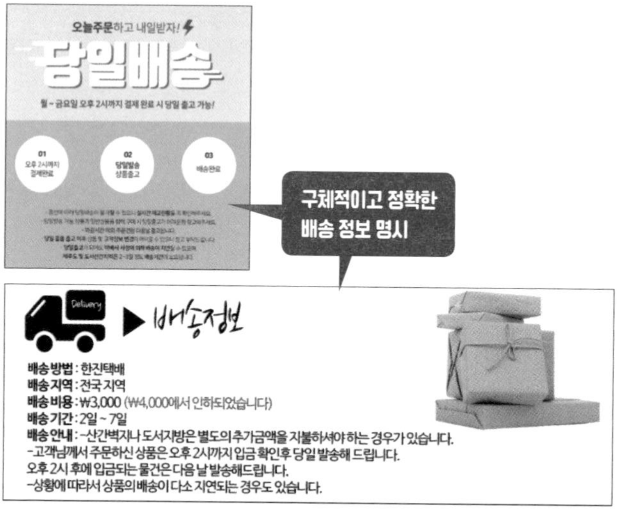

나만의 스토어 스타일 만들기

상품등록이 끝나면 네이버가 제공하는 기본 스타일이 아닌 자기만의 스타일로 스마트스토어를 꾸밀 수 있습니다.

스마트스토어센터에서 〈스토어 전시관리〉→〈스마트스토어〉에 들어가면 PC 화면과 모바일 화면을 선택해서 원하는 나만의 스토어를 꾸밀 수 있는 기능이 나옵니다. PC 아이콘(🖥)을 클릭하면 PC에서 보여지는 내 스토어의 모습을 꾸밀 수 있어요. 그리고 모바일 아이콘(📱)을 클릭하면 모바일에서 보여지는 내 스토어의 모습을 꾸밀 수 있지요. 〈공통 관리〉에서는 컬러 테마와 PC의 GNB◆를 '상단형'으로 할지, '좌측형'으로 할지 선택할 수 있습니다.

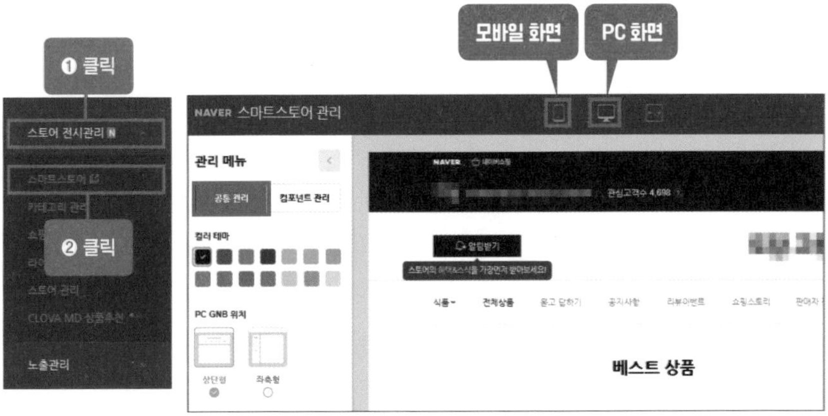

◆ **GNB** : Global Navigation Bar. 웹사이트에서 전역적(global)으로 제공하는 공통 내비게이션바. 주요 메뉴 및 기능 페이지로 빠르게 전환할 수 있도록 링크를 포함하고 있고 사용자의 편의성뿐만 아니라 이탈률과 전환율에도 큰 영향을 미친다.

스토어를 구성하는 다양한 요소들

카테고리의 구성과 메뉴, 프로모션 이미지, 스토어 이름 등 다른 스마트스토어와 디자인적으로나 마케팅적으로 차별화를 할 수 있는 다양한 요소들은 〈컴포넌트 관리〉에서 설정할 수 있습니다.

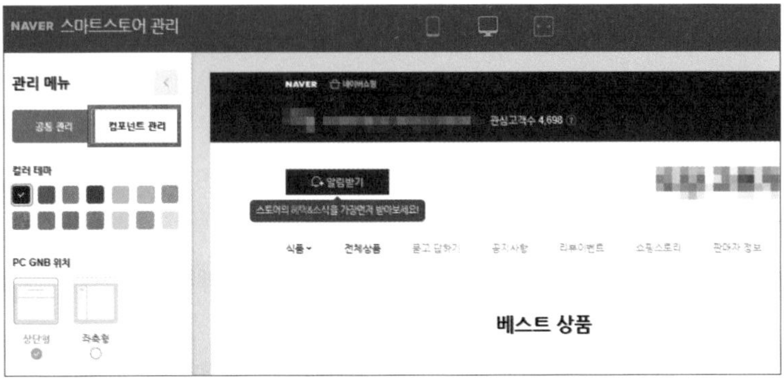

만약 스토어 이름을 텍스트가 아닌 우리 샵만의 로고를 이용해서 등록하려면 〈컴포넌트 관리〉를 클릭하세요. 〈스토어 이름〉에 들어가서 '로고형'을 선택하고 내 샵의 로고 이미지를 업로드하면 됩니다.

다음은 스토어 이름 부분을 텍스트형이 아닌 로고형으로 바꾸어서 등록한 화면입니다. 설정 즉시 실제 화면에서 어떻게 보여지는지 확인할 수 있으므로 처음 등록하는 경우에도 어렵지 않게 꾸밀 수 있어요.

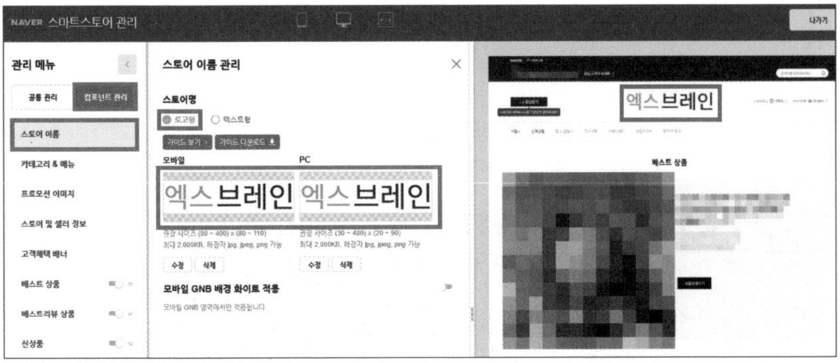

등록한 상품이 몇 개 없으면 스토어를 꾸미는 부분은 적당히 넘어가도 됩니다. 하지만 등록한 상품이 많고, 상품과의 연관성이 많아서 단 하나의 상품이 아닌 여러 상품을 동시에 구매하는 경우가 많다면 어떻게 꾸밀지 많이 고민해야 합니다.

다음은 필자가 교육한 한 업체의 사례입니다. 스토어명은 자신만의 로고를 이용해서 만들었고 메뉴는 잘 팔리는 베스트 상품군과 농산물, 축산물, 수산물뿐만 아니라 겨울철 대표 간식 등 고객이 자신의 스토어 안에서 계속 돌아다니면서 구매할 수 있도록 다양하게 구성했습니다. 그리고 각종 프로모션을 알리기 위해서 프로모션 이미지를 이용했습니다.

텍스트형이 아닌 자체 로고 사용
'베스트', '농산물', '수산물', '축산물' 등으로 메뉴 구성
프로모션 이미지
smartstore.naver.com/mezongde
덕구네농산물
베스트
전체상품
★겨울철 대표간식
농산물
수산물
축산물
진짜 청도 한재 미나리
무농약 유기농 인증! 청도 직송!
무농약
유기농
엑스브레인님, 혜택 다운받고 쇼핑하세요!
알림받기 동의 고객에게 드리는 혜택! 1,000원 장바구니할인
주간베스트
해남 세척 꿀 고구마 베니하루카 3kg 5kg 10kg
5,700원 85,000원 93%
2023 햇 수미감자 카스테라 홍감자 국내산 3kg 5kg 1...
5,900원 75,000원 92%
국내산 제주 구좌 햇 흙 당근 3kg 주스용 미니 꼬마 쥬스용
9,900원 74,700원 86%
유기농 햇 레드비트 2kg 3kg 5kg 10kg 제주 비트 알비트
9,900원 99,000원 90%
지금이 제철!
덕구네 유기농 청도 한재 미나리 무농약 200g 1kg
6,900원 29,000원 76%
덕구네 제철 국내산 박달 대게 홍게 자숙 연지홍게
19,900원 159,000원 87%
산지직송 완도 활전복 1kg 꼬마 특대 (6미-60미) 양식
18,900원 129,000원 85%
유기농 케일 즙용 2kg 3kg 4kg 신선초 (당일수확 산지...
14,900원 60,200원 75%
국내산 자포니카 손질 민물장어 (2-7인분) 1kg 장어
32,500원 120,000원 72%
마 안동마 장마 참마 산마 생마 1kg 2kg 4kg 국내산
10,900원 49,900원 78%
2022 칼집 약단밤 1kg 생율 공주밤 알밤 군밤 햇밤 생...
6,800원 39,900원 82%
해남 세척 꿀 고구마 베니하루카 3kg 5kg 10kg
5,700원 85,000원 93%

나도 판매왕!

스마트에디터로 상세페이지 작성하기

상세페이지는 HTML이나 스마트에디터를 이용해 작성할 수 있습니다. 이 책에서는 스마트에디터를 이용해 상품등록을 해보겠습니다.

1 | 스마트에디터 들어가기

① 상품등록 화면에서 〈상세설명〉→〈직접 작성〉→〈SmartEditor ONE으로 작성〉을 클릭합니다.

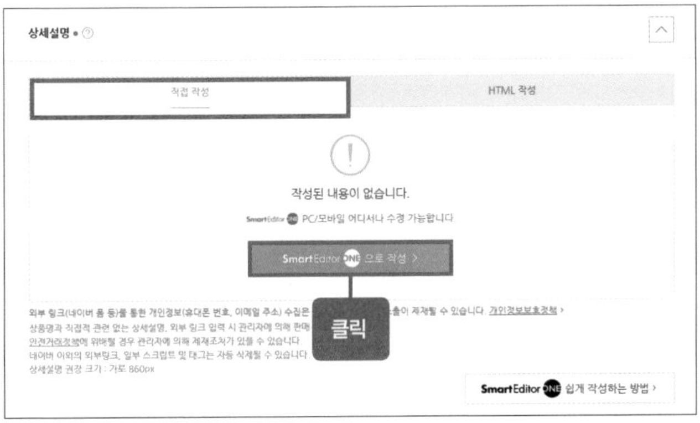

② 다음과 같은 화면이 나옵니다. 블로그나 한글, MS워드를 사용해본 분이라면 누구나 쉽게 상세페이지를 만들 수 있도록 메뉴가 구성되어 있습니다.

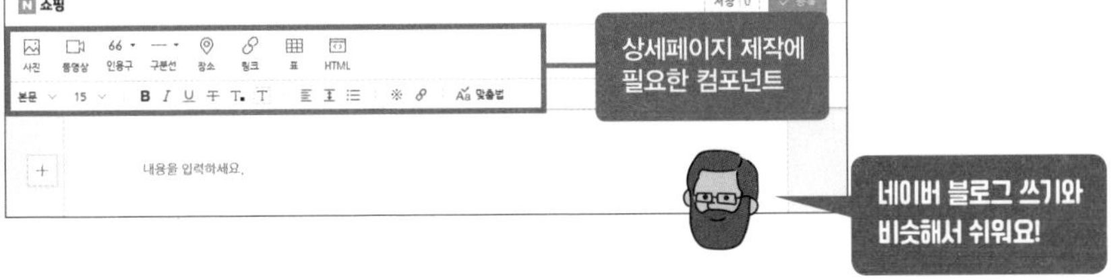

③ 위쪽에 있는 컴포넌트를 이용해 상세페이지를 작성합니다. 글을 쓰고 싶으면 내용을 입력하면 되고, 사진을 넣고 싶으면 〈사진〉을 클릭해 넣으면 됩니다. 중간중간 구분선을 넣고 싶으면 〈구분선〉을 클릭하세요.

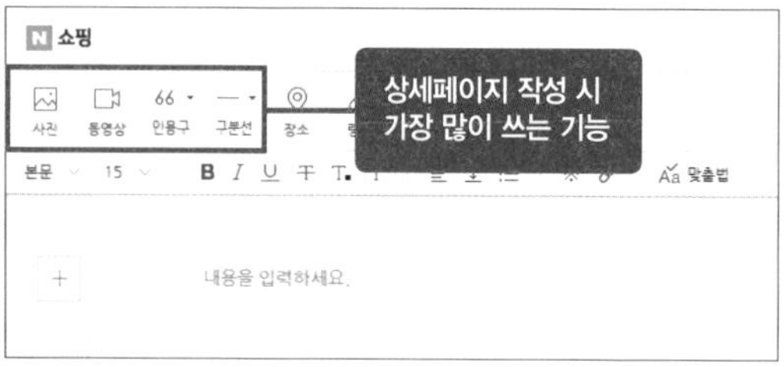

④ 다음은 사진, 구분선, 인용구 등을 이용해서 작성한 화면입니다. 만약 판매할 상품이 없어서 상품을 등록하기 어렵다면 좋아하는 쇼핑몰에서 상세페이지를 하나 찾아서 캡처한 후 등록해보세요. 상세페이지 구성에 대한 자세한 내용은 〈2일 차. 스마트스토어 상세페이지 만들기〉에서 다룹니다.

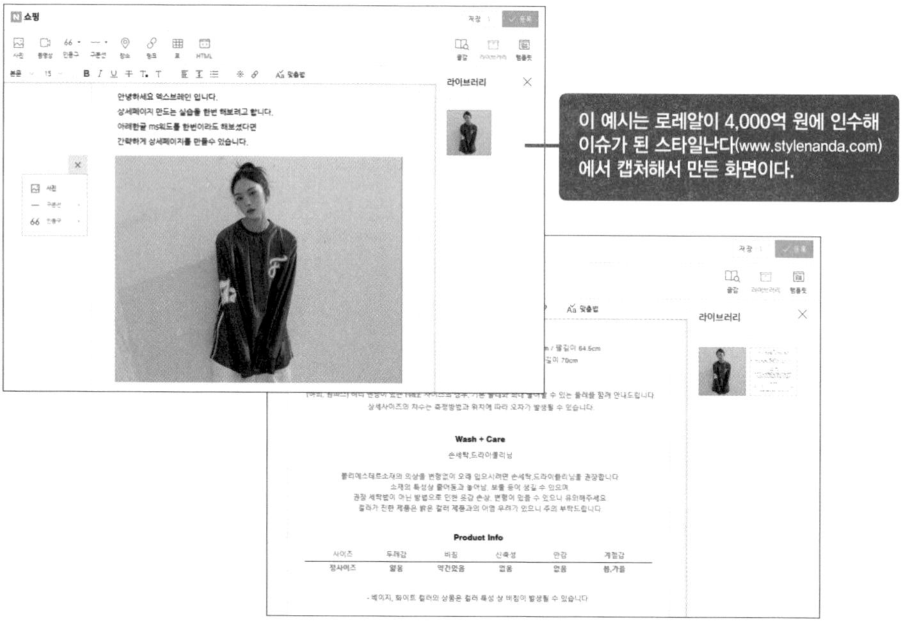

2 | 컴포넌트 이용하기

각종 컴포넌트(글씨, 사진, 동영상, 인용구, 구분선 등)를 이용하여 상세페이지를 만듭니다. 만약 사진을 업로드하려면 위쪽이나 왼쪽에 있는 사진 컴포넌트를 이용하세요.

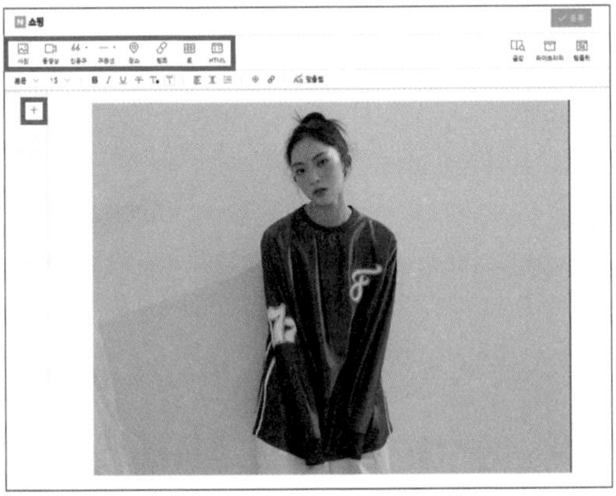

업로드된 사진을 편집하려면 다시 컴포넌트를 이용해 편집합니다. 텍스트도 마찬가지여서 원하는 글을 쓰고 컴포넌트를 이용해서 편집만 하면 됩니다. 임시로 저장하려면 〈저장〉을, 상품등록에 필요한 상세페이지를 다 만들었으면 〈등록〉만 클릭하여 완성하세요.

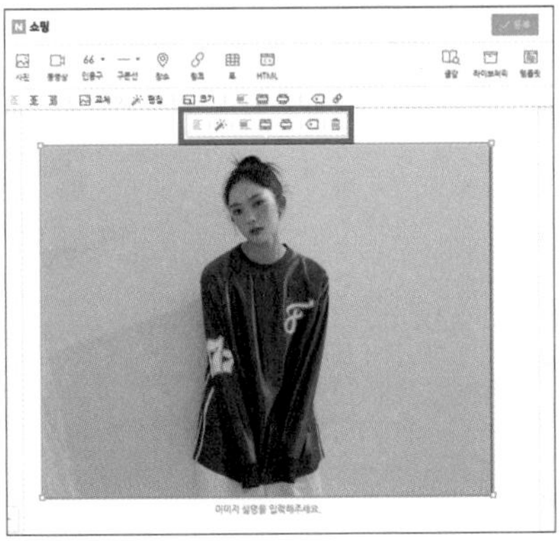

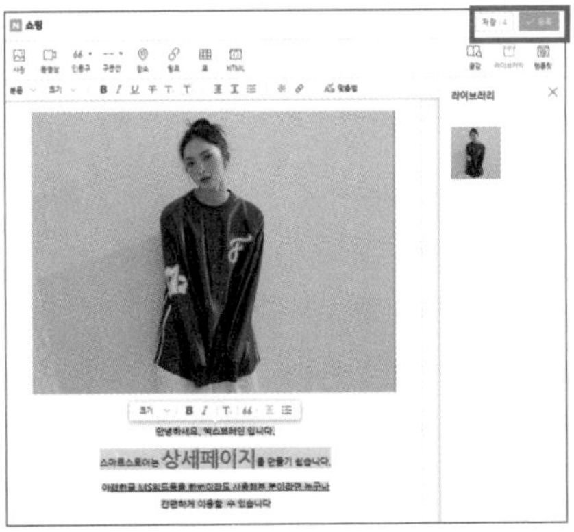

이미 다른 오픈마켓에서 상품을 판매하고 있는 분이라면 오픈마켓에 만들어놓은 상세페이지에서 사진 부분은 잘라서 쓰더라도 텍스트 부분은 다시 입력하는 것이 좋습니다. 그래야 검색에서 노출이 잘 되기 때문입니다.

tip

모바일 구매가 대세!
상품등록 시 모바일 최적화에 신경 쓰자

스마트스토어에서 등록한 상품은 PC와 모바일, 태블릿에서 볼 수 있습니다. 불과 몇 년 전만 해도 PC에서 구매하는 비중이 높았습니다. 하지만 최근에는 모바일 구매 비중이 압도적으로 높아져서 이제는 전체 판매량의 80~90% 이상이 모바일에서 이루어집니다. 모바일 최적화는 스마트스토어 상세페이지를 모바일에서 봤을 때 소비자가 보기 쉽게 만드는 상태를 말합니다. 만약 PC에서는 보기 편했는데 모바일에서는 가독성이 떨어진다면 판매가 잘 안 될 것입니다. 이런 이유로 모바일 최적화를 하기 위해서 다음 사항을 신경 써야 합니다.

1 | 사진 : 1장당 1~2MB 용량을 넘기지 말 것!

스마트에디터는 파일당 최대 20MB까지 등록할 수 있습니다. 하지만 파일 크기가 너무 크면 모바일 환경에서는 로딩시간이 길어집니다. 이렇게 로딩시간이 길어지면 결국 페이지가 다 로딩되기 전에 이탈하는 사람이 늘어나서 판매가 원활하지 않을 수 있습니다. 그래서 사진은 1장당 1~2MB 정도의 용량으로 올리는 것이 중요합니다.

2MB 초과 NO!

2 | 글 : 사진 따로, 글 따로 등록할 것!

상품 판매를 위해서는 사진도 중요하지만 글도 필수조건입니다. 사진만 쭉 올려서는 판매가 쉽지 않고 사진과 글을 이용해서 소비자를 설득해야만 판매가 늘어납니다. 기존 오픈마켓에서는 포토샵을 이용해서 1개의 통 이미지로 사진과 글이 결합된 상세페이지를 만들었습니다. 그런데 PC를 기준으로 이미지 1개짜리 상세페이지를 만들면 모바일에서는 화면이 작아지다 보니 글이 잘 보이지 않는 경우가 있습니다.

Gmarket
상세설명
장바구니
구매하기
PC는 화면이 커서 글씨가 잘 보인다.
PC 화면과 달리 모바일 화면 에서는 글씨가 잘 안 보인다.

반면 스마트에디터로 각각의 사진에 글을 타이핑하면 모바일에서도 쉽게 볼 수 있습니다. 그래서 가능하면 스마트스토어에서는 포토샵을 이용해 사진과 글이 하나로 합쳐져 있는 통 이미지를 쓰기보다는 사진을 따로 등록하고 글도 따로 입력하는 방법을 권장합니다.

많은 반찬이 필요없는 윤기도는 쌀밥.
글+사진 형식의 스마트스토어 상세페이지
국내산 쌀
통 이미지로 들어간 오픈마켓 상세페이지

11 상세페이지에 꼭 필요한 구매 촉진 요소 일곱 가지

이것만 해도 매출 UP!

smartstore

소비자가 상품을 구매할 때는 여러 가지 요소를 생각합니다. 소파를 구매할 때는 소파의 크기가 우리 집 거실 크기에 적합한지, 가죽의 품질은 만족할 만한지, 원하는 색상인지, 쿠션은 어떤지 등을 살펴보고 구매 여부를 결정합니다.

이처럼 구매에서 제일 중요한 부분은 상품 자체이지만 가끔은 다른 요소, 즉 상품 외적인 요소들로 인해 구매가 이루어지는 경우가 있습니다.

그럼 이제 고객의 구매를 촉진시키는 일곱 가지 요소를 살펴보겠습니다.

구매 촉진 요소 ① 오늘출발

상품은 아주 마음에 드는데 언제 배송될지 몰라서 구매를 안 한 경험이 있을 것입니다. 경우에 따라서는 당일발송이 된다는 것 때문에 가장 마음에 드는 상품은 아니지만 구매를 결정한 경험도 있을 것입니다. 그래서 많은 여성의류 쇼핑몰에서는 당일발송을 하고 있고 새벽배송까지 실행하고 있습니다.

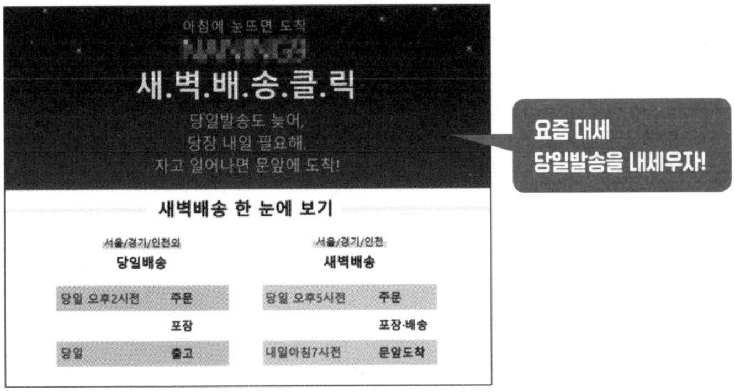

쇼핑몰에만 당일발송이 있는 것이 아니라 스마트스토어에도 있습니다. '배송' 항목의 〈오늘출발〉을 선택하면 언제까지 주문 시 당일발송이 가능한지 알 수 있습니다. 배송이 빠른 것만으로도 좀 더 팔 수 있으므로 당일발송이 가능한 상품이라면 이 부분을 꼭 설정해놓는 것이 좋습니다. 오늘출발은 스마트스토어센터의 〈상품관리〉→〈상품 등록〉에서 설정할 수 있습니다.

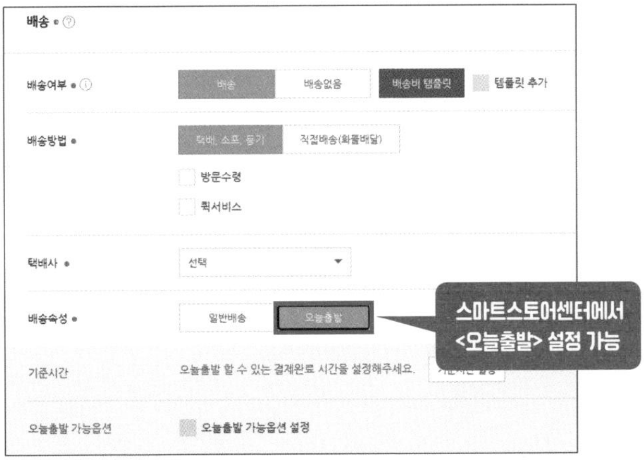

구매 촉진 요소 ② 배송비

A 판매자는 무료배송에 22,500원이고 B 판매자는 유료배송에 20,000원+배송료 2,500원이라고 가정해보겠습니다. 이런 경우 상품이 1개 필요하다면 두 판매자 중 어느 곳에서 사도 상관없습니다. 하지만 2개를 구매하려면 B 판매자한테서 구매하는 것이 이득입니다.

상품 2개를 구매할 경우

- **A 판매자에게 구매** : 22,500원×2개=45,000원
- **B 판매자에게 구매** : 20,000원×2개+배송료 2,500원=42,500원

합포장 역시 마찬가지입니다. 1명의 판매자에게 구매할 경우 배송비를 두 번 내지 않고 한 번만 내도 되는지, 얼마 이상 구매해야 무료배송이 되는지, 몇 개 이상 구매해야 무료배송이 되는지, 이런 부분들이 판매를 촉진하는 요소가 될 것입니다. 이런 부분들을 어떻게 설정할지 생각해보는 것이 중요한 부분이다 보니 스마트스토어에서도 설정할 수 있게 해놓았습니다. 무조건 무료배송으로 설정하기보다는 자기 상황에 맞춰서 설정하는 것이 중요합니다. 배송비는 상품등록 페이지인 스마트스토어센터의 〈상품관리〉→〈상품 등록〉에서 설정할 수 있습니다.

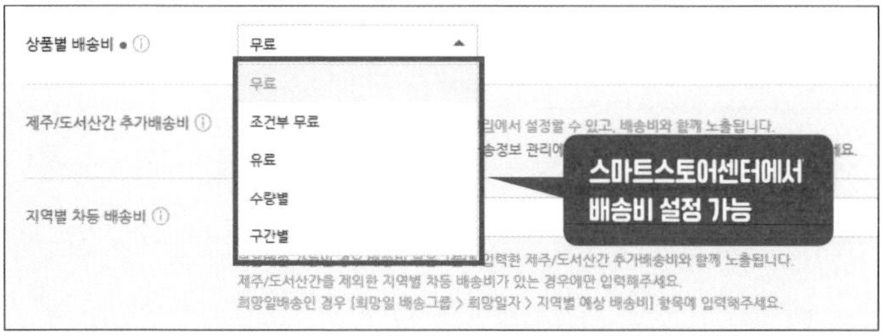

구매 촉진 요소 ③ 복수구매 혜택

여러 개를 구매(복수구매)할 때 할인해주는 것도 좋습니다. 1개만 구매하려고 했는데 복수구매 혜택 때문에 2개를 구매하는 경우도 많기 때문입니다. 예전에 필자에게 교육을 받았던 한 분은, 다른 부분도 약간 영향을 미치기는 했지만 이 부분을 잘 설정한 덕분에 일반적으로 1인 1개만 구매하는 상품을 1인 평균 1.7개까지 구매하게 만들기도 했습니다. 복수구매 혜택은 스마트스토어센터의 〈상품관리〉→〈상품 등록〉에서 설정할 수 있습니다.

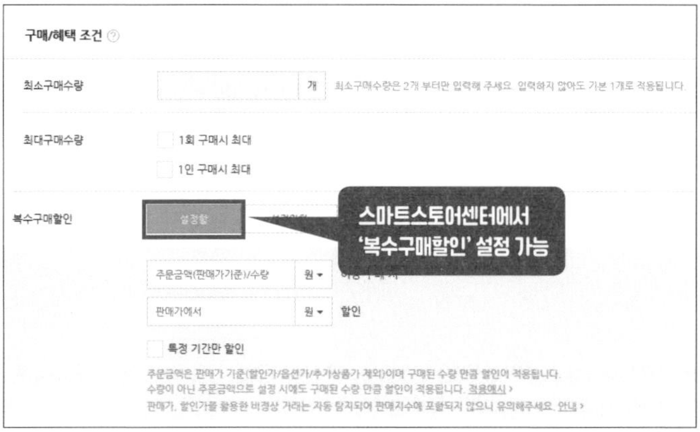

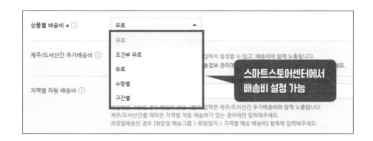

구매 촉진 요소 ④ 포인트

포인트◆를 조금 지급하는 것보다 많이 지급하는 경우 판매가 다소 늘어납니다. 단지 이 부분은 직접 설정하지 않아도 기본적으로 네이버에서 포인트를 제공하고 있으므로 네이버의 기본 제공 포인트 외에 추가로 더 지급하고 싶은 경우에만 설정하면 됩니다.

상품 구매 시 지급하는 포인트보다 중요한 것은 리뷰를 작성할 때 제공하는 포인트입니다. 쇼핑몰에서는 상품평이 중요한데, 포인트를 많이 제공할 경우 리뷰를 쓰는 비율이 높아집니다. 따라서 상품평을 쌓고 싶으면 포인트를 추가로 제공하는 것도 나쁘지 않습니다. 포인트 지급은 스마트스토어센터의 〈상품관리〉 → 〈상품 등록〉에서 설정할 수 있습니다.

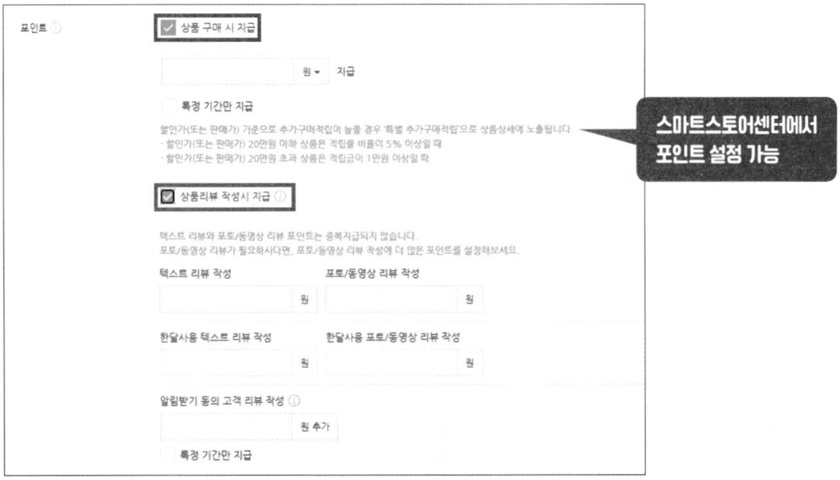

◆ **네이버페이 포인트** : 네이버페이를 이용해 포인트를 적립받거나 충전해 다양한 사용처에서 현금과 동일하게 사용할 수 있다. 네이버페이는 네이버 아이디를 사용해 결제하는 기능이다.

구매 촉진 요소 ⑤ 무이자할부

고가 상품은 가격을 할인해주는 것보다 무이자할부를 해주는 것이 판매에 훨씬 많은 도움이 됩니다. 그래서 홈쇼핑은 무이자할부를 적용하는 경우가 많습니다. 만약 판매하는 상품이 고가라면 무이자할부는 꼭 적용해야 합니다. 단 이렇게 무이자할부를 설정하면 여기에 들어가는 수수료는 판매자가 부담해야 합니다. 무이자할부는 스마트스토어센터의 〈상품관리〉→〈상품 등록〉에서 설정할 수 있습니다.

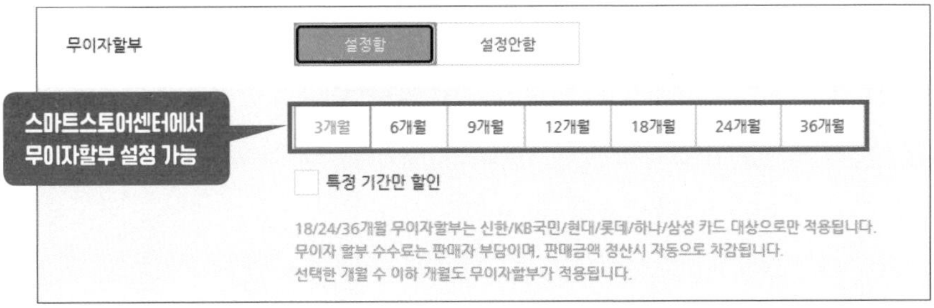

구매 촉진 요소 ⑥ 알림받기

스마트스토어에서 구매하려고 할 때 다음과 같은 화면을 많이 봤을 것입니다. 소비자 입장에서는 알림받기 쿠폰을 다운로드하면 더 싸게 구매할 수 있으니 좋습니다. 그리고 판매자 입장에서는 알림받기를 통해 구매뿐만 아니라 재구매까지 유도할 수 있으니 일거양득의 마케팅 툴입니다.

어떤 상품을 처음 구매하는 경우에는 검색을 통해서 이곳저곳 탐색하다 구매하게 됩니다. 하지만 일단 구매한 후에는 기존에 구매한 상품에 만족하거나 불만이 없는 경우 그 상품을 다시 찾아서 구매내역을 확인하거나 찜한 스토어(‘쇼핑My’ 페이지에는 〈관심 스토어〉에 보여짐)를 통해서 재구매하는 경우가 아주 많습니다. 그래서 스토어찜이 중요한 것입니다.

알림받기는 1차적으로 고객에게 소식알림을 받겠다는 동의를 받은 후에 마케팅을 해야 하는데, 대다수 판매자들은 그냥 남들이 하니까 하는 정도로만 생각하는 경향이 있습니다. 하지만 이것도 중요한 마케팅 방법이니 꼭 알아두어야 합니다.

알림받기는 스마트스토어센터의 〈고객혜택관리〉→〈혜택 등록〉에서 설정할 수 있습니다.

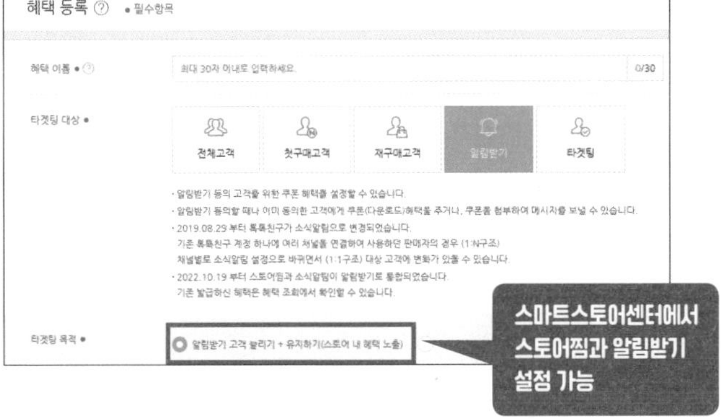

구매 촉진 요소 ⑦ 첫구매/재구매고객 혜택

첫구매고객과 재구매고객에게 혜택을 주는 마케팅을 할 수도 있습니다. 한 번도 내 숍에서 구매하지 않은 사람에게 혜택을 주어서 구매를 유도할 수도 있고, 내 상품을 구매한 경험이 있는 사람들을 대상으로 쿠폰이나 포인트 적립을 통해 판매를 늘릴 수도 있습니다. 첫구매/재구매고객 혜택은 스마트스토어센터의 〈고객혜택관리〉→〈혜택 등록〉에서 설정할 수 있습니다.

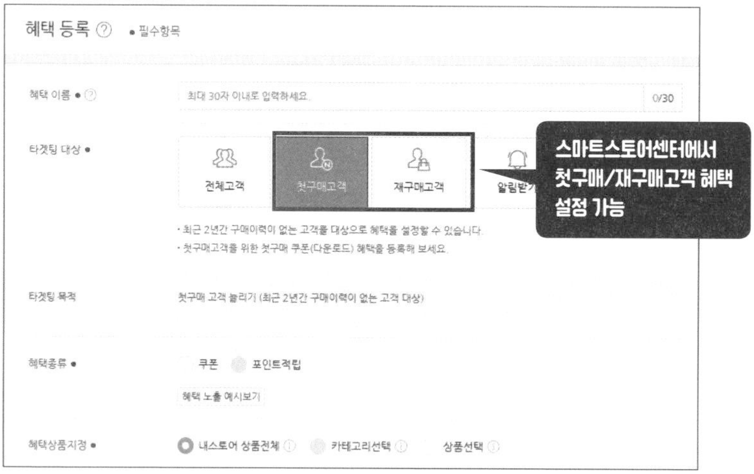

나도 판매왕!

고객과 더 가까이! 알림받기 설정해 충성고객 확보하기

1 | 알림받기 설정하기

1 알림받기는 스마트스토어센터의 〈고객혜택관리〉→〈혜택 등록〉에서 설정할 수 있습니다.

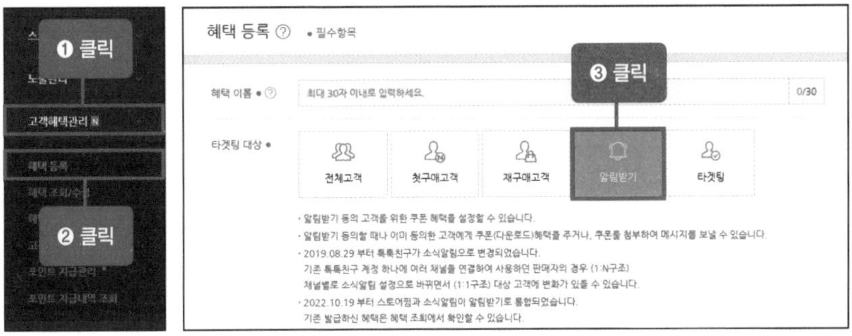

2 알림받기로 고객을 확보하려면 '타겟팅 목적'에서 '알림받기 고객 늘리기 + 유지하기(스토어 내 혜택 노출)'을 선택합니다.

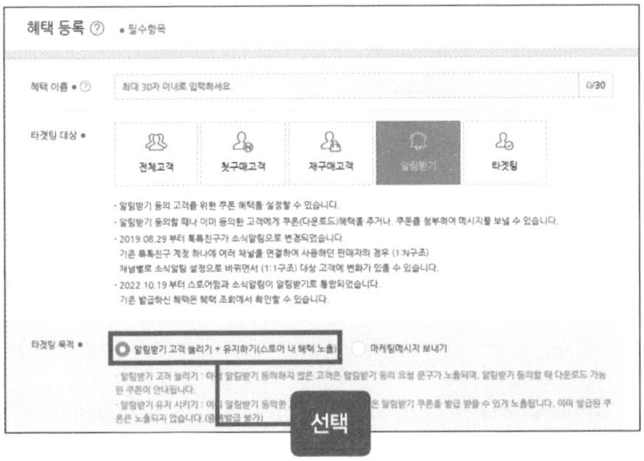

2 | 네이버 톡톡으로 메시지 전달하기

① 알림받기 회원을 확보한 후에는 네이버 톡톡으로 고객에게 메시지를 전달하면 됩니다. 이렇게 하려면 우선 '혜택 등록' 항목에서 혜택 이름을 입력한 후 〈알림받기〉를 선택하고 어떤 혜택을 줄 것인지부터 등록해야 합니다. '타겟팅 목적'에서는 '마케팅메시지 보내기'를, '혜택종류'에서는 '쿠폰'을 선택하고 〈확인〉을 클릭합니다.

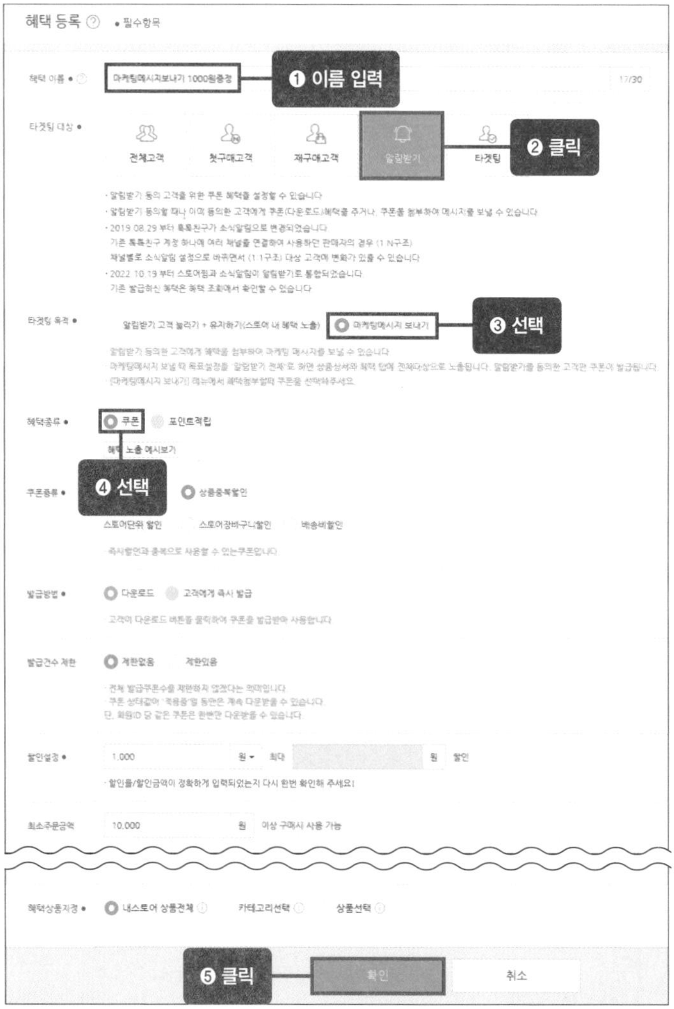

② 알림받기 혜택을 확인하는 메시지 창이 표시되면 〈저장〉을 클릭합니다.

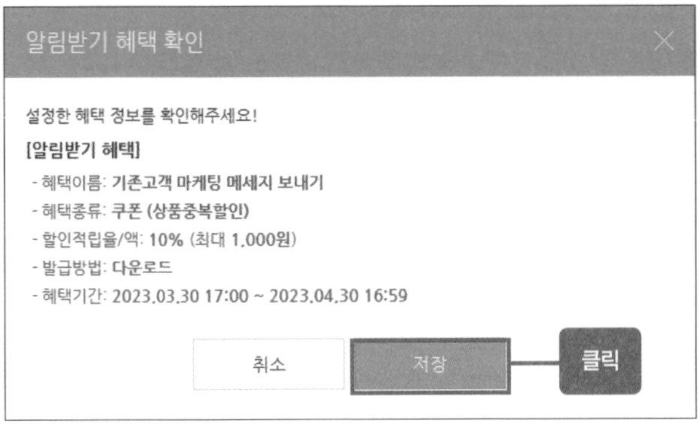

③ 스마트스토어센터의 〈마케팅메세지〉→〈마케팅 보내기〉로 들어가서 각 STEP에 맞는 정보를 입력합니다.

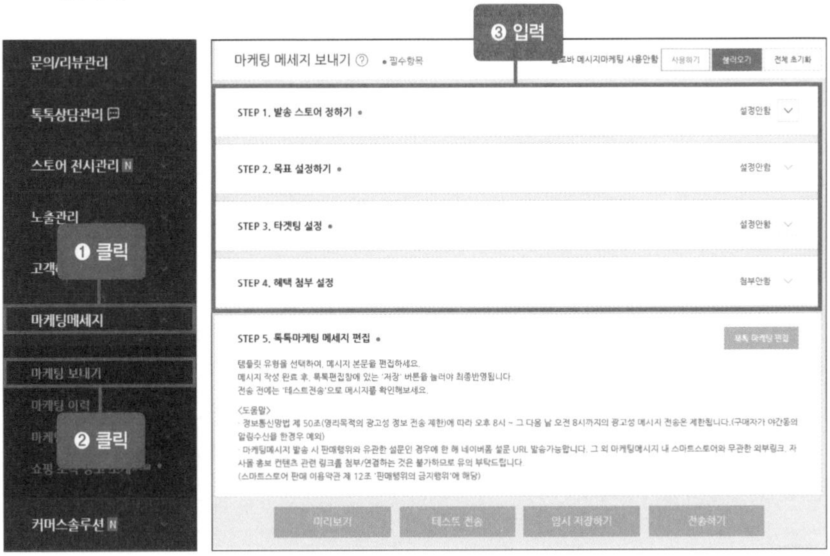

4. 메시지를 작성할 수 있는 화면이 나타나면 메시지 유형을 선택하고 알림받기 회원에게 보낼 메시지를 작성하세요.

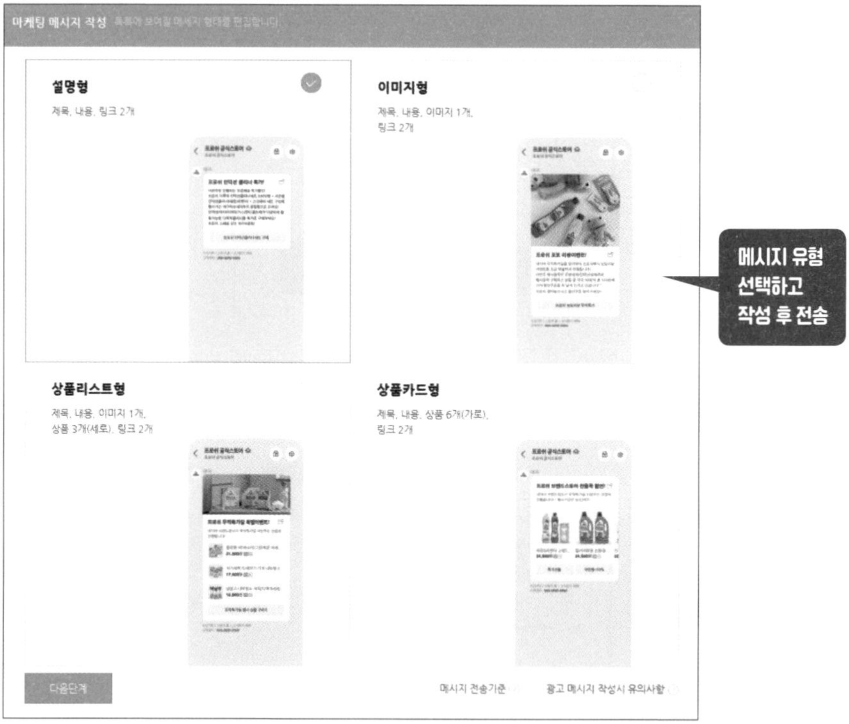

한참 전에 구매한 숍이나 종종 구매하는 숍에서 이런 쿠폰 메시지가 오면 한 번쯤 방문해보는 사람들이 많습니다. 그리고 예상치 않게 구매를 하기도 합니다.
그렇다면 언제 이런 쿠폰을 발행하는 것이 좋을까요? 신상품을 런칭했을 때나 한창 매출이 좋았는데 잠시 잠잠해졌을 때, 리스팅 순위가 뒤로 밀렸을 때, 상위노출이 안 될 때 이런 방법을 이용해서 판매한다면 큰 도움이 될 것입니다.

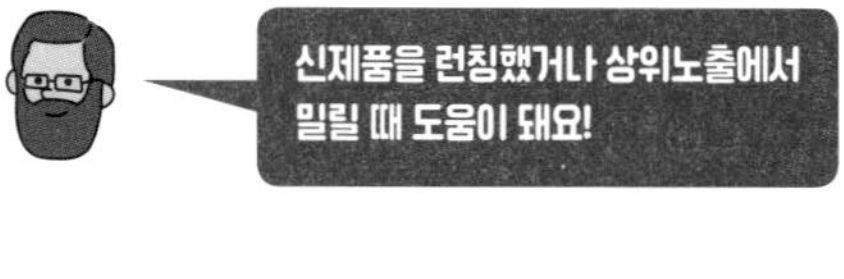

신제품을 런칭했거나 상위노출에서 밀릴 때 도움이 돼요!

나도 판매왕!

첫구매/재구매고객 혜택 등록하기

구매를 주저하는 신규고객을 내 고객으로 전환시키는 쉬운 방법 중 하나는 첫구매고객에게만 혜택을 제공하는 것입니다. 네이버는 신규고객을 유도하기 위한 방법으로 쿠폰이나 포인트를 주는 기능을 제공하고 있습니다. 또한 기존 구매고객의 재구매를 유도하기 위해 쿠폰이나 포인트 적립 혜택을 주는 기능도 제공하고 있습니다.

1 첫구매고객과 재구매고객 혜택은 스마트스토어센터의 〈고객혜택관리〉→〈혜택 등록〉에서 설정할 수 있습니다.

2 만약 첫구매고객을 대상으로 쿠폰 발급일로부터 30일 이내에 2만 원 이상 구매 시 5,000원을 할인해주려면 다음 화면과 같이 설정하세요.

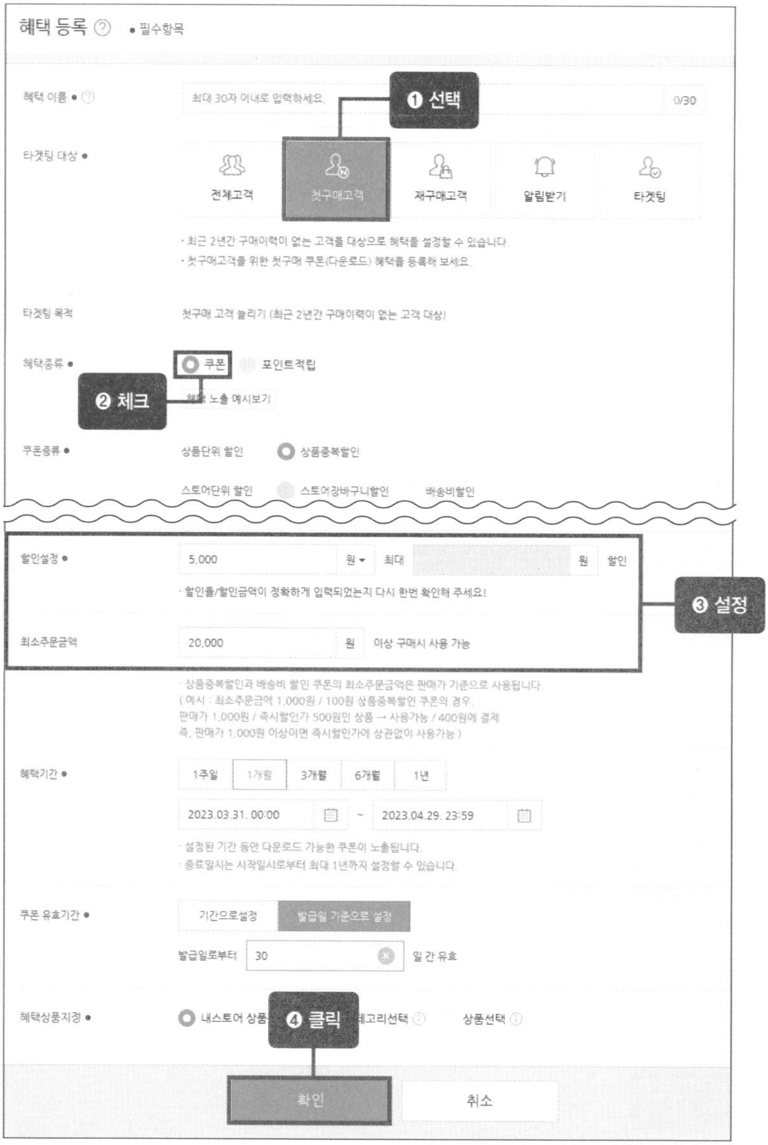

12

smartstore

사업자등록과 통신판매업신고는 어떻게 할까?

매출이 꾸준히 나오면 사업자등록을 하는 것이 좋다

스마트스토어에서는 사업자등록과 통신판매업신고 없이도 상품을 판매할 수 있습니다. 하지만 판매금액이 일정 수준(대략 누적 1,000만 원 또는 거래건수 월 몇십 건 이상) 이상 꾸준히 나온다면 다음과 같은 이유 때문에 사업자등록을 하는 것이 좋습니다.

첫째, 사업자등록 없이 이루어진 거래에 대해 공급가액의 1%(간이과세자는 0.5%) 미등록가산세 부담이 있기 때문입니다.

둘째, 사업자등록을 하지 않으면 부가가치세를 신고하지 못해 신고불성실가산세와 납부불성실가산세가 추가로 나와 부담이 될 수 있습니다.

셋째, 세금계산서 발행이 불가능해 관련 매입세액을 공제받을 수 없기 때문입니다.

사업자등록 : 개인사업자는 회사명 결정 후 신고만 하면 끝!

사업자등록은 사업을 시작했음을 정식으로 신고하는 일입니다. 사업을 시작한 날로부터 20일 이내에 사업장 관할 세무서에 구비서류를 갖춰 신청하면 됩니다.

사업자의 종류는 크게 '개인사업자'와 '법인사업자'로 구분됩니다. 법인사업자는 일반적으로 ㈜엑스브레인처럼 주식회사의 형태를, 개인사업자는 별도의 설립등기 없이 개인사업자 등록만으로 사업을 진행할 수 있는 형태를 말합니다.

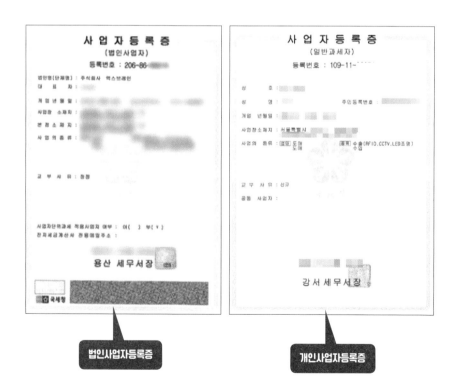

사 업 자 등 록 증
(법인사업자)
등록번호 : 206-86-
법인명(단체명) : 주식회사 엑스브레인
대 표 자 :
개 업 년 월 일 :
사업장 소재지 :
본 점 소 재 지 :
사 업 의 종 류 :
교 부 사 유 : 정정
사업자단위과세 적용사업자 여부 : 여( ) 부(V)
전자세금계산서 전용메일주소 :
용산 세무서장
국세청

법인사업자등록증

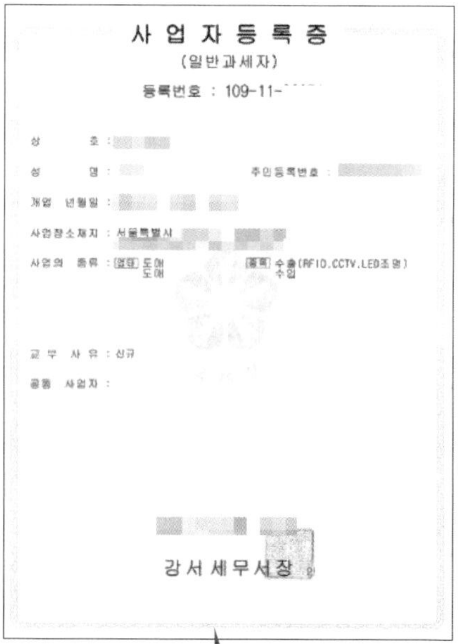

사 업 자 등 록 증
(일반과세자)
등록번호 : 109-11-
상 호 :
성 명 : 주민등록번호 :
개업 년월일 :
사업장소재지 : 서울특별시
사업의 종류 : 업태 도매 도매 종목 수출(RFID.CCTV.LED조명) 수입
교 부 사 유 : 신규
공동 사업자 :
강서세무서장

개인사업자등록증

■ **사업자등록에 필요한 구비서류**

구분	개인사업자	법인사업자	장소
현장 등록	• 사업자등록신청서 • 사업허가증등록증 또는 신고필증 (허가를 받거나 등록신고해야 하는 사업의 경우) • 임대차계약서 사본 (사업장을 임차한 경우) • 대표자 신분증	• 신청서 • 법인 정관, 발기인회 의사록, 이사회 의사록, 자본금잔고증명서, 임원취임증명서 • 대표이사 주민등록등본, 인감증명, 인감, 신분증 • 법인인감카드발급신청서 • 임대차계약서 사본	• 개인사업자 : 세무서 • 법인사업자 : 법무사 통해 법인설립등기 이후 세무서에서 신청
인터넷 등록	위와 같음 (파일로 업로드)	불가	국세청 홈텍스 (www.hometax.go.kr)

법인사업자는 설립등기를 해야 합니다. 개인이 직접 하기는 조금 어려우므로 법무사 등을 통해 법인설립등기를 하는 것을 추천합니다. 자본금과 지역에 따라 다르지만 각종 인지세를 비롯해 법무사비용을 합치면 자본금을 제외하고 대략 80만 원 정도 듭니다.

그에 비하면 개인사업자는 법인설립등기가 필요 없으므로 등기에 필요한 비용이 들어가지 않습니다. 세무서에 가서 신고하거나 인터넷으로 신청하면 모든 것이 끝납니다. 회사 이름을 무엇으로 할지만 미리 준비해서 정하면 됩니다.

① 개인사업자 vs 법인사업자

개인사업자와 법인사업자의 가장 큰 차이는, 개인사업자는 등록절차가 간편하고 비용이 들어가지 않는 반면, 수익이 많이 발생할 경우 법인사업자와 비교해 소득세에 대한 부담이 크다는 것입니다. 또한 개인사업자보다는 법인사업자에 대한 대외신뢰도가 높습니다.

초기에 소규모로 최소한의 비용을 가지고 시작한다면 개인사업자를, 일정 자본금 이상 큰 규모로 시작한다면 개인사업자 또는 법인사업자를 선택하면 됩니다. 단, 개인사업자로 시작했어도 규모가 커지거나(연 20~30억 원 이상 매출) 절세 등의 목적이 있다면 법인으로 전환하는 것이 좋습니다.

■ **개인사업자와 법인사업자의 차이점**

구분	개인사업자	법인사업자
등록절차	• 간편하다. • 설립등기 비용이 들지 않는다.	• 복잡하다. • 법인설립등기 비용이 든다. (자본금 제외 대략 80만 원)
소득세	부담이 크다.	부담이 적다.
대외신뢰도	법인사업자에 비해 낮다.	개인사업자에 비해 높다.

개인사업자는 '간이과세자'와 '일반과세자'로 나뉩니다. 간이과세자는 연매출이 8,000만 원 미만인 경우를 말합니다. 여기서 주의할 점은 순이익이 아니라 매출이 8,000만 원이라는 것입니다. 1년에 집에 가져갈 수 있는 돈으로 8,000만 원이 아니라 매출이 8,000만 원이에요. 일반과세자는 연매출이 8,000만 원 이상인 경우를 말합니다.

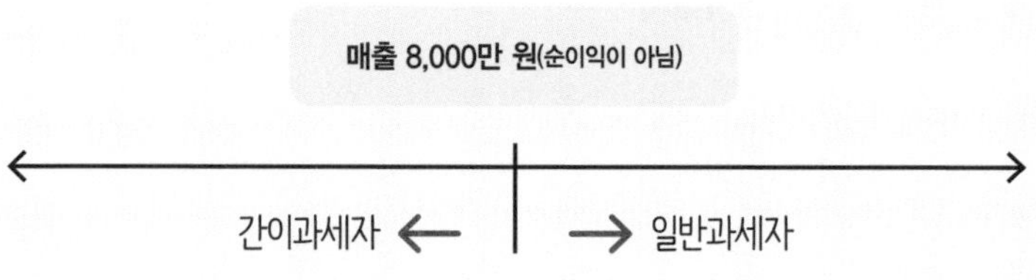

② 간이과세자 vs 일반과세자

간이과세자와 일반과세자의 차이점에 대해 알아봅시다. 간이과세자의 가장 큰 장점이자 단점은 세금계산서를 발행할 수 없다는 것입니다. 먼저 장점은 일반과세자나 법인사업자는 거래금액의 10%를 부가세로 내야 하는 반면, 간이과세자는 '(매출액) × (업종별 부가가치율) × 10% − {공제세액(매입세액 × 업종 부가가치율)}'에 의해 세금을 내므로 내야 하는 세금이 훨씬 적다는 것입니다.

단점은 법인사업자 등과 거래하기가 어렵다는 것입니다. 왜냐하면 법인사업자가 간이과세자와 거래하게 되면 법인사업자는 본인이 낸 부가세를 환급받지 못하므로 결국 더 비싼 가격으로 제품을 산 것이 되기 때문입니다.

하지만 쇼핑몰만 한다고 하면 이런 것까지 따지는 경우가 많지 않으니 크게 신경 쓰지 않아도 됩니다. 게다가 **간이과세자로 등록했어도 연간 매출액이 8,000만 원을 넘으면 자동으로 일반과세자로 전환**됩니다.

■ **간이과세자와 일반과세자의 장단점**

구분	간이과세자	일반과세자
장점	• 부가세 부담이 적다. • 1년에 1회 세무신고(익년 1.25)*	• 부가세 부담이 크다. • 1년에 2회 세무신고(7.25, 익년 1.25)*
단점	세금계산서 발행 불가 → 부가세 환급 불가능 → 법인사업자와 거래가 어렵다.	세금계산서 발행 가능 → 부가세 환급 가능 → 모든 사업자와 거래가 자유롭다.

* 부가세 신고날짜(세무신고)

결론적으로 쇼핑몰을 시작할 때 초기에 투입하는 비용(카메라, 조명, 컴퓨터 등 사업을 준비하는 데 들어간 비용)이 커서 부가가치세를 환급받고 시작하고 싶다면 일반과세자로 등록하세요. 하지만 그렇지 않다면 우선 간이과세자로 등록했다가 나중에 매출액이 증가하면 일반과세자로 전환하면 됩니다.

통신판매업신고 : 소재지 관할 시군구청 지역경제과 vs 정부24

온라인쇼핑몰 사업자는 통신판매업신고를 해야 합니다. 간이과세자는 법적으로 통신판매업신고가 면제됩니다. 하지만 오픈마켓(G마켓, 옥션, 11번가 등)의 경우 간이과세자여도 통신판매신고번호를 요구하는 곳이 있으므로 가능하면 통신판매업신고를 하는 것이 좋습니다. 통신판매업신고증을 발급받으려면 다음 과정을 거쳐야 합니다.

■ 통신판매업신고증 발급 과정 ■

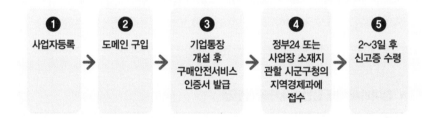

❶ 사업자등록 → ❷ 도메인 구입 → ❸ 기업통장 개설 후 구매안전서비스 인증서 발급 → ❹ 정부24 또는 사업장 소재지 관할 시군구청의 지역경제과에 접수 → ❺ 2~3일 후 신고증 수령

■ 통신판매업신고 접수방법별 구분

구분	현장접수	인터넷접수
대상	통신판매를 하는 모든 사업자(일반, 간이, 면세)	
준비 서류	• 신분증 • 사업자등록증 • 구매안전서비스이용확인증	• 신분증 • 사업자등록증 • 구매안전서비스이용확인증 • 공인인증서
장소	사업장 소재지 관할 시군구청 지역경제과	정부24(www.gov.kr)
비용	• 간이과세자 무료 • 개인사업자와 법인사업자는 지역별(12,000~40,500원)로 조금씩 다르다.	

■ **스마트스토어 세팅 최종 점검 사항**

구분	항목	세부내용
스마트스토어 가입	가입 완료 여부	개인으로 가입했다면 사업자로 전환하는 방법은 알고 있나요?
상품등록	상품명	상품명은 어떻게 만드는지 이해했나요?
	판매가	판매가와 할인은 어떻게 설정했나요?
	옵션	상품 종류가 여러 개인 경우 옵션을 어떻게 만드는지 알고 있나요?
	상세설명	스마트에디터를 이용해서 상세설명서를 작성할 수 있나요?
	상세페이지 5요소	상세페이지 5요소가 무엇인지 알고 있나요?
	상세페이지 구성 순서	스마트스토어는 어떤 순서로 구성해야 하는지 알고 있나요?
	추가상품	추가상품을 이용해서 수익을 높이는 방법을 알고 있나요?
	검색엔진최적화	검색엔진최적화를 위해서 어떻게 해야 하는지 이해하고 있나요?
	복사등록	'복사등록' 기능을 이용해 빠른 시간 안에 상품등록하는 방법을 알고 있나요?
구매 촉진 요소	오늘출발	내 상황에 맞게 설정했나요?
	배송비	
	구매/혜택 조건	
	포인트	
	무이자할부	
	알림받기	

2일 차

스마트스토어 상세페이지 만들기

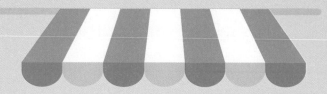

13

smartstore

상세페이지, 외주업체에 맡기는 게 정답이 아니다

외주업체는 외주업체일 뿐! 내 아이템 전문가가 아니다

처음 온라인 판매를 하기로 마음먹고 나면 제일 많이 고민하는 것이 아이템 선정입니다. 어떤 아이템을 팔아야 잘 팔릴지를 정확하게 모르므로 고민하게 됩니다. 그래서 그 시점에는 아이템만 잘 정하면 모든 일이 잘될 것이라고 생각합니다. 하지만 판매 아이템을 정하고 나면 그다음에는 상세페이지를 만드는 부분에서 또 스트레스를 받게 됩니다. 어떻게 글을 써야 할지도 모르고 어떻게 사진을 찍어야 할지도 모르기 때문입니다. 그래서 많은 판매자들이 상세페이지를 제작해주는 외주업체에 의뢰하게 됩니다.

상세페이지 기획에서 가장 중요하게 하고 싶은 이야기는 **상세페이지를 제작할 때 웹에이전시나 쇼핑몰 제작회사, 또는 웹디자이너에게 무작정 의뢰해서는 절대 매출이 잘 나오는 상세페이지를 만들 수 없다**는 것입니다. 왜냐하면 웹디자이너는 디자인 전문가일뿐 내 상품의 전문가가 아니기 때문입니다. 사진도 마찬가지입니다. 포토그래퍼한테 잘 찍어달라고 부탁하는 분이 많습니다. 그런데 포토그래퍼는 사진 전문가지 해당 상품의 전문가가 아닙니다. 그래서 이 상품의 장점과 어떤 부분을 잘 어필해야 하는지 정확하게 알지 못합니다. 그렇다 보니 잘해달라고 하면 그냥 예쁘게만 찍어줍니다. 예쁜 것이 중요하지 않다는 말이 아니라, 예쁜 것만으로는 물건이 팔리는 데 한계가 있다는 말입니다.

매출이 잘 나오는 쇼핑몰의 상세페이지는 디자이너나 포토그래퍼의 영향도 물론 있습니다. 하지만 어떤 부분을 어필할지에 대한 고민, 즉 제대로 된 기획이 제일 중요하다는 것을 꼭 기억하세요.

바람막이 스트랩과 후드로
냉기 완전 차단!
열 손실이 큰머리 부분을 후드로 따뜻하게 감싸주며,
바람막이 스트랩으로 냉기를 차단, 내부의 따뜻한 체온을 지속적으로 유지할 수 있습니다.
바람막이 스트랩 사용X
바람막이 스트랩 사용O
사진은 예쁘지만 친절한
설명이 누락된 상세페이지
글과 사진이 잘 구성된
상세페이지

업체에서 다 알아서 해줄 거라는 착각은 금물!

쇼핑몰이나 상세페이지, 홈페이지를 제작할 때 제작회사(웹에이전시)나 디자이너에게 의뢰하면 다 알아서 해줄 거라고 생각하는 분들이 많습니다. 하지만 정말 그럴까요?

치킨집을 차리기 위해서 인테리어 업체에 의뢰한다고 할 때, 해당 인테리어 업체가 "이 동네는 회사원이 많으니 주문배달하는 분위기 대신 호프집 분위기로 인테리어를 해야 합니다." 또는 "배달이 많은 곳이니 매장이 클 필요가 없어요." 등의 조언을 해줄까요? 해당 분야를 잘 알아도 고객에게 조언하다 보면 시간만 오래 걸리고 불필요한 논쟁이 생길 수 있다고 생각해 대부분은 아무런 조언도 하지 않고 의뢰받은 대로 일만 할 것입니다.

홈페이지나 쇼핑몰, 상세페이지 제작도 마찬가지입니다. 고객이 원하는 대로 해줄 뿐, 이렇게 하면 물건이 잘 팔리지 않으니 저렇게 해야 한다고 굳이 말하지 않습니다. 또한 제작회사나 디자이너는 그 상품을 잘 알지도 못하고, 알고 싶어하지도 않습니다. 웹에이전시나 디자이너는 고객이 원하는 대로만 제작해준다는 것을 꼭 기억하세요.

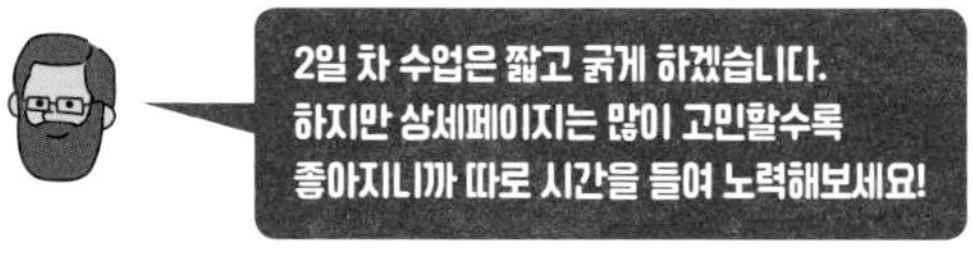

2일 차 수업은 짧고 굵게 하겠습니다.
하지만 상세페이지는 많이 고민할수록
좋아지니까 따로 시간을 들여 노력해보세요!

14

smartstore

매출 급등 상세페이지 기획 ①구매 상황과 연관 짓기 feat. 냉장고

실제 고객이 구매하는 상황을 연상해보자

상세페이지 기획은 어렵게 생각하면 어렵고, 쉽게 생각하면 쉬울 수 있습니다. 하지만 실제 오프라인에서 이루어지는 구매 상황을 연상해본다면 어렵지 않게 상세페이지를 만들 수 있을 것입니다. 자, 그러면 오프라인 구매 상황을 염두에 둔 상태에서 어떻게 상세페이지를 만드는지 살펴보겠습니다. 오프라인에서 냉장고를 구매할 때 우리는 어떤 대화를 하면서 냉장고를 구매할까요?

점원 : 찾는 물건 있으세요?

구매자 : 냉장고를 보러 왔습니다.

점원 : 용량은 어느 정도 되는 것으로 생각하세요?

구매자 : 800L 정도 생각합니다.

점원 : 여기에 있는 제품들이 800~900L 냉장고입니다.

구매자 : 어떤 제품이 괜찮은가요?

점원 : A 제품은 24시간 자동정온 기능으로 냉장고의 온도를 플러스 마이너스 0.5도 이내로 맞출 수 있어서 식재료를 더욱 신선하고 오래 보관할 수 있습니다. B 제품은 아래칸 대용량 서랍을 이용해 편의성을 높이고 칸별로 실속 있게 배치했습니다.

구매자 : 네, 감사합니다. 한번 둘러볼게요.

점원 : 네, 편하게 보세요!

(잠시 후)

구매자 : 이 제품 주문하면 언제쯤 받을 수 있나요? 배송비는 따로 있나요? 집에서 쓰던 냉장고는 수거해 가나요?

이렇게 오프라인에서 구매할 때 일어나는 대화를 상세페이지로 구성할 수 있습니다.

상세페이지에 상품명을 명확하게 명시하자

냉장고를 사례로 설명하겠습니다.

점원 : 찾는 물건 있으세요?

구매자 : 냉장고를 보러 왔습니다.

점원 : 용량은 어느 정도 되는 것으로 생각하세요?

구매자 : 800L 정도 생각합니다.

상품명에 이 제품의 특징을 간결하고 명확하게 명시해주는 것이 좋습니다. 다음의 화면을 보면 냉장고의 상품명에 용량 821L를 명확하게 표기했습니다. 앞의 대화는 가상으로 만들었지만, 821L라는 용량만 중요한 것이 아니라 4도어짜리 냉장고를 원하는 사람도 있을 것이고 3도어를 원하는 사람, 2도어(양문형)를 원하는 사람도 있을 것입니다. 또한 메탈로 된 냉장고를 원할 수도 있고 레트로 스타일의 냉장고를 원하는 사람도 있을 것입니다. 그래서 상품명에 판매하는 제품이 어떤 제품인지를 설명하기 위해서 'LG전자 디오스 S831N35 양문형 냉장고 메탈실버 821L'라는 상품명을 사용했습니다.

상품명을 만드는 가장 기본적인 방법은 '브랜드+상품명+상품의 특성+모델명'인데, 위 상품도 역시 'LG전자(제조사)+디오스(브랜드)+S831N35(모델명)+양문형 냉장고 메탈실버 821L(상품의 특성)'로 상품명을 명시했습니다.

사진과 글을 추가해 직관적으로 표현하자

냉장고 사례에서 점원이 구매자에게 설명해주는 부분을 다시 살펴보겠습니다.

점원 : 여기에 있는 제품들이 800~900L 냉장고입니다.

구매자 : 어떤 제품이 괜찮은가요?

점원 : A 제품은 24시간 자동정온 기능으로 냉장고의 온도를 플러스 마이너스 0.5도 이내로 맞출 수 있어서 식재료를 더욱 신선하고 오래 보관할 수 있습니다. B 제품은 아래칸 대용량 서랍을 이용해 편의성을 높이고 칸별로 실속 있게 배치했습니다.

상품명을 통해 내 상품의 특징을 이야기했다면, 상세페이지에서는 이 특징과 함께 소비자에게 이야기하고 싶은 것들을 자세히 설명해주면 됩니다. '이 냉장고는 24시간 자동정온 기능이 있어서 냉장고의 온도를 플러스 마이너스 0.5도 이내로 맞출 수 있고, 그로 인해 식재료를 더욱 신선하고 오래 보관할 수 있다'는 내용을 이야기하고 싶다면, 해당 내용을 글만으로 설명하기보다는 193쪽의 화면과 같이 '사진+글' 스타일로 만드는 것이 좋습니다.

이렇게 '사진+글' 형식을 써야 하는 이유는 다음과 같습니다.

첫째, 오프라인에서는 상품을 직접 눈으로 볼 수 있어서 말로만 설명해도 충분합니다. 하지만 온라인에서는 설명과 함께 사진을 이용해 소비자가 이해하기 쉽도록 상세페이지를 만드는 것이 중요하기 때문입니다.

둘째, 오픈마켓은 포토샵을 이용해서 JPG 파일로 상세페이지를 만들어도 상관없습니다. 하지만 스마트스토어는 JPG 파일로만 만든 상세페이지보다 블로그 형식(사진+글)으로 만들어진 곳을 상위노출 우대해주는 정책을 시행하고 있기 때문입니다. 글은 아무래도 검색이 쉬우니까요. 따라서 **스마트에디터를 이용해 '사진+글'의 형식으로 상세페이지를 만드는 것**이 좋습니다.

직관적 이해를 돕는
'사진+글' 스타일

상품에 따라 도해가 있으면 최고!

상품의 장점을 부각할 수 있는 정보는 전부 나열해야 합니다. 다음은 '이 냉장고는 매직스페이스를 사용해 냉기 손실을 약 47% 정도 줄일 수 있어서 전기료를 아껴준다'는 내용으로 만든 상세페이지입니다. 역시 '사진+글' 형식으로 작성했으며, 간단한 도해를 이용해 소비자가 냉장고의 장점을 쉽게 이해하도록 돕고 있습니다.

상세페이지 필수 요소 다섯 가지

앞의 냉장고 사례에서 구매자가 판매자에게 한 질문을 다시 보겠습니다.

구매자 : 이 제품 주문하면 언제쯤 받을 수 있나요? 배송비는 따로 있나요? 집에서 쓰던 냉장고는 수거해 가나요?

상품에 대한 정보와 특징을 충실히 설명했다면 〈1일 차. 스마트스토어 세팅하기〉에서 공부한 상세페이지 필수 요소 다섯 가지 중 빠진 것이 있는지 살펴보고 해당 내용을 넣는 것이 좋습니다. 앞에서 살펴본 상세페이지 필수 5요소를 다시 살펴보겠습니다.

■ 상세페이지 필수 5요소 ■

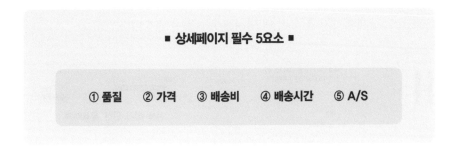

① 품질 ② 가격 ③ 배송비 ④ 배송시간 ⑤ A/S

① 품질 부분을 앞에서 모두 작성했다면 필수 5요소에서 빠진 부분인 ② 가격 ③ 배송비 ④ 배송시간 ⑤ A/S 등을 고려하면 될 것입니다.

가격은 상품등록을 할 때 가격을 입력하는 것으로 충분할 수 있습니다. 하지만 상황에 따라서는 가격 이야기를 별도로 상세페이지에 넣을 수도 있습니다. 예를 들어 파격가로 상품을 판매하는 경우입니다. 이 경우에는 할인가격을 다시 한번 더 강조하기 위해 상세페이지에 가격을 한 번 더 노출합니다.

배송비도 마찬가지입니다. 상품등록을 할 때 배송비를 입력하는 것으로 충분하다고 생각할 수 있습니다. 하지만 배송에서 주의해야 하는 부분이 있는 경우, 예를 들어 지역별로 배송비가 다르면 상품등록 시 배송비를 등록했어도 다음과 같이 상세페이지에 한 번 더 명시해주는 것이 좋습니다.

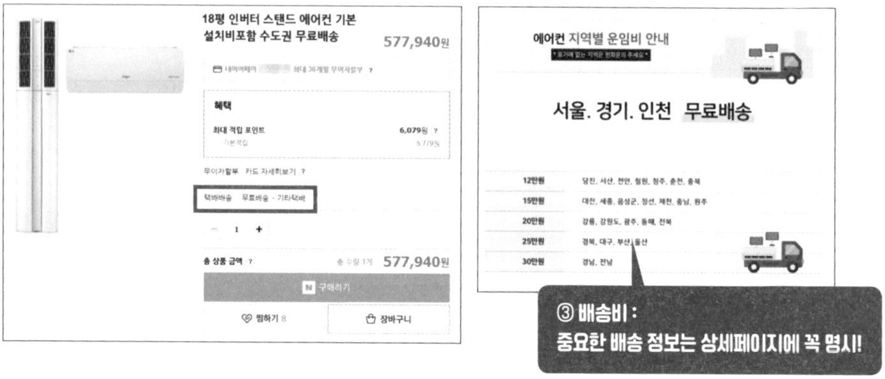

또한 배송이 늦어지거나 빨리 배송되어야 하는 부분을 강조해야 할 경우, 또는 A/S와 관련해서 특이점이 있는 경우 상세페이지에 해당 내용을 넣어주면 좋습니다.

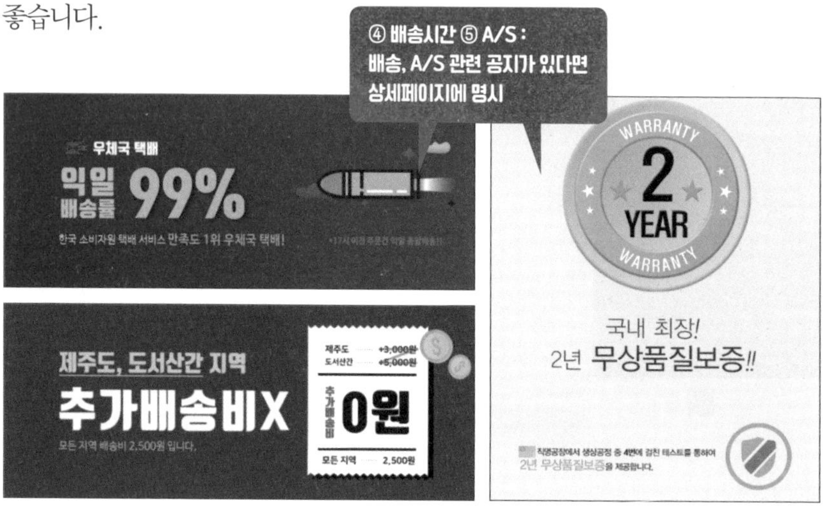

구매 촉진 요소인 알림받기 추가해 마무리!

이제 여기에 구매를 촉진하는 요소인 알림받기를 적용하여 상세페이지를 완성합니다.

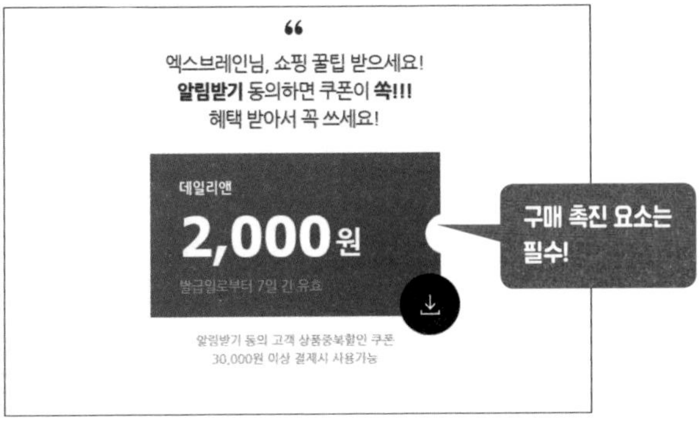

15

smartstore

매출 급등 상세페이지 기획 ② 네이버 쇼핑 검색 활용하기 feat. 청바지

오프라인 구매 상황이 연상되지 않으면 '기본에 충실'하자

189쪽에서 오프라인에서 냉장고를 구매하는 상황을 기반으로 상세페이지 기획하는 방법을 설명했습니다. 그런데 판매상품이 옷이라면 상황이 좀 다를 수 있습니다. 냉장고는 판매자와 구매자 간에 이런저런 대화가 이루어지는 경우가 많으므로 이런 부분에 집중해서 상세페이지를 구성하면 됩니다. 하지만 옷은 대화가 이루어지는 경우보다 매장을 방문한 고객이 혼자서 이것저것 살펴보고 구매 여부를 결정하는 경우가 많다 보니 어떤 것을 설명해야 할지 막막할 수 있습니다.

이런 경우에는 네이버가 제공하는 내용을 기반으로 상세페이지를 만들 수 있습니다. 여성용 청바지를 판매한다고 생각하고 상품등록에 대한 내용을 살펴보겠습니다.

1 스마트스토어의 '상품등록' 페이지에서 '패션의류〉여성의류〉청바지' 카테고리를 선택합니다.

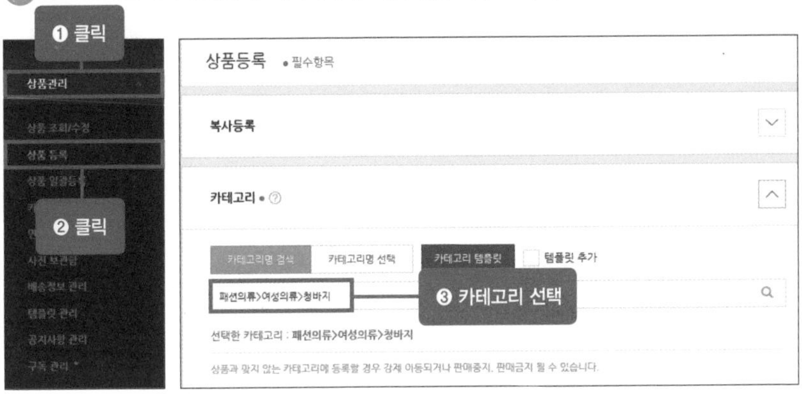

2 〈상품 주요정보〉의 [∨]를 클릭하여 화면을 열고 '상품속성'을 확인합니다.

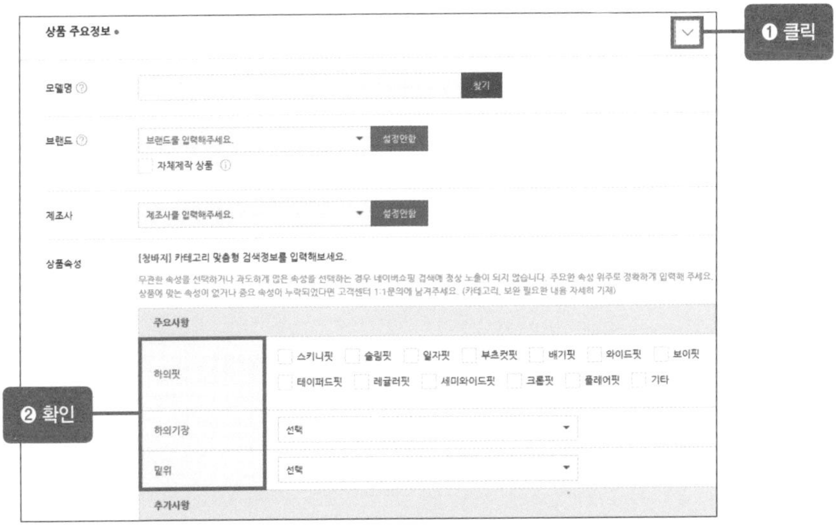

상품속성을 살펴보면 '주요사항'에 '하의핏', '하의기장', '밑위'라는 선택지가 있습니다. 그중 하의기장을 살펴보니 '숏팬츠/3부'부터 '4부', '5부', '6부', '7부',

'긴바지', '기타'까지 상품의 속성을 정하게 되어 있습니다. '하의핏'도 마찬가지입니다. '스키니핏'부터 '슬림핏', '일자핏', '부츠컷핏', '배기핏' 등을 선택할 수 있으므로 이런 내용을 참고해 상세페이지를 만들 수 있습니다.

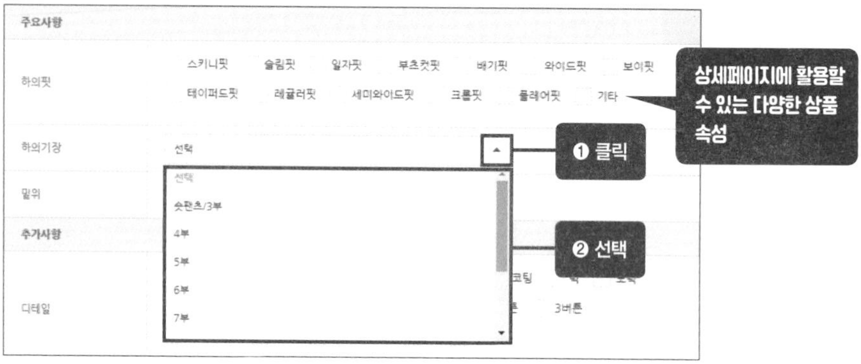

이렇게 네이버가 선택하도록 만들어둔 상품등록 옵션의 내용을 기반으로 상세페이지 내용을 구성한다면 어렵지 않을 것입니다. 나를 괴롭힌 그 상품등록 페이지가 결국은 내 상세페이지를 만드는 가이드라인이 되는 것입니다.

청바지 고객의 니즈를 네이버 쇼핑 검색결과로 알아낸다?

네이버 쇼핑 검색결과를 참고해 상세페이지를 만들 수도 있습니다. 예를 들어 청바지를 검색했을 때 나타나는 각종 속성을 이용해 하의기장은 어떤지, 하의핏은 어떤지, 밑위는 어떤지, 워싱은 어떤지, 디테일은 어떤지 등을 본 뒤 청바지에 대한 상세페이지를 만들 수 있습니다.

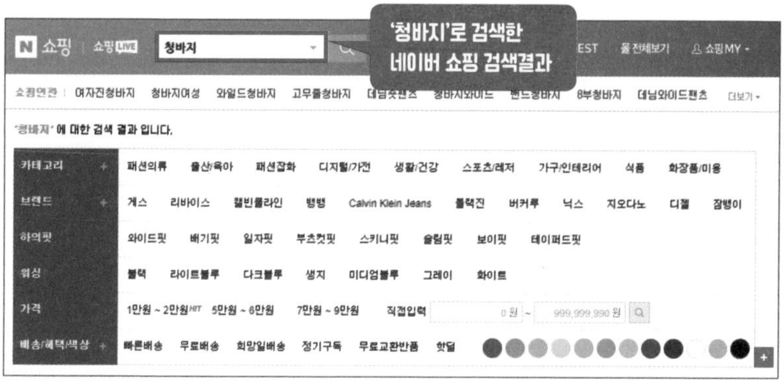

다음 사례를 봅시다. 목록이미지가 특별히 예쁜 것도 아니고 배경이 예쁜 것도 아닌데 판매량이 아주 높습니다. 다양한 제품을 판매하는 것도 아니고, 상품 하나에 세 가지 사이즈(S/M/L)만 판매하고 있는데 말이죠. 해당 상품의 상세페이지를 영역별로 나눠 하나하나 살펴보겠습니다.

상세페이지 최상단에 구매 혜택(스토어찜 상품 중복할인 쿠폰)을 적용하고 해당 상품에 대한 내용을 입력했습니다.

그리고 화면의 아래쪽을 보면 네이버 쇼핑 검색결과에 나오는 상품속성을 기반으로 해서 상세페이지를 작성한 것을 알 수 있습니다.

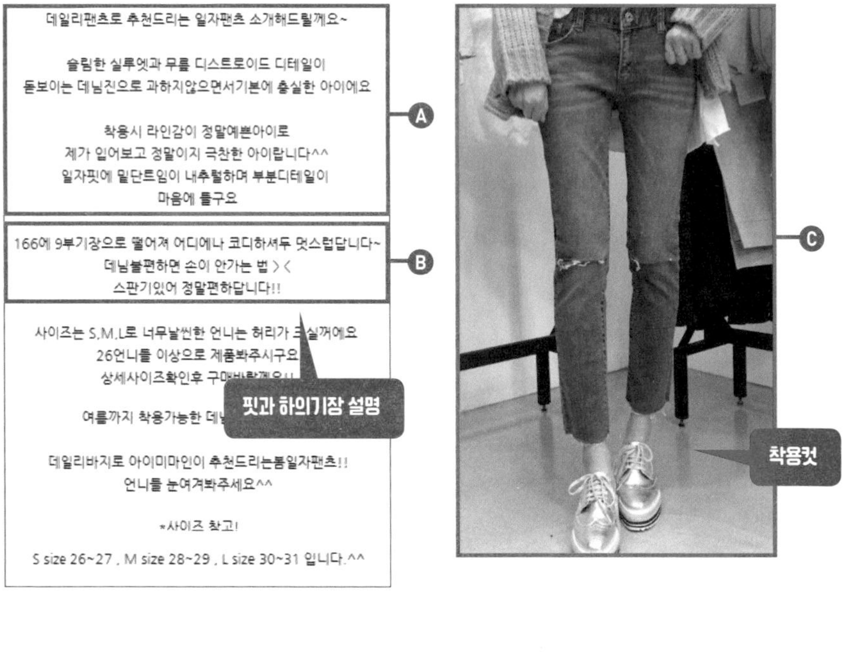

- **A 영역** : 핏에 대한 내용을 블로그에 글을 쓰듯이 편하게 작성했습니다.
- **B 영역** : 하의기장에 대한 내용을 썼습니다.
- **C 영역** : 사진을 통해 실제 입은 모습을 보여주고 있습니다.

SIZE INFO & DETAIL CHECK

⊙IMEMINE MODEL - 166cm, TOP 55, BOTTOM 26인치, SHOES 235mm

⊙COLOR -데님

⊙ FABRIC - 소재 : 데님+스판

⊙SIZE(cm)

S , M , L

S size 26~27 , M size 28~29 , L size 30~31 입니다.^^

S size [허리 37 밑위 20 허벅지 22 밑단 16 힙 41 총기장 85]

M size [허리 38.5 밑위 21.5 허벅지 23 밑단 17 힙 42 총기장 86]

L size [허리 40 밑위 23 허벅지 23.5 밑단 17.5 힙 43.5 총기장 87]

사이즈는 재는 사람과 위치에 따라 1~3cm 정도의 오차가 날수 있습니다.
가지고 계신의류와 실측 사이즈를 비교하신후에 사이즈 결정부탁드립니다

D

사이즈, 소재 설명

E

상품컷

- **D 영역** : 사이즈와 소재를 언급했습니다.
- **E 영역** : 모델 착용컷 대신 상품 전체가 잘 보이는 사진을 보여주고 있습니다.

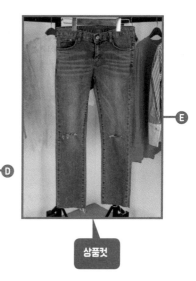

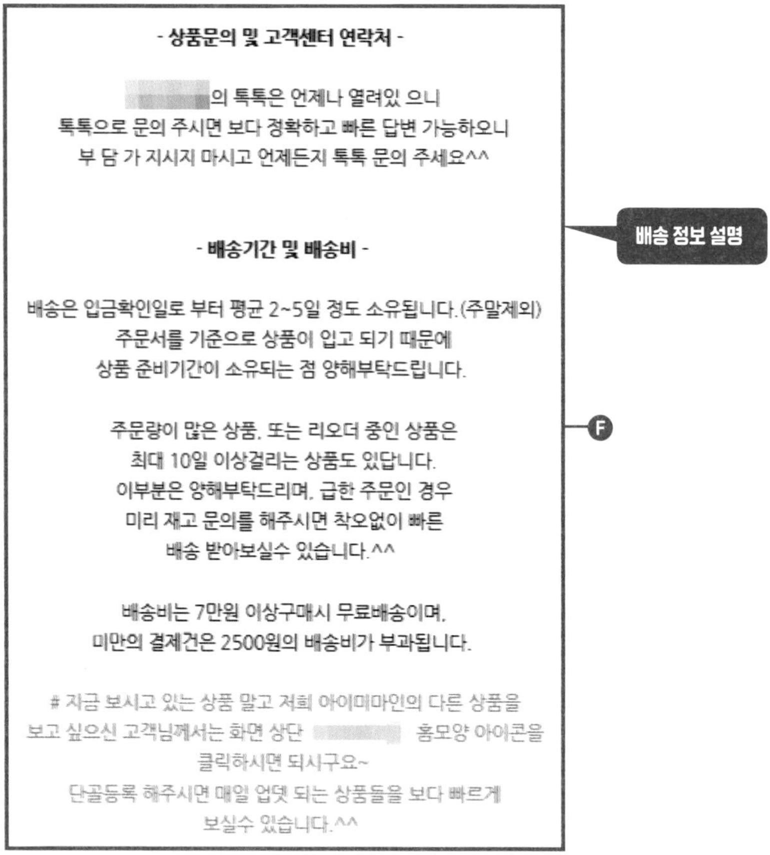
- 상품문의 및 고객센터 연락처 -
[illegible]의 톡톡은 언제나 열려있 으니
톡톡으로 문의 주시면 보다 정확하고 빠른 답변 가능하오니
부 담 가 지시지 마시고 언제든지 톡톡 문의 주세요^^
- 배송기간 및 배송비 -
배송은 입금확인일로 부터 평균 2~5일 정도 소유됩니다.(주말제외)
주문서를 기준으로 상품이 입고 되기 때문에
상품 준비기간이 소유되는 점 양해부탁드립니다.
주문량이 많은 상품, 또는 리오더 중인 상품은
최대 10일 이상걸리는 상품도 있답니다.
이부분은 양해부탁드리며, 급한 주문인 경우
미리 재고 문의를 해주시면 착오없이 빠른
배송 받아보실수 있습니다.^^
배송비는 7만원 이상구매시 무료배송이며,
미만의 결제건은 2500원의 배송비가 부과됩니다.
지금 보시고 있는 상품 말고 저희 아이미마인의 다른 상품을
보고 싶으신 고객님께서는 화면 상단 [illegible] 홈모양 아이콘을
클릭하시면 되시구요~
단골등록 해주시면 매일 업뎃 되는 상품들을 보다 빠르게
보실수 있습니다.^^
배송 정보 설명
F

- **F 영역** : 마지막으로 상품 배송기간과 배송비를 설명했습니다.

상세페이지에 어떤 글을 써야 할지 고민이라면 이렇게 네이버 쇼핑 검색결과를 기반으로 필요한 것만 간략하게 써도 충분합니다.

tip 스마트스토어 상품등록을 활용해 냉장고의 상세페이지 만들기

앞에서 예로 든 냉장고도 네이버가 제공하는 내용을 기반으로 상세페이지를 만들 수 있습니다. 상품등록 페이지에서 '냉장고' 카테고리를 선택하면 상품 주요정보에 다음 내용이 보입니다. 여기에서 도어의 개수를 선택할 수도 있고 냉장실과 냉동실의 용량을 입력할 수도 있습니다. 또한 에너지 효율도 선택할 수 있어요.

하나 더 살펴보아야 하는 것은 〈+ 속성 더 입력하기〉입니다. 이것을 클릭하면 아주 많은 탈취 옵션도 있고, 도어핸들의 소재를 선택할 수도 있어요. 여기에는 홈바 기능 여부, 디스플레이, 아이스메이커, 심지어는 컴프레서까지 아주 많은 내용이 들어 있습니다. 그러므로 이렇게 다양한 상품속성을 이용해 알찬 상세페이지를 구성해보세요.

제일 중요한 부분은 '내부사양'의 냉각에 대한 부분인데, 여기서는 키워드를 하나씩 모두 살펴보는 것이 중요합니다. 왜냐하면 이 중에서 어떤 내용을 가지고 내 상세페이지를 만들지 고려해야 하기 때문입니다.

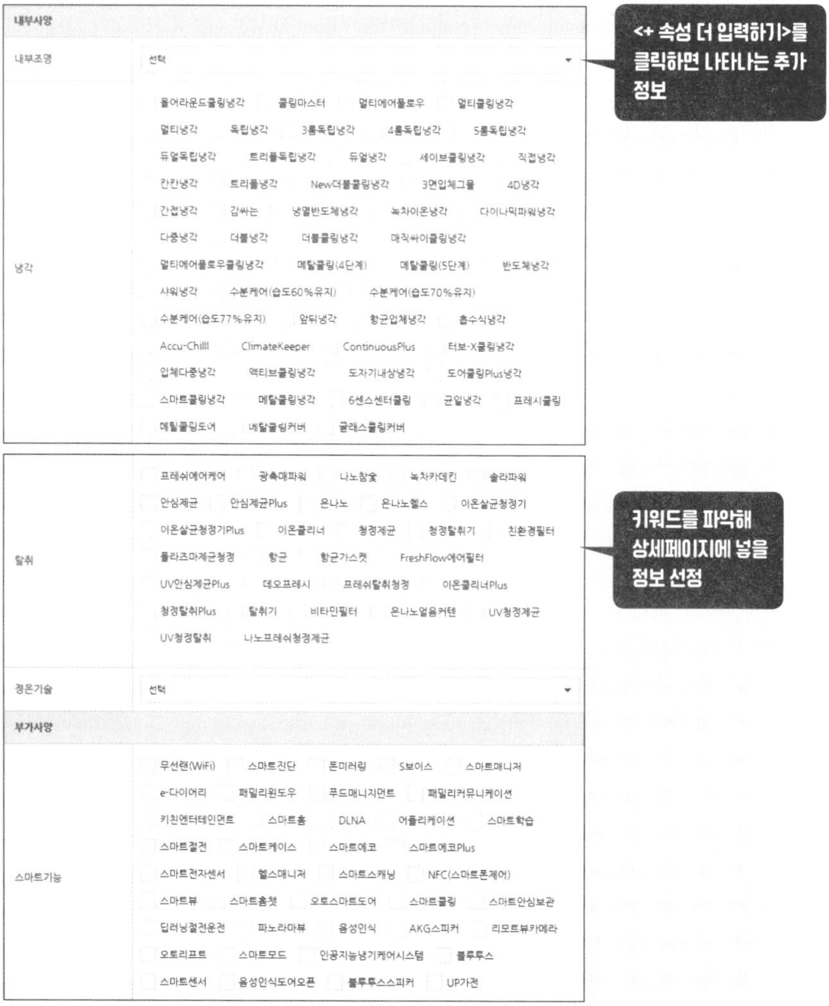

16
smartstore

매출 급등 상세페이지 기획 ③ 상위노출 블로그 참고하기 feat. 슬랙스

상세페이지 만들기가 너무 어렵다고? 잘 만들어진 블로그를 참고하자

오프라인 구매 상황과 네이버 상품등록 페이지, 네이버 쇼핑 검색결과를 이용해 상세페이지 작성하는 방법을 살펴보았습니다. 그래도 여전히 상세페이지를 만드는 것이 어려운 분들이 있을 텐데, 이럴 때 사용하는 방법이 다른 판매자의 블로그를 참고하는 것입니다.

이번에는 여자 슬랙스를 판매한다고 가정하고, 네이버에서 '여자 슬랙스'를 검색한 후 상위에 노출된 블로그를 살펴보겠습니다.

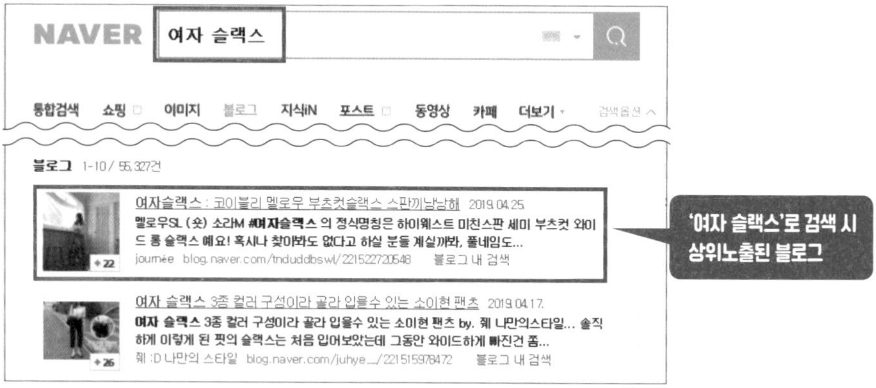

제일 먼저 착용컷 사진이 나오고 옷에 대한 정보가 나옵니다. 보기 쉽게 상세페이지를 영역별로 나누어 살펴보겠습니다.

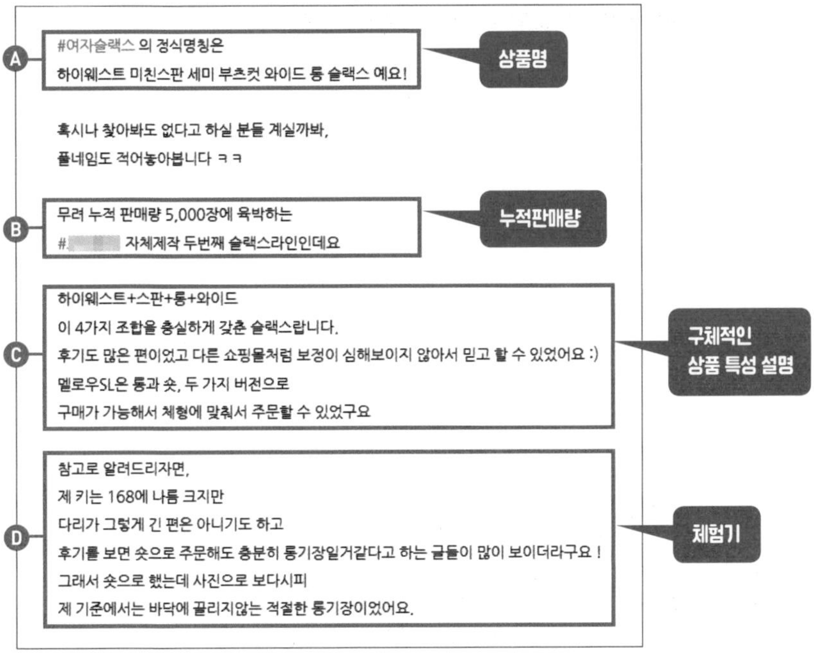

A
#여자슬랙스 의 정식명칭은
하이웨스트 미친스판 세미 부츠컷 와이드 롱 슬랙스 예요!
상품명
혹시나 찾아봐도 없다고 하실 분들 계실까봐,
풀네임도 적어놓아봅니다 ㅋㅋ
B
무려 누적 판매량 5,000장에 육박하는
자체제작 두번째 슬랙스라인인데요
누적판매량
C
하이웨스트+스판+롱+와이드
이 4가지 조합을 충실하게 갖춘 슬랙스랍니다.
후기도 많은 편이었고 다른 쇼핑몰처럼 보정이 심해보이지 않아서 믿고 할 수 있었어요 :)
멜로우SL은 롱과 숏, 두 가지 버전으로
구매가 가능해서 체형에 맞춰서 주문할 수 있었구요
구체적인
상품 특성 설명
D
참고로 알려드리자면,
제 키는 168에 나름 크지만
다리가 그렇게 긴 편은 아니기도 하고
후기를 보면 숏으로 주문해도 충분히 롱기장일거같다고 하는 글들이 많이 보이더라구요 !
그래서 숏으로 했는데 사진으로 보다시피
제 기준에서는 바닥에 끌리지않는 적절한 롱기장이었어요.
체험기

- **A 영역** : 스마트스토어 상품명의 순서와는 조금 다르지만 결국 상품의 특성을 이야기하고 있습니다.
  - **하이웨스트** : 실제 몸의 허리선보다 높은 위치에 허리선이 있는 복장
  - **미친 스판** : 쭉쭉 많이 늘어나는 스판
  - **세미 부츠컷** : 무릎 아래부터 폭이 넓어지는, 과하지 않은 부츠컷 스타일
  - **와이드 롱** : 폭이 넓은 롱 스타일
- **B 영역** : 누적판매량이 많은 인기 상품이니 빨리 사라는 이야기입니다.
- **C 영역** : A 영역과 B 영역을 다시 강조해 설명했습니다.
- **D 영역** : 판매자가 직접 입어본 후 사이즈와 길이에 대해 설명했습니다.

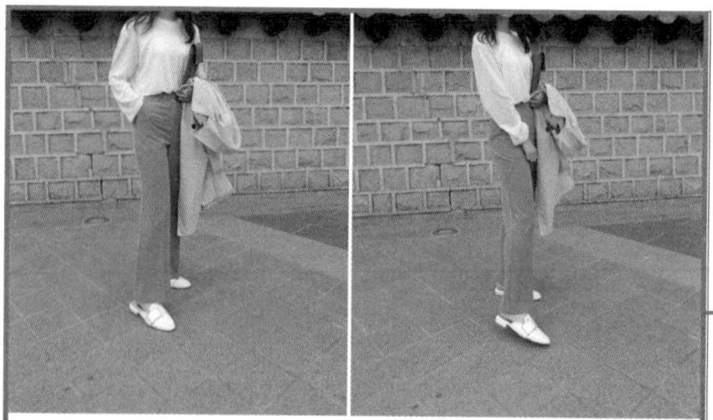

툭한 기장감이 스타일리쉬해서 구매하고 싶었는데
저는 그런 스타일이 이상하게 어울리기가 쉽지 않더라구요

그래서 고민하고 있었던 찰나에,
친구도 탐난다고 하던 슬랙스를 구매하게 됐어요
ㅋㅋㅋㅋ여행갈 때도 이거 입으라며
순수 추천해줬답니다 ㅋㅋㅋ

E

스판끼가 있어서 앉았다 일어나도 편하고
#와이드팬츠 라 다리가 조일 일도 없어서 좋아요

코디도 페미닌하게 가능하고
캐주얼하게도 가능해서 편할때, 이쁘게 입고 싶을때
원하는 대로 코디도 가능하답니다~

보통 슬랙스 사이즈가 S,M 둘다 왔다갔다하거든요
그래서 고민을 좀 하면서 후기를 여러번 봤는데,
허리가 좀 크다는 분도 있었고 작게 나왔다고 하기도 하고
아무튼 이렇게 갈리더라구요

전 허리가 얇은 편이라 S를 할까 하다가
또 슬랙스는 엉덩이가 딱 맞으면 민망해지기 때문에
차라리 크면 줄여입자라는 생각으로 M사이즈로 결정했어요

F

- **E 영역** : D 영역에서 이야기한 길이감을 사진을 통해서 보여주고 그에 대한 부연설명을 했습니다.
- **F 영역** : 편안함(스판)과 코디 팁, 사이즈에 대해 설명했습니다.

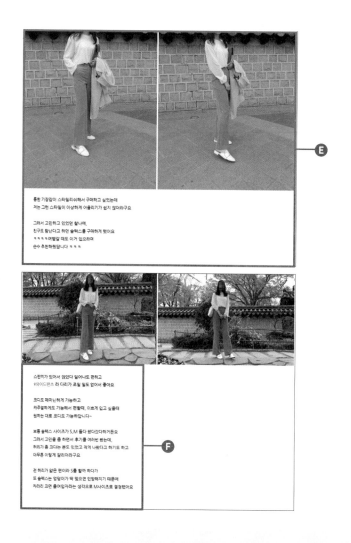

이 블로그도 '사진+글' 형식으로 작성되어 있는데, 스마트스토어도 이렇게 작성하면 됩니다. 다만 내 블로그에서 판매하는 것이 아니라 스마트스토어에서 판매하는 것이니 개인적인 내용은 배제하고 기능적인 부분만 참고해서 상세페이지를 만든다면 어렵지 않을 것입니다.

tip

고객 클레임을 방지하는 상세페이지 작성하기

공지는 긴 글이 아니라 직관적 형태로 작성하자

여름이 되면 쇼핑몰도 여름휴가 기간을 갖습니다. 여름휴가 동안 온라인 주문은 가능해도 택배 서비스가 일시중단됩니다. 이때 판매자는 여름휴가 기간 중 주문과 관련된 공지사항을 상세페이지 제일 상단에 아주 크게 띄워놓죠.

그런데도 계속해서 주문이 들어오고 왜 이리 배송이 늦냐는 항의가 들어오기 일쑤입니다. 왜 이런 현상이 일어날까요? 고객은 자기가 보고 싶은 것만 보기 때문입니다. 관심이 없는 것은 아무리 이야기해도 신경 쓰지 않아요. 상세페이지에 분명히 다 써놨을 뿐만 아니라 글자까지 크게 해서 주의하라고 표시해놨는데도 계속 전화하고 문의하는 사람이 많습니다. 그러므로 스마트스토어를 운영하는 분들은 이런 부분을 어떻게 효과적으로 해결할지 생각해봐야 할 것입니다.

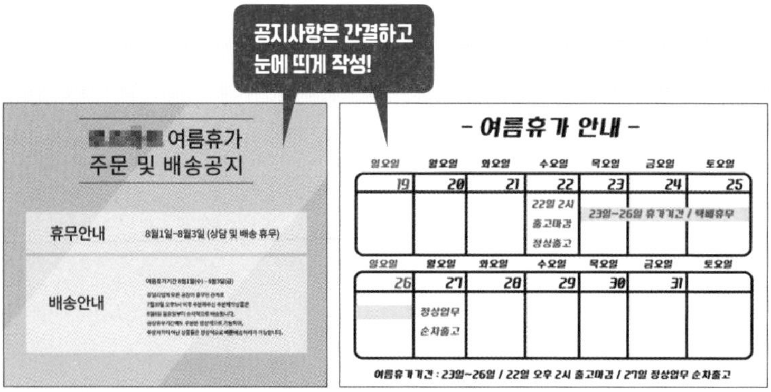

백마디 글보다 사진 한 장이 더 효과적!

스마트스토어를 운영하다 보면 고객에게 교환이나 환불을 해줘야 하는 상황이 생깁니다. 교환이나 환불을 해주려면 이미 보내준 상품을 되돌려받아야 하는데, 이때 흔히 생기는 문제가 최초 발송한 상품과 다른 상태의 물건이 반송되는 것입니다. 박스가 파손된 채 오거나, 이미 여러 번 사용한 상품을 돌려보내는 경우도 있습니다. 이런 상태라면 반품받은 상품을 재판매하기가 어렵습니다. 그렇다면 이 문제를 어떻게 해결할 수 있을까요?
다음 사진이 훌륭한 예시가 됩니다.

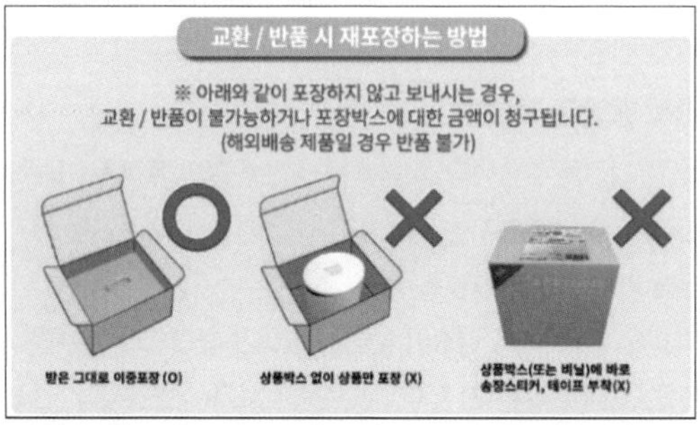

반품이 가능한 경우뿐만 아니라 교환이나 환불이 가능한 경우와 불가능한 경우를 사진으로 명확히 보여주고 있습니다. 사진으로 예시를 보여주면 특별한 설명이 없어도 누구나 쉽게 이해할 수 있으므로 반송되는 상품이 파손된 채 오는 일이 많이 줄어듭니다.

17
smartstore

사진 촬영도 상세페이지 기획의 일부!

상세페이지의 완성은 콘셉트가 명확한 사진으로!

상세페이지를 만들 때 스마트스토어에 어떤 내용이 들어가는지 중점적으로 이야기했습니다. 지금까지 콘텐츠 중심으로 이야기했다면 상품군에 따라 사진에 대한 부분도 한 번쯤 생각해봐야 합니다.

A : 전문모델 이용해 촬영

VS

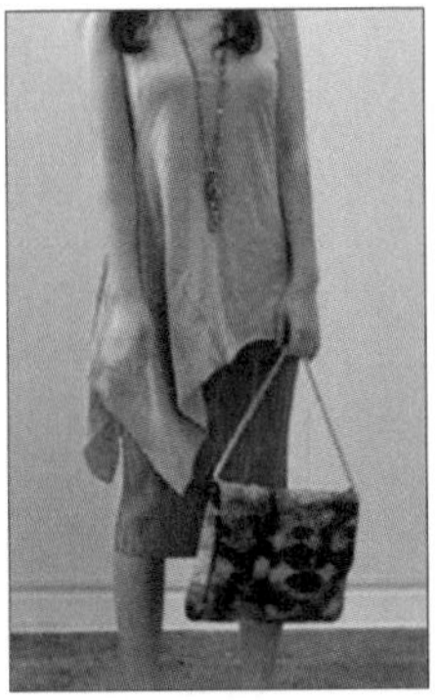

B : 사장님이 직접 착용 후 촬영

VS

C : 제품만 촬영

앞의 사진은 같은 민소매 티셔츠를 파는 쇼핑몰 3곳의 사진입니다. 여러분은 A, B, C 상품 중 어떤 것이 가장 잘 팔릴 거라고 생각하나요?

필자가 운영하는 네이버 카페(cafe.naver.com/ktcfob)에서 질문했더니 A, B, C 모두 고르게 표를 받았습니다. 그럼 정답은 무엇일까요? 답은 셋 다 잘 팔릴 수 있다는 것입니다. 기존 오픈마켓 때는 A 사진처럼 전문모델을 이용해서 찍거나 C 사진처럼 누끼컷을 잘 찍어서 판매를 잘하는 분들이 있었지만, B 사진처럼 적당히 찍어서 잘 팔리는 경우는 없었습니다. 하지만 블로그형 쇼핑몰 콘셉트의 스마트스토어가 시작되면서 B 사진처럼 일반인이 입었을 때의 느낌을 주어도 잘 팔 수 있게 되었습니다.

- 어떻게 사진을 찍어야 할까?
- 전문모델을 이용해서 예쁜 장소에서 사진을 찍어야 할까?
- 일반인의 느낌을 최대한 살려서 동네에서 사진을 찍어야 할까?
- 누끼컷으로 사진을 찍어야 할까?

이런 것을 사진의 콘셉트(concept)라고 하는데, 어떤 콘셉트로 할지 생각하고 사진 촬영을 하는 것이 좋습니다. 단순히 예쁜 사진보다는 어떤 콘셉트로 판매할지 생각해서 사진을 찍는 것이 판매에 훨씬 많은 도움이 되기 때문입니다.

예쁜 사진이 크게 중요하지 않을 수 있다

네이버에서 '사과'를 검색해보면 다양한 상품들이 나타납니다. 다음 중 어떤 상품이 더 잘 팔릴까요?

질문을 받고 사진을 유심히 살펴보는 분이 많을 것입니다. 그런데 사과나 귤 같은 과일은 사진 자체보다는 어떻게 구매자를 설득하는지가 더 중요합니다. 질문을 하나 해보겠습니다. 사진을 아주 잘 찍은 사과를 보면 그 사과가 진짜 맛있을 거라고 생각하나요? 반대로, 평범하게 찍은 사과를 본다고 해서 그 사과가 맛없을 거라고 생각하나요?

사실 사과 같은 농산물은 사진이 그다지 중요하지 않습니다. 물론 김치를 판다면 배추를 그대로 파는 것이 아니라 가공해서 판매하므로 이왕이면 먹음직스럽게 보이면 좋을 것입니다. 하지만 사과는 가공하지 않은 자연 산물 그대로다 보니 사진을 잘 찍기 위해서 엄청나게 노력하는 것은 큰 의미가 없습니다. 그보다는 어떻게 소비자를 설득할지를 생각하고 그것을 기반으로 어떤 콘셉트로 사진을 찍을지 생각하는 것이 더 중요합니다.

3일 차

스마트스토어 상위노출하기

18

smartstore

스마트스토어 상위노출 법칙 "네이버 말을 잘 듣자!"

광고비가 없다고? 상위노출만 되면 매출 급등!

아직 쇼핑몰이나 오픈마켓을 운영해보지 않은 분이라면 상위노출이 왜 중요한지 모를 수 있습니다. 모기장을 예로 들어볼까요? 모기장을 구매하려고 오픈마켓이나 네이버에 '모기장'을 검색하면 약 140만 개의 상품이 보입니다. 첫 페이지만 봐도 이미 수십 개의 상품이 나타나지요? 대다수 사람들은 첫 페이지 또는 2~3페이지 안에서 구매하는 경우가 많습니다. 따라서 등록한 상품이 한참 뒤의 페이지에 노출된다면 판매가 잘 되지 않으므로 상위노출이 매우 중요합니다.

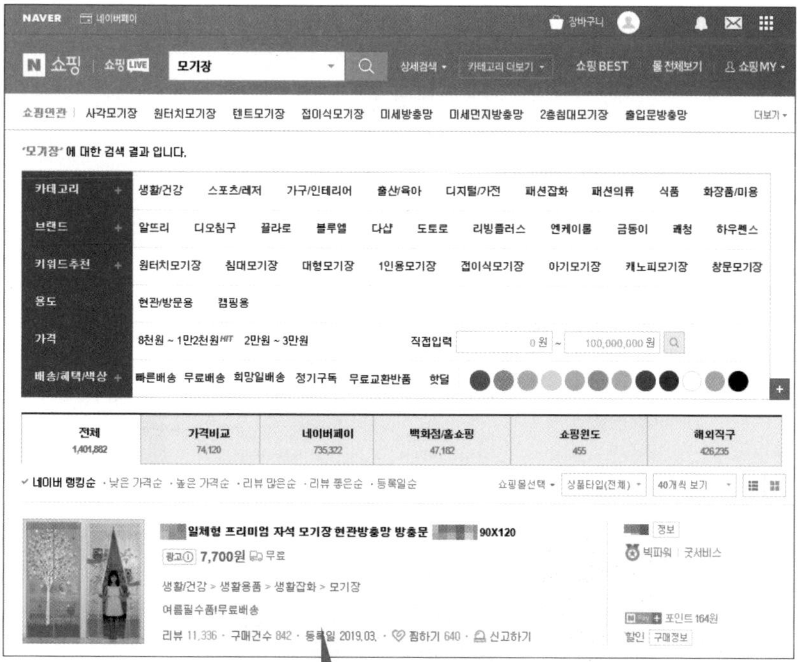

소비자는 대부분 검색 후 첫 페이지에
나타나는 상품을 구매한다.

기존 오픈마켓은 첫 페이지가 전부 다 광고라고 해도 과언이 아닙니다. 220쪽의 G마켓을 보면 위쪽 파워상품(광고)부터 시작해서 바로 아래 파워클릭, 플러스 상품, 파워클릭까지 모두 광고입니다. 광고가 아닌 '스마일배송' 부분이 있기는 하지만, 스마일배송은 사전에 이베이(www.ebay.com)의 물류창고에 내 상품을 입고시킨 후 G마켓에서 배송하는 방법이어서 소규모 판매자가 할 수 있는 방법이 아닙니다. 이베이 물류창고에 입고시켰는데 판매가 잘 안 되는 경우 물건을 다시 가져오는 과정도 무척 복잡합니다.

반면 스마트스토어는 최대 5개 이내로만 광고가 표시되므로 광고를 하지 않아도 쉽게 상위노출할 수 있다는 장점이 있습니다. 이런 이유로 소규모 판매자들은 기존 오픈마켓보다 스마트스토어를 선호하는 경우가 많습니다. 또한 원뿔딜과 기획전 도착보장을 통해 수시로 상위노출할 수 있는 방법이 많아서 기존 오픈마켓보다 유리한 부분이 많습니다. 원뿔딜과 기획전 도착보장에 대한 내용은 〈4일 차. 네이버 메인에 스마트스토어 노출하기〉에서 자세히 다룹니다.

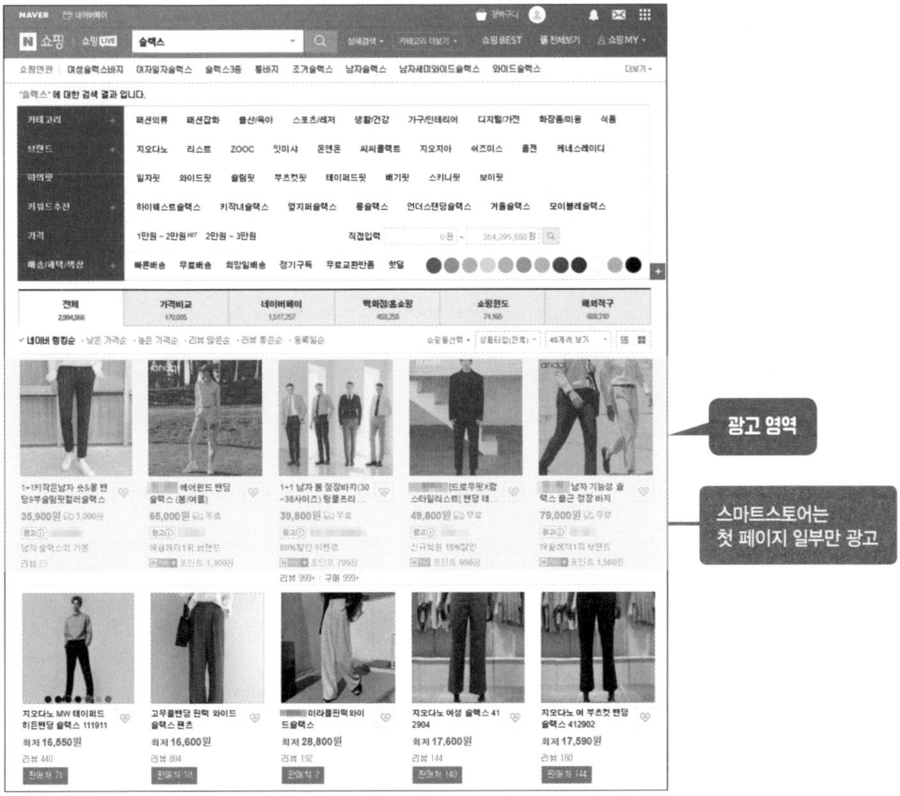

네이버가 알려주는 상위노출 방법

네이버는 상위노출에 대해 다음과 같이 설명합니다. 내용이 다소 어렵게 되어 있고 빠진 부분도 있어서 일반인이 이해하기는 어려울 것입니다. 이에 대한 자세한 설명은 223쪽에서 다루고 있으니 일단 편한 마음으로 읽어보세요.

Q 네이버쇼핑 상품 검색 알고리즘

A

네이버 쇼핑 검색 결과의 노출 순위를 결정하는 검색 알고리즘은 기본적으로 적합도, 인기도, 신뢰도의 3가지로 구성이 됩니다.

이를 바탕으로 제휴사가 제공하는 상품 정보와 네이버에서 수집하는 각종 쇼핑 데이터 및 검색 사용자 로그를 종합적으로 평가하여, 검색어 및 사용자 요구에 맞게 재구성하여 검색결과가 만들어집니다.

이 과정에서 검색결과 품질을 높이고, 사용자에게 다양한 검색결과를 제공하기 위한 별도의 검색 알고리즘이 반영될 수 있으며, 이를 보완하는 로직 및 대책이 수시로 반영될 수 있습니다.

또한 검색결과가 홍보 수단으로 활용되면서 각종 소프트웨어, 로봇 및 자동화된 도구를 이용해서 특정 상품을 노출시키려는 악의적인 시도 등이 늘고 있는데, 이러한 어뷰즈 행위는 검색 품질을 훼손하고 이용자의 불편을 초래하기 때문에 적극적으로 차단하고 있습니다.

네이버는 과학적인 방법을 동원해 어뷰즈를 정밀하게 필터링하여 서비스에 영향을 끼치지 않도록 하고 있으며, 기존 서비스 운영 경험을 토대로 검색 알고리즘 및 어뷰즈 필터링 로직을 지속적으로 개선하고 있습니다.

다만, 검색 알고리즘과 검색결과 어뷰즈 판정 기준이 알려질 경우 이를 우회한 새로운 어뷰즈 공격이 생기게 되고, 그에 따라 대다수 선의의 이용자들이 피해를 볼 수 있습니다.
따라서, 네이버는 상세한 검색 알고리즘 및 어뷰즈 필터링 로직과 해당 로직을 역으로 추정할 수 있는 어뷰즈 필터링 결과를 외부에 공개하지 않고 있습니다.

2.1. 적합도

이용자가 입력한 검색어가 상품명, 카테고리, 제조사/브랜드, 속성/태그 등 상품 정보의 어떤 필드와 연관도가 높은지, 검색어와 관련하여 어떤 카테고리의 선호도가 높은지 산출하여 적합도로 반영됩니다.

A. 필드 연관도

검색어가 "나이키"인 경우 "나이키"는 브랜드 유형으로 인식되며, 상품명에 "나이키"가 기입되어 있는 것보다 브랜드에 "나이키"로 매칭되어 있는 것이 우선적으로 노출됩니다.

2.2. 인기도

해당 상품이 가지는 클릭수, 판매실적, 구매평수, 찜수, 최신성 등의 고유한 요소를 카테고리 특성을 고려하여, 인기도로 반영됩니다.
인기도는 카테고리별로 다르게 구성되어 사용됩니다.

A. 클릭수

최근 7일 동안 쇼핑검색에서 발생된 상품 클릭수를 지수화

B. 판매실적

최근 2일/7일/30일 동안 쇼핑검색에서 발생한 판매 수량/판매금액을 지수화
스마트스토어의 판매실적, 리뷰수는 네이버페이를 통해 자동 연동, 부정 거래가 있을 경우 페널티 부여

C. 구매평수

개별 상품의 리뷰수를 카테고리별 상대적으로 환산하여 지수화

D. 찜수

개별 상품의 찜수를 카테고리별 상대적으로 환산하여 지수화

**적합도, 인기도, 신뢰도,
이 세 가지만 제대로 파악하면
상위노출이 쉽다!**

E. 최신성

상품의 쇼핑DB 등록일을 기준으로 상대적 지수화, 신상품 한시적 노출 유도

2.3. 신뢰도

네이버쇼핑 페널티, 상품명 SEO 등의 요소를 통해 해당 상품이 이용자에게 신뢰를 줄 수 있는지는 산출하여, 신뢰도로 반영합니다.

구매평/판매실적 어뷰징, 상품정보 어뷰징 등에 대한 상품/몰단위 페널티 부여

B. 상품명 SEO 스코어

상품명 가이드라인을 벗어난 상품에 대한 페널티 부여

※ 자료제공 : 네이버 쇼핑 입점(join.shopping.naver.com/faq/list.nhn?catgCd=H00015)

① 적합도 ② 인기도 ③ 신뢰도만 충족해도 상위노출 OK!

네이버에서 이야기하는 상위노출 규칙을 기반으로 어떻게 하면 상위노출이 되는지를 하나하나 살펴보겠습니다.

네이버의 쇼핑 검색결과 순위를 노출하는 검색 알고리즘은 '① 적합도 ② 인기도 ③ 신뢰도'라는 세 가지 요소를 기본으로 하고 있습니다. 이들 요소를 기반으로 제휴사가 제공하는 상품 정보와 네이버에서 수집하는 각종 쇼핑 관련 데이터, 검색사용자의 검색어, 사용자의 요구에 맞춰서 결과를 보여주고 있는 것입니다.

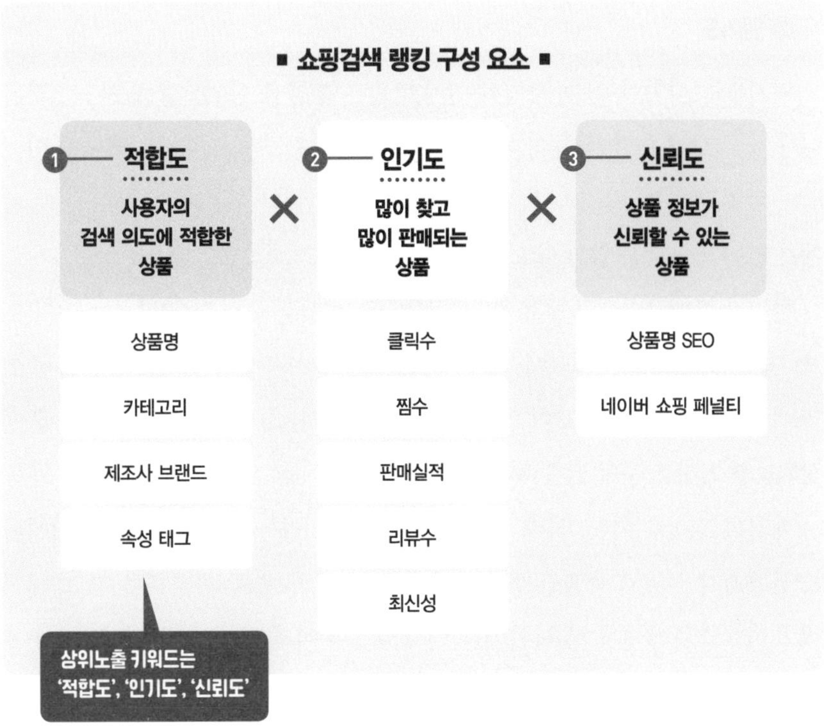

① 적합도

네이버가 이야기하는 상위노출 세 가지 요소 중 '적합도'는 소비자가 어떤 키워드로 검색했을 때 어떤 상품이 적합한 상품인지 판단하겠다는 뜻입니다. 예를 들어 소비자가 '가디건'이라는 키워드를 검색했을 때 어떤 상품이 적합한 상품인지를 판단한다는 의미입니다.

이 부분은 어떻게 상품을 등록했는지가 관건이 됩니다. 상품을 적절하지 못하게 등록하면 인기도나 신뢰도가 충족되어도 상위노출이 될 수 없습니다. 그러므로 상품 하나를 등록할 때마다 빨리 등록하는 것보다 정확하게 등록하는 것이 매우 중요합니다(자세한 내용은 226쪽 참고).

② 인기도

인기도는 적합한 상품 중에서 인기가 많은 상품을 상위노출해준다는 것입니다. 인기도가 높은 상품의 기준은 다양하지만 간략하게 이야기해보면 이미 많이 팔리고 있는, 말 그대로 인기가 높은 상품입니다. 판매량이 높다는 것 자체가 인기가 높다는 말과 같으니까요.

하지만 판매량만으로 무조건 인기도가 높다고 할 수는 없습니다. 우리가 오프라인 매장에 쇼핑하러 갔을 때 기존 상품이 아니라 '신상품'이라는 말을 들으면 아무래도 눈이 가는 것이 인지상정일 것입니다. 그래서 **네이버는 신상품에 상위노출 가점**을 주고 있습니다.

여기서 '신상품'이란, 진짜 새로 출시된 상품이라는 뜻이 아닙니다. 네이버는 판매자가 **신규로 등록한 상품에 대해서 가점**(신규 판매상품 가점)을 주고, **네이버 스마트스토어에서 처음 판매를 시작하는 분에게도 가점**(신규 판매자 가점)을 주고 있습니다(자세한 내용은 245쪽 참고).

③ 신뢰도

마지막으로 신뢰도는 한마디로 네이버가 하지 말라는 것은 하지 말라는 말입니다. 예를 들어 상품명에 '☆땡땡샵', '▶무료배송◀' 같은 특수문자를 넣지 말아야 하고, 구매평을 비롯한 판매실적 등을 어뷰징◆하지 않아야 합니다(자세한 내용은 268쪽 참고).

간략하게 이야기했지만 위와 같이 세 가지 요소에 집중해서 진행한다면 상위노출은 어렵지 않을 것입니다.

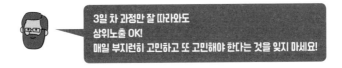

3일 차 과정만 잘 따라와도
상위노출 OK!
매일 부지런히 고민하고 또 고민해야 한다는 것을 잊지 마세요!

◆ **어뷰징(abusing)** : 판매상품의 구매평이나 실적, 상품 정보 등을 임의로 조작해 거짓으로 소비자들을 속이는 행위

19

smartstore

네이버가 원하는 상위노출 조건 ① 적합도

적합도 ① 상품등록 : 네이버 양식에 맞게 꼼꼼히 칸을 채우자

적합도는 소비자가 어떤 키워드로 검색했을 때 어떤 상품이 적합한 상품인지 네이버가 판단한다는 것입니다. 이 부분은 상품등록을 어떻게 했는지가 관건이 됩니다. 적합도는 '상품명', '카테고리', '제조사/브랜드', '속성/태그' 등으로 구성되어 있으며, 〈1일 차. 스마트스토어 세팅하기〉에서 살펴본 대로 상품등록을 할 때 해당 항목을 정확하게 입력하는 것만으로도 충족시킬 수 있습니다.

먼저 네이버의 쇼핑팀과 검색팀 입장에서 생각해보겠습니다. 사용자가 '가디건'이라고 검색했을 때 네이버는 어떤 결괏값을 보여줘야 할까요? 네이버의 쇼핑팀과 검색팀은 상품등록할 때 입력한 여러 가지 필드값을 고려해서 검색결과를 보여줍니다. 하지만 그중에서 상품명만 두고 생각한다면 이왕이면 상품명에 해당 키워드가 포함되어 있는 경우가 그렇지 않은 경우보다 노출해줄 가능성이 더 높을 것입니다. 그래서 상품명을 쓸 때 제일 중요한 부분은 소비자가 어떤 키워드로 검색했을 때 내 상품이 노출될지를 생각하는 것입니다. 만약 소비자가 '가디건'이라는 키워드를 입력했을 때 내 상품이 노출되기를 원한다면 상품명에 '가디건'이라는 키워드를 포함시켜야 합니다.

실제로 '가디건'으로 검색해서 상위노출된 상품명을 보면 '가디건'이라는 키워드가 모두 포함되어 있습니다. 이와 같이 상품명을 작성할 때는 소비자가 어떤 키워드로 검색했을 때 내 상품이 나타나기를 원하는지 생각해서 상품명에 해당 키워드를 넣어야 합니다.

상위노출 가능한 상품명 설정 방법 ① 브랜드 상품인 경우

상위노출에 대해 좀 더 구체적으로 살펴보겠습니다. 상품명은 소비자가 어떤 키워드로 검색했을 때 내 상품이 노출되길 원하는지 생각해서 상품명에 해당 키워드를 집어넣는 것이 기본이고, 내 상품의 특성이 드러나는 상품명을 적는 것이 중요하다고 말씀드렸습니다. '롱패딩'이라는 키워드로 검색한 결과를 살펴보겠습니다. 상위노출된 상품들을 보니 **상품명이 '브랜드+상품명+상품의 특성+모델명' 형식으로 구성**되어 있다는 공통점이 있습니다.

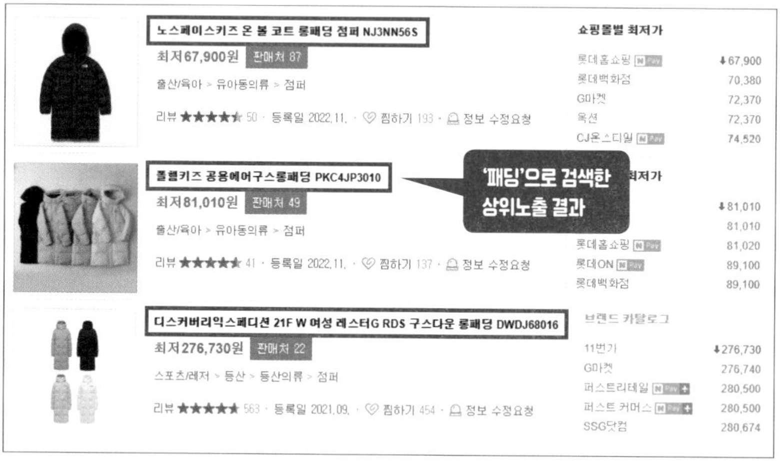

■ 패딩으로 검색한 결과 상위노출된 상품명 ■

- 노스페이스키즈(브랜드)+온 볼 코트(상품명)+롱패딩 점퍼(상품의 특성)+NJ3NN56 S(모델명)
- 폴햄키즈(브랜드)+공용에어구스롱패딩(상품명+상품의 특성)+PKC4JP3010(모델명)
- 디스커버리익스페디션(브랜드)+21F W 여성 레스터G RDS(상품명)+구스다운 롱패딩(상품의 특성)+DWDJ68016(모델명)

1등으로 노출되어 있는 '노스페이스키즈 온 볼 코트 롱패딩 점퍼 NJ3NN56S'를 자세히 살펴보면 롯데홈쇼핑을 비롯해서 G마켓, CJ온스타일 등 여러 판매처가 있습니다. 이들 판매처 중 롯데홈쇼핑에는 '온 볼 코트-NJ3NN56S'로, G마켓에는 '노스페이스키즈 온 볼 코트(NJ3NN56BLK)'로, CJ온스타일에는 '키즈 온 볼 코트 NJ3NN56S_BLK'로 등록되어 있습니다.

어떤 판매처도 네이버처럼 '노스페이스키즈 온 볼 코트 롱패딩 점퍼 NJ3NN56S'로 쓰는 경우는 없습니다. 특히 '롱패딩'이라는 키워드는 들어가 있지도 않습니다. 그렇다면 네이버는 어떤 기준을 가지고 이런 상품명을 썼을까요?

예전에 네이버는 이렇게 가격비교가 되는 경우 제일 많이 팔린 판매처의 상품명을 대표 상품명으로 사용했습니다. 그런데 이제는 많이 팔린 상품의 상품명이 아니라 네이버만의 기준으로 상품명을 다시 만들어서 보여주고 있습니다. 그러므로 **상품명은 브랜드가 있는 경우 네이버가 선호하는 대로 '브랜드+상품명+상품의 특성+모델명' 형식으로 구성**하는 것이 좋습니다.

상위노출 가능한 상품명 설정 방법 ② 비브랜드 상품인 경우

브랜드가 없는 상품은 어떻게 할까요? 상황에 따라 다소 변동될 수 있지만, 기본적으로는 다음 두 가지 방법을 기본으로 해서 상품명을 구성하는 것이 좋습니다.

방법 1 내 숍의 이름을 브랜드처럼 사용하기

'엑스브레인'이라는 숍이 패딩을 판매하는데 상품 이름이 '크루넥 롱패딩'이고 남녀공용 제품이라면 '엑스브레인(숍 이름)+크루넥 남녀공용 롱패딩(상품명+상품의 특성)' 형식으로 구성하면 됩니다.

방법 2 브랜드를 빼고 상품의 특성+상품명으로 구성하기

브랜드 이름을 넣지 않고 '남녀공용(상품의 특성)+크루넥 롱패딩(상품명+상품의 특성)' 형식으로 구성하면 됩니다.

적합도 ② 카테고리 설정 :
네이버 검색엔진이 쉽게 일하게 만들자

간단하게 사용자가 입력한 키워드, 예를 들면 '여성 팬티'로 검색한 사용자에게는 상품명에 '여성 팬티'라는 키워드가 포함된 상품을 상위노출해주면 됩니다. 그런데 이렇게 하려면 네이버에 문제가 하나 있습니다. 지금이야 네이버 스마트스토어의 영향력이 커서 스마트스토어에서 판매하는 사람들이 많지만, 네이버가 스마트스토어를 처음 시작하던 당시(샵N 시절)에는 네이버에 상품을 등록해도 잘 팔린다는 확신이 없다 보니 상품을 등록하는 사람이 별로 없었습니다. 이것은 상품도 별로 없다는 것이어서 결국 스마트스토어에서 검색해도 결괏값을 보여줄 게 별로 없다는 이야기가 됩니다.

이 말은 '여성 팬티'라는 상품명으로 등록된 상품이 별로 없다면 '여성 팬티'라는 키워드로 검색했을 때 결괏값으로 보여줄 수 있는 것도 별로 없다는 말입니다. 그래서 네이버는 그 당시 상품명에 '여성 팬티'가 없더라도 각종 필드값(카테고리, 제조사/브랜드, 속성/태그 등)에 여성 팬티와 관련된 것이 있으면 검색결과에 반영했습니다. 그러다 보니 상품명에 '여성 팬티'라는 키워드가 없어도 상위노출되는 결과를 가져오게 되었습니다.

물론 요즘에는 이런 식으로 노출되지 않습니다. 네이버의 정교해진 검색엔진 덕분에 상품명에 해당 키워드가 없더라도 상품등록 시 입력한 여러 가지 필드값과 연관 키워드, 소비자 구매패턴까지 분석해 소비자가 원하는 상품이 어떤 것인지 판단해 노출해주고 있기 때문입니다. 그렇다고 해서 카테고리 설정을 대충 하면 안됩니다. 상위노출의 가능성을 조금이라도 높이려면 카테고리 설정에 신경을 써야 합니다.

네이버 카테고리 설정의 숨은 의미 꿰뚫어보기

카테고리 설정에 대해 좀 더 자세히 살펴보겠습니다. 네이버에서 '여성 팬티'를 검색해봤습니다. 광고 영역을 제외하고 살펴보니 다섯 번째 상품은 '여성 팬티'라는 키워드를 포함하고 있습니다. 하지만 첫 번째부터 네 번째 상품은 모두 상품명에 '팬티'라는 키워드는 포함하고 있지만 '여성'이라는 키워드는 포함하고 있지 않습니다. 검색어가 '여성 팬티'인데 상품명에 '여성'이라는 키워드가 없어도 상위노출되는 이유는 무엇일까요?

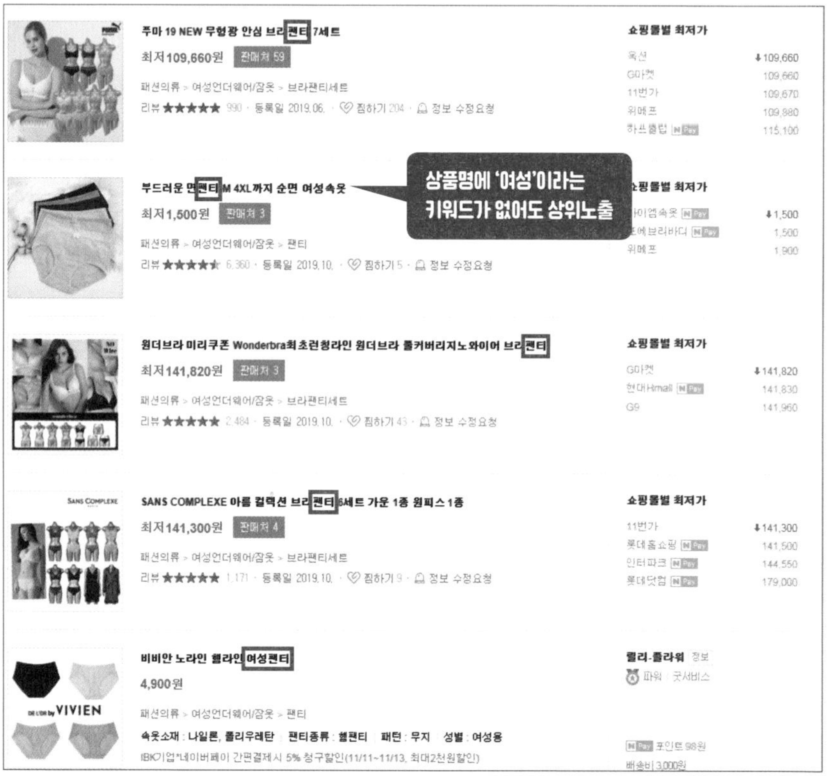

222쪽에 소개한 네이버의 설명을 다시 살펴보겠습니다.

> **2.1. 적합도**
> 이용자가 입력한 검색어가 상품명, 카테고리, 제조사/브랜드, 속성/태그 등 상품 정보의 어떤 필드와 연관도가 높은지, 검색어와 관련하여 어떤 카테고리의 선호도가 높은지 산출하여 적합도로 반영됩니다.

이용자가 검색한 '여성 팬티'가 상품명에 있거나(상품명에 '여성 팬티'가 있음), 카테고리에 있거나('여성 팬티'와 상관 있는 카테고리에 등록됨), 제조사나 브랜드 또는 속성이나 태그가 해당 키워드와 상관이 있다면 상위노출될 수 있다는 말입니다.

필드값 데이터베이스를 기반으로 한 상위노출 카테고리 정확하게 파악하기

이번에는 232쪽 화면에서 첫 번째부터 네 번째까지 상위노출된 상품들의 카테고리를 살펴보겠습니다. 네이버는 상품명에 해당 키워드가 없더라도 각종 필드값(위의 사례는 카테고리 분류)을 기반으로 상위노출이 되도록 설계되어 있습니다. 네이버가 필드값에 따른 키워드 DB를 구축했기 때문입니다.

■ 상위노출된 상품의 카테고리 ■

- **첫 번째 상품** : 패션의류 〉 여성언더웨어/잠옷 〉 브라팬티세트
- **두 번째 상품** : 패션의류 〉 여성언더웨어/잠옷 〉 팬티
- **세 번째 상품** : 패션의류 〉 여성언더웨어/잠옷 〉 브라팬티세트
- **네 번째 상품** : 패션의류 〉 여성언더웨어/잠옷 〉 브라팬티세트

따라서 카테고리 분류를 꼭 신경 써서 상품을 등록해야 합니다. 아무리 상품명을 잘 사용해도 카테고리를 제대로 지키지 않으면 상위노출이 어려워지기

때문입니다. 상품에 적합한 카테고리로 등록하는 것은 기본 중의 기본입니다.

적합도 ③ 태그 설정 : 상품과 상관없는 태그는 NO!

〈1일 차. 스마트스토어 세팅하기〉에서 태그는 어떤 키워드에 상세페이지가 노출되길 바라는지 설정하는 것이라고 이야기했습니다. 예를 들어 '하객원피스'로 상품이 노출되길 바란다면 상품명에 '하객원피스'라는 키워드를 넣을 수 있지만, 그렇지 않더라도 태그에 '하객원피스'가 있으면 검색에 반영됩니다.

다음은 네이버에서 '하객 원피스'로 검색한 화면입니다. 상위노출된 상품들의 상품명에 '하객' 혹은 '원피스'라는 키워드가 보입니다.

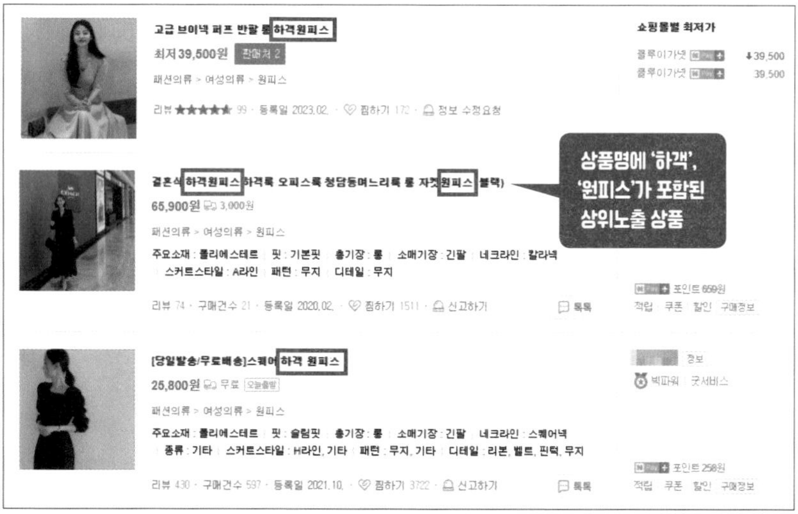

반면 '하객원피스'라는 키워드가 보이지 않는 상품도 있습니다.

다음 상품에 '하객'이라는 키워드가 포함되지 않았는데도 상위노출된 이유는 태그에 '하객원피스'가 설정되어 있기 때문입니다. 이처럼 상품명에 해당 키워드가 없어도 태그를 이용해 적합도를 높일 수 있습니다.

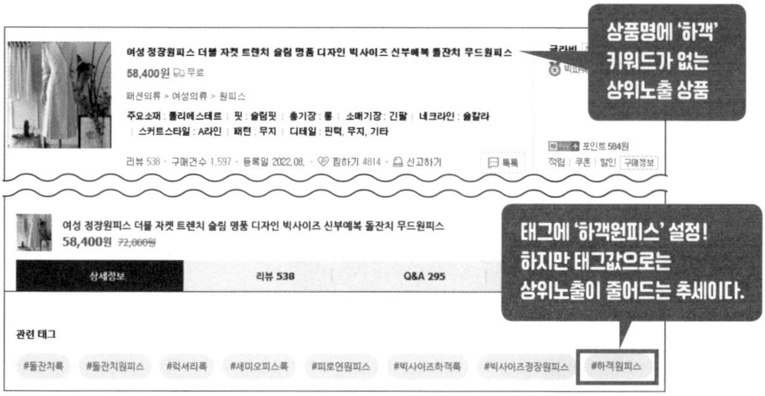

다만 요즘은 태그가 상위노출에 예전만큼 많이 반영되지 않습니다. 왜냐하면 네이버에 쇼핑 관련 데이터가 많이 축적되다 보니 상위노출 기준에 태그를 이용하는 것보다 네이버의 자체 데이터(쇼핑 관련 유사 키워드, 관련 키워드 DB 등)를 이용하는 경우가 많이 늘어났기 때문입니다.

하지만 네이버 쇼핑 검색의 기본적인 방향은 사용자가 검색하는 검색어와 상품명 카테고리를 매칭한 뒤 제조사/브랜드, 속성/태그까지 전부 반영하는 것입니다. 그러므로 태그에 계속 신경을 쓰는 것이 좋습니다.

특히 신경 써야 할 부분은 **상품과 상관없는 태그를 쓰면 안 된다**는 것입니다. 의도적으로 노출을 늘리기 위해 해당 상품과 관련 없는 태그를 쓰면 잠시 동안은 노출이 늘어날 수 있습니다. 하지만 결과적으로는 이것 때문에 네이버 쇼핑 검색에서 배제되는 결과를 초래할 수 있습니다.

태그를 직접 입력해 등록하는 경우 태그사전에 등록된 태그가 아니면 반영되지 않습니다. 그러므로 태그를 직접 입력할 때는 해당 태그가 태그사전에 등록되어 있는지 꼭 확인해야 합니다. 또한 태그를 직접 입력하지 않고 네이버에서 가이드로 주는 '요즘 뜨는 HOT 태그', '감성태그', '이벤트형 태그', '타겟형 태그' 중에서 선택해서 설정할 수도 있습니다.

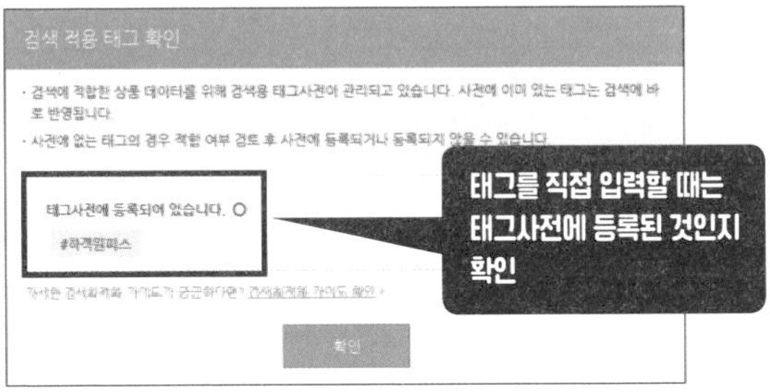

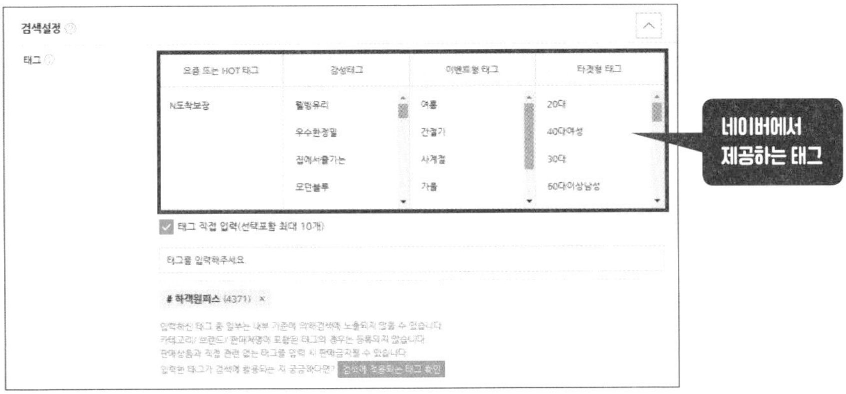

네이버에서 제공하는 태그를 쓰면 무엇이 좋은지 묻는 분들이 많습니다. 네이버에서 제공하는 태그를 썼지만 별다른 효용성을 느끼지 못했기 때문일 것입니다. **네이버가 태그를 만들었다는 것은 검색어가 아닌 태그를 통해 트래픽**

을 높이는 전략을 고려하고 있다는 것을 의미합니다.

예를 들어 광고를 하지 않았는데 운 좋게 모바일 네이버 쇼핑 영역에 내 상품이 상위노출되는 경우 단기간에 매출이 급증하게 됩니다. 그런데 이런 쇼핑 영역에 해당 상품만 보여주는 것이 아니라 태그를 통해 관련 상품까지 보여주면 특정 상품 1개가 아니라 다른 상품의 판매까지 늘릴 수 있을 것입니다. 또는 태그 관련 영역을 만들어서 쇼핑의 볼거리를 제공할 수도 있습니다.

방법은 다양하겠지만, 네이버가 이렇게 인기 태그를 만든 것은 추후 이런

전략을 고려하겠다는 의미입니다. 지금 현재는 '요즘 뜨는 HOT 태그'에 'N도착보장'을 넣어서 도착보장 상품에 대한 노출 빈도를 높이려는 것이 대표적인 예입니다.

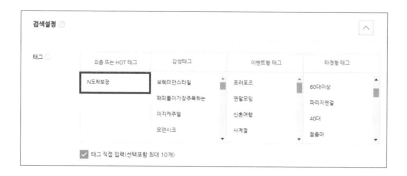

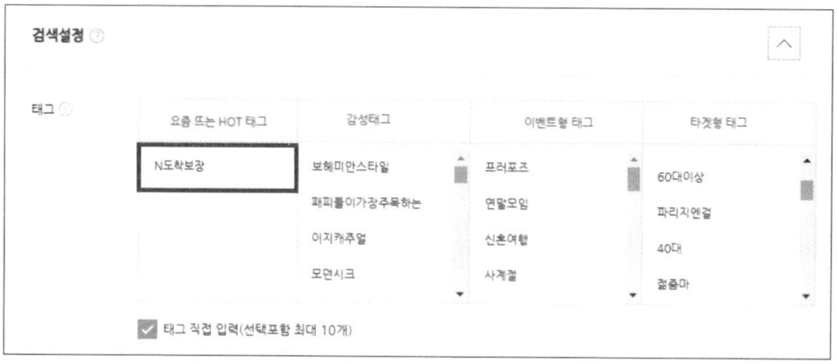

적합도 ④ 필드 연관도 : 브랜드 상품이면 필드값에도 체크 필수!

네이버는 다음과 같이 필드 연관도를 이야기하고 있습니다.

> A. 필드 연관도
> 검색어가 "나이키"인 경우 "나이키"는 브랜드 유형으로 인식되며, 상품명에 "나이키"가 기입되어 있는 것보다 브랜드에 "나이키"로 매칭되어 있는 것이 우선적으로 노출됩니다.

이 이야기를 잘못 해석해 '상품명에 나이키가 들어가는 것은 소용없고 브랜드 필드값에 나이키를 써야 하는구나.' 하고 착각할 수 있습니다. 결론부터 이야기하면 그런 내용이 아닙니다.

네이버 쇼핑에서 '나이키'를 검색해 1페이지에 노출된 상품들을 보면 상품명에 '나이키'가 포함되어 있지 않은 상품은 단 하나도 없습니다. 만약 상품명에 '나이키'가 들어가는 것이 소용없고 브랜드 필드값에 '나이키'를 넣는 것만 중요하다면 이런 결과가 나오지 않았을 것입니다. 결국 브랜드명은 상품명과 필드값에 모두 지정해야 합니다. 특히 상품명은 브랜드명과 모델명을 상세하게 적어주는 것이 중요합니다.

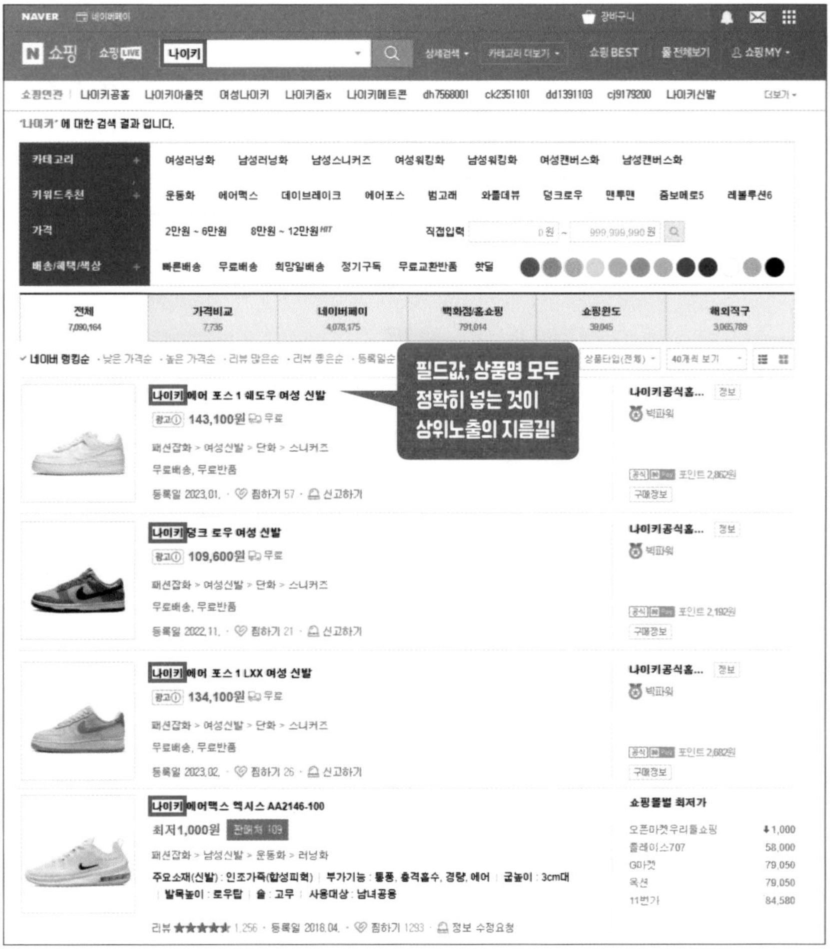

네이버가 이렇게 하는 데는 여러 가지 이유가 있습니다. 바로 상품의 매칭 때문입니다. 예를 들어 나이키의 '루나글라이드'라는 운동화를 판매하기 위해서 스마트스토어에 상품등록을 한다고 할 때 상품의 주요정보에는 모델명과 브랜드 제조사 상품속성을 입력해야 합니다.

구체적으로 살펴볼까요? 〈1일 차. 스마트스토어 세팅하기〉에서 살펴본 대로 상품등록 과정을 떠올려보세요. 상품 주요정보를 입력하기 위해 상품등록 화면을 열고 '모델명' 항목에 '루나글라이드'라는 상품명을 입력해보겠습니다.

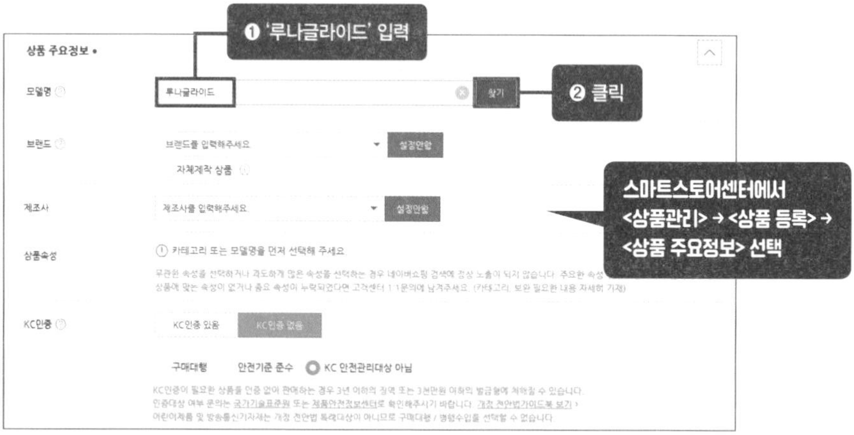

'상품 주요정보' 항목 중 맨 위에 있는 '모델명'에 '루나글라이드'라고 입력하면 다양한 종류의 루나글라이드 중에서 내가 판매하려고 하는 상품이 어떤 것인지 선택하는 창이 열립니다. 여기서 판매상품을 선택하면 브랜드와 제조사가 자동으로 선택됩니다.

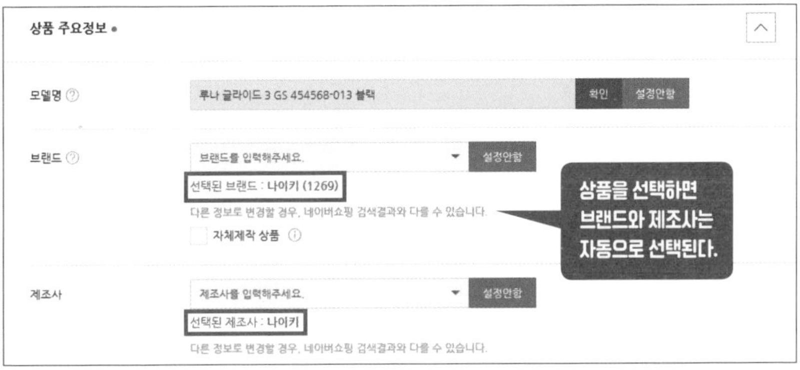

이 과정은 스마트스토어의 수백, 수천만 개의 상품들 중에서 동일상품을 묶는 그룹화 작업을 쉽게 해줍니다. 이런 작업이 없다면 똑같은 상품이 마치 다른 상품인 것처럼 리스팅되는 문제가 생깁니다. 따라서 스마트스토어는 상품명에 나이키가 있는 것보다 정확한 필드값(모델명을 통해 브랜드 제조사까지 매칭시키는 것)을 요구하는 것입니다.

만약 모델명, 브랜드, 제조사의 필드값을 정확하게 입력하지 않으면 어떻게 될까요? 비브랜드 상품은 상관없겠지만 브랜드 상품은 상위노출이 상당히 어려워질 수 있습니다.

결론적으로 브랜드에 '나이키'로 매칭되어 있는 것이 우선적으로 노출되므로 상품명을 정확하게 쓰는 것도 필요하고, 상품을 등록할 때 입력하는 각종 필드값(모델명, 브랜드, 제조사 등)도 정확하게 입력하는 것이 중요하다는 의미로 받아들이면 됩니다.

적합도 ⑤ 카테고리 선호도 : 많이 팔리는 카테고리가 상위노출된다

'카테고리 선호도'라는 것은 무엇일까요? 네이버의 설명을 먼저 살펴보겠습니다.

> **B. 카테고리 선호도**
> "블라우스" 검색어의 경우는 여러 카테고리 상품이 검색되지만, [패션의류>여성의류>블라우스] 카테고리의 선호도가 매우 높습니다. 검색 알고리즘은 해당 카테고리의 상품을 먼저 보여줄 수 있게 추가점수를 주게 됩니다.

다시 생각해보겠습니다. 만약 '나이키'라는 키워드로 검색한다고 했을 때 러닝화, 축구화, 축구공 등 너무도 많은 상품군이 있는데, 네이버는 이 중에서 어떤 상품을 상위노출해줘야 할까요?

네이버가 생각하는 상위노출 기준은 다른 조건이 똑같다면 이왕이면 많이 팔리는 카테고리에 있는 상품에 가점을 더 주는 것입니다. 위와 같은 경우라면 '축구화'나 '축구공' 카테고리보다는 '러닝화' 카테고리에 등록되어 있는 상품이 상위노출에 가점을 받게 됩니다. 따라서 축구화나 축구공보다는 러닝화가 상위노출될 가능성이 높습니다.

카테고리 선호도에 나온 '블라우스'의 경우를 살펴볼까요? 상품등록할 때 설정하는 카테고리명 칸에 해당 브랜드의 블라우스를 입력하면 다음과 같이 3개의 카테고리 중에서 하나를 선택할 수 있습니다.

- 출산/육아 〉 유아동의류 〉 블라우스
- 패션의류 〉 여성의류 〉 블라우스 〉 셔츠
- 생활/건강 〉 반려동물 〉 패션용품 〉 셔츠/블라우스

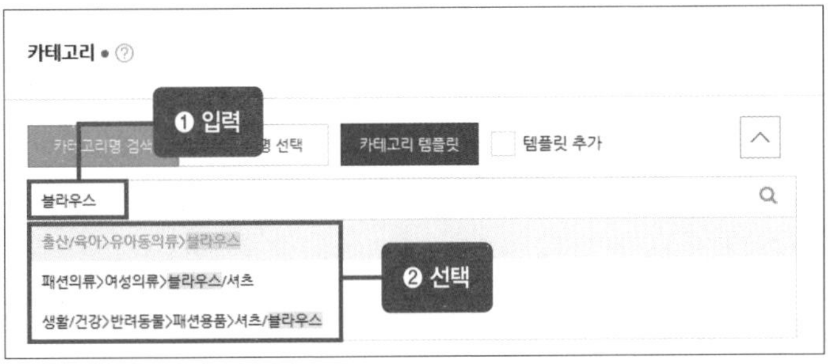

유아동용 블라우스와 성인 여성 블라우스, 반려동물용 블라우스, 이렇게 세 가지 카테고리에서 제일 잘 팔리는 영역은 성인 여성 블라우스입니다. 따라서 성인 여성 블라우스가 유아동용 블라우스나 강아지용 블라우스보다 상위노출될 가능성이 높다고 설명한 것입니다.

그러면 유아동용 블라우스 판매자들은 무조건 불리할까요? 전혀 그렇지 않으니 걱정하지 않아도 됩니다. 유아동용 블라우스를 검색하는 사람은 '블라

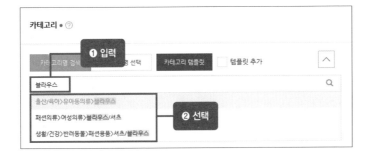

우스'라는 키워드보다 '유아 블라우스', '아동 블라우스' 등으로 검색하는 경우가 대부분입니다. 따라서 굳이 '블라우스'라는 키워드에서 상위노출되지 않아도 별 문제가 없습니다. 반려동물 옷도 마찬가지입니다. '생활/건강 〉 반려동물 〉 패션용품 〉 셔츠/블라우스' 카테고리가 있기는 하지만 실제 반려동물 옷을 구매할 때 '블라우스'로 검색해서 구매하는 사람은 없습니다.

이제 체크리스트로 적합도를 정리해봅시다. 상위노출에서 적합도를 충족시키지 않으면 상위노출될 수 없습니다. 가장 중요한 요소인 상품등록을 제대로 했는지 체크해보고, 혹시 부족한 부분이 있으면 다시 한번 더 확인하세요. 꼼꼼하게 챙기려면 1번 문항부터 4번 문항까지 모두 챙겨야 합니다. 하지만 브랜드 상품이 아니라면 4번 문항은 크게 신경 쓰지 않아도 됩니다.

상위노출 핵심 요소 ① 적합도 체크리스트

1. 상품명은 제대로 입력했나요? (상품명의 기본적인 구성 : 브랜드+상품명+상품의 특성+모델명)	YES □	NO □
2. 카테고리는 제대로 설정했나요?	YES □	NO □
3. 태그는 제대로 설정했나요?	YES □	NO □
4. 브랜드, 제조사, 모델명은 제대로 등록했나요? (비브랜드 상품이면 패스!)	YES □	NO □

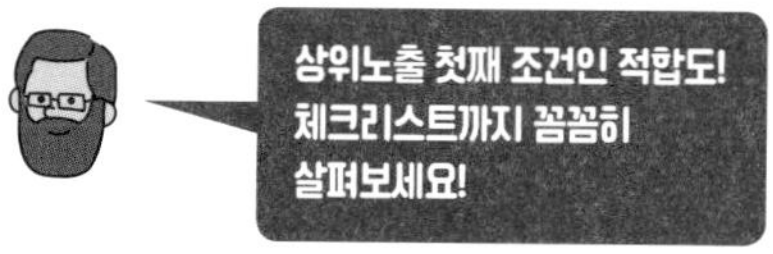

상위노출 첫째 조건인 적합도!
체크리스트까지 꼼꼼히
살펴보세요!

20
smartstore

네이버가 원하는 상위노출 조건 ② 인기도

최상위노출 지름길은 결국 판매실적 상승!

적합도에 맞는 상품이어도 그 많은 상품을 모두 상위노출해줄 수는 없을 것입니다. 그래서 네이버는 '인기도'와 '신뢰도'라는 기준을 더해 상위노출 여부를 결정하고 있습니다. 222쪽에서 소개한 네이버의 설명을 다시 살펴보겠습니다.

2.2. 인기도
해당 상품이 가지는 클릭수, 판매실적, 구매평수, 찜수, 최신성 등의 고유한 요소를 카테고리 특성을 고려하여, 인기도로 반영됩니다.
인기도는 카테고리별로 다르게 구성되어 사용됩니다.

A. 클릭수
최근 7일 동안 쇼핑검색에서 발생된 상품 클릭수를 지수화

B. 판매실적
최근 2일/7일/30일 동안 쇼핑검색에서 발생한 판매수량/판매금액을 지수화
스마트스토어의 판매실적, 리뷰수는 네이버페이를 통해 자동 연동, 부정 거래가 있을 경우 페널티 부여

C. 구매평수
개별 상품의 리뷰수를 카테고리별 상대적으로 환산하여 지수화

D. 찜수
개별 상품의 찜수를 카테고리별 상대적으로 환산하여 지수화

E. 최신성
상품의 쇼핑DB 등록일을 기준으로 상대적 지수화, 신상품 한시적 노출 유도

이 내용을 간단히 정리해볼게요. 적합도에 맞춰서 상품을 등록했다면 그다음에는 ① 클릭수 ② 찜수 ③ 판매실적 ④ 구매평수(=리뷰수) ⑤ 최신성을 고려해서 상위노출해주겠다는 것입니다. 이렇다 보니 판매자 중에는 찜수를 늘리기 위해서 인터넷 커뮤니티 등에 찜을 해달라는 부탁글을 쓰는 분도 있고, 클릭수를 늘리기 위해서 의도적으로 본인이 클릭하는 경우도 있습니다. 또한 최신성을 부여받기 위해서 기존에 판매하던 상품을 지우고 똑같은 상품을 다시 새롭게 등록하는 경우도 보았습니다.

하지만 **이 많은 요소 중 상위노출에서 제일 중요한 것 하나를 꼽으라면 결국은 판매실적**입니다. 상품등록을 할 때 상품명을 정확하게 쓰지 않고 상세페이지를 등록할 때 기존 오픈마켓처럼 통으로 된 이미지를 써도 해당 상품의 판매실적만 뒷받침되면 상위노출이 되기 때문입니다.

스마트스토어만 그런 것이 아니라 거의 대부분의 마켓플레이스가 그렇게 되어 있습니다. 처음 판매하는 소상공인이나 아직 판매량이 많지 않은 소규모 업체는 부당하다고 생각할 수 있습니다. 하지만 마켓플레이스를 운영하는 업체도 결국은 돈을 벌기 위해서 사업을 하는 것이니 판매실적이 높은 판매자를 우대할 수밖에 없는 것이지요.

이런 이야기를 들으면 '큰 업체라면 모르겠지만 나같이 처음 판매를 준비하는 소상공인이라면 힘들겠구나!'라고 생각하는 분도 있는데, 그렇지 않습니다. 스마트스토어는 다른 마켓플레이스와 다르게 처음 시작하는 사람과 소상공인을 우대하는 정책을 실행하고 있습니다. 스마트스토어 판매자로 처음 등록한 후 새롭게 등록한 상품에 대해서 상위노출 가점을 준다는 말입니다.

물론 네이버가 다른 마켓플레이스에 비해 착한 기업이어서 이런 정책을 쓰는 것은 아닙니다. 〈준비운동. 스마트스토어 감잡기〉에서도 이야기했지만 네이버는 기존 오픈마켓과 차별화되지 못한 '샵N'이라는 오픈마켓에서 실패한 경험이 있습니다. 그리고 이로 인해 블로거와 소상공인을 타깃으로 하는 오픈마켓을 만들 수밖에 없는 상황이었으므로 소상공인과 신규계정을 우대하는 전략을 쓰게 된 것입니다. 이런 이유 등으로 스마트스토어는 처음 시작하는 분들도 어렵지 않게 시작할 수 있습니다. 또한 스마트스토어는 소규모로 처음 시작했지만 성공한 사람이 많은 플랫폼이 된 것입니다.

초보 판매자의 진입장벽을 낮춰주는 신상품 상위노출 가점

앞에서 네이버는 처음 스마트스토어를 시작하는 사람과 새롭게 등록한 상품에 상위노출 가점을 준다고 이야기했습니다. 새롭게 등록한 상품에 가점을 주는 것은 사실 당연합니다.

오프라인 서점을 예로 들어보겠습니다. 서점에 가보면 잘 팔리는 책이 있는데, 이런 책을 '베스트셀러'라고 합니다. 반면 베스트셀러까지는 아니지만 꾸준히 잘 팔리는 책은 '스테디셀러'라고 합니다. 서점 입장에서 보면 매출을 많이 내려면 당연히 잘 팔리는 베스트셀러와 스테디셀러를 우대할 수밖에 없습니다. 그래서 오프라인 서점은 책을 배치할 때 판매량을 늘리기 위해서 베스트셀러와 스테디셀러를 사람들의 눈길이 제일 잘 가는 곳에 배치합니다.

스마트스토어도 마찬가지입니다. 판매량이 높은 상품은 검색순위 상위에 노출됩니다. 그래서 앞에서 상위노출에서 제일 중요한 요소를 하나 꼽으라고 하면 결국은 판매실적이라고 이야기한 것입니다.

교보문고
베스트셀러 코너

그런데 이런 베스트셀러나 스테디셀러도 처음 시작할 때부터 이렇게 잘 팔린 것은 아닙니다. 처음에는 그냥 신간에 불과하던 책이 많은 소비자의 선택을 받으면서 베스트셀러가 되고 스테디셀러가 된 것이죠. 그래서 대형 서점은 새로 나온 신간 중에 판매가 잘될 것 같은 책을 베스트셀러만큼은 아니지만 꽤 좋은 자리에 배치해서 소비자의 반응을 살핍니다. 그러다 진짜 잘 팔리면 본격적으로 더 좋은 자리에 배치합니다. 물론 이 과정에서 판매가 잘 되지 않는 책들은 자리를 뺏기게 됩니다.

판매가 잘될 만한
신간을 골라 좋은
자리에 배치

스마트스토어도 마찬가지입니다. 대형 서점은 새로 나온 신간 중에서 그래도 어느 정도 판매가 될 만한 책을 꽤 좋은 자리에 배치하고 그중 잘 팔리는 책과 안 팔리는 책을 구분해서 다시 재배치한다고 했는데, 온라인도 똑같습니다.

스마트스토어에 새로운 상품을 등록하면 상위노출 가산점을 부여해 꽤 좋은 자리에 배치해줍니다. 단, 새로 등록된 모든 상품이 아니라 적합도에 맞춰 상품등록을 한 경우에만 좋은 자리에 배치합니다. 그리고 가산점으로 비교적 좋은 위치에 상위노출된 신상품이 얼마나 인기가 있는지 살펴보고 더 좋은 자리로 보내줄지, 아니면 나쁜 자리로 보낼지를 결정합니다. 여기서 말하는 인기는 클릭수, 찜수, 판매실적, 리뷰수, 최신성 등으로 판단합니다.

인기도를 결정하는 5총사 ① 클릭수

네이버의 인기도는 클릭수, 찜수, 판매실적, 리뷰수, 최신성 등을 고려해 반영합니다. 먼저 클릭수부터 알아보겠습니다.

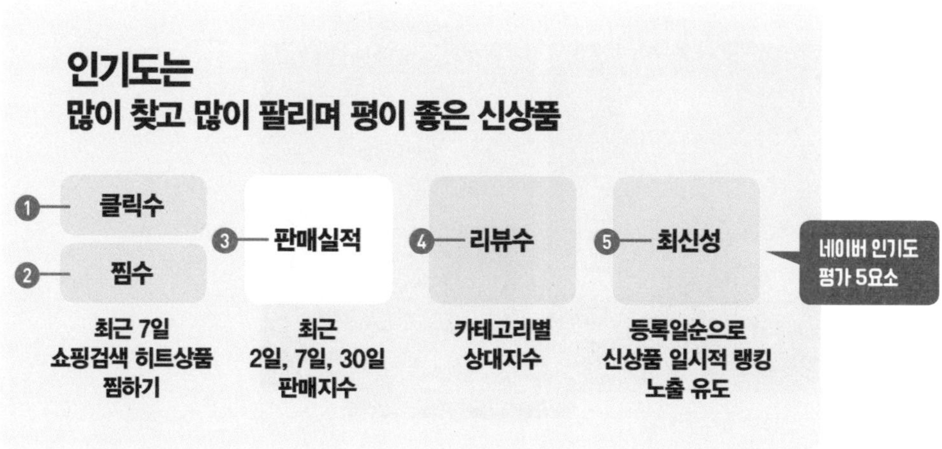

네이버는 최근 7일 동안 쇼핑 검색에서 발생한 상품 클릭수를 지수화해서 사용한다고 이야기합니다. 판매량이 높은 상품을 팔고 있는 판매자라면 클릭수나 찜수는 큰 의미가 없습니다. 클릭수나 찜수가 적어도 판매량이 많으면 상위노출이 되기 때문입니다.

하지만 이제 막 시작하는 판매자라면 사정이 달라집니다. 판매량을 늘리려면 상위노출도 중요하지만 클릭도 발생해야 합니다. 클릭이 발생해야 구매가 일어나는 것이지, 클릭조차도 발생하지 않는다면 절대 판매량이 증가할 수 없기 때문입니다. 그래서 네이버는 최근 7일간의 클릭수를 인기도에 반영하는 것입니다.

그럼 어떻게 하면 클릭수를 증가시킬 수 있을까요? 제일 좋은 방법은 목록이미지를 잘 만드는 것입니다. 다음 사례를 봅시나.

클릭을 발생시키는 사례 ① 무드등

다음 2개의 상품은 같은 상품이 아닙니다. 하지만 똑같은 상품이더라도 오른쪽 상품보다는 왼쪽 상품에 눈길이 더 갈 것입니다. 만약 오른쪽 상품의 목

록이미지를 왼쪽처럼 만들었다면 지금보다 조금이라도 더 많은 클릭이 발생했을 것입니다.

클릭을 발생시키는 사례 ② 투명 케이스

다음 두 종류의 상품 중 어떤 상품을 클릭해서 보고 싶은가요? 당연히 왼쪽 상품일 것입니다. 두 제품의 차이가 무엇인지 자세히 살펴보진 않았지만 목록 이미지만으로도 두 상품은 클릭수뿐만 아니라 판매량에서도 차이가 날 것입니다. 오른쪽 상품의 판매자가 목록이미지에 좀 더 신경을 썼다면 판매량이 크게 늘지 않았을까요?

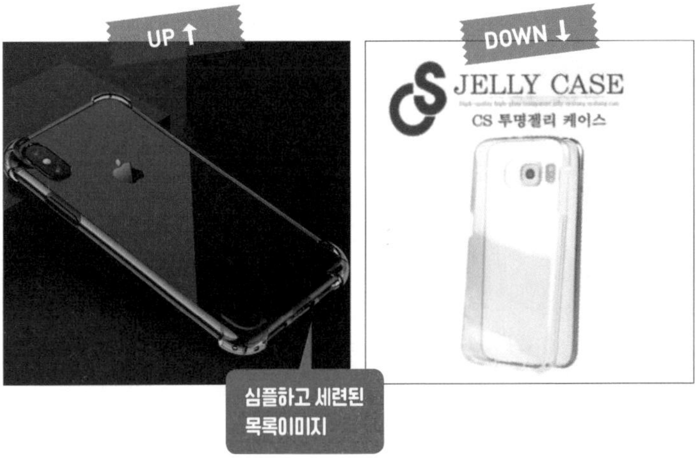

잘 만든 목록이미지는 클릭수를 높이고, 클릭해서 보게 되는 상세페이지가 소비자 설득에 성공하면 구매가 증가합니다. 스마트스토어를 잘하는 방법과 쇼핑몰을 잘하는 방법은 사실 비슷합니다. **클릭수를 높이는 제일 좋은 방법은 열심히 고민해서 목록이미지를 만드는 것**이라는 사실을 꼭 명심하세요.

인기도를 결정하는 5총사 ② 찜수

네이버는 개별 상품의 찜수를 카테고리별로 상대적으로 환산한 뒤 지수화해해서 사용한다고 이야기합니다. 이러한 네이버의 가이드라인이 있다 보니 "찜수를 늘리는 게 좋은가요?" 하고 묻는 분들이 있습니다. 이에 대해서 필자는 찜수를 늘리는 게 좋기는 하지만 크게 신경 쓰지 말라고 이야기합니다. 어떤 상품에 대해서 클릭이 발생하면 그 이후에 소비자는 상세페이지를 보게 됩니다. 상세페이지를 보고 바로 구매하면 좋겠지만 꼼꼼한 소비자는 다른 상품과 이것저것 비교한 다음 구매를 하기도 하고 상황에 따라서는 상품을 본 시점이 아니라 나중에 구매를 하기도 합니다.

당장은 구매하지 않았지만 관심이 있는 경우 나중에 해당 상품을 다시 찾는 불편을 없애기 위해서 쓰는 기능이 '찜'입니다. 찜을 한 상품은 네이버 쇼핑 화면의 오른쪽 위에 있는 '쇼핑My'에서 확인할 수 있습니다. 이렇게 찜해놓는 경우 당장 구매가 이루어지지 않아도 나중에 판매로 이어지는 경우가 많다 보니 네이버는 찜수에 가점을 줍니다.

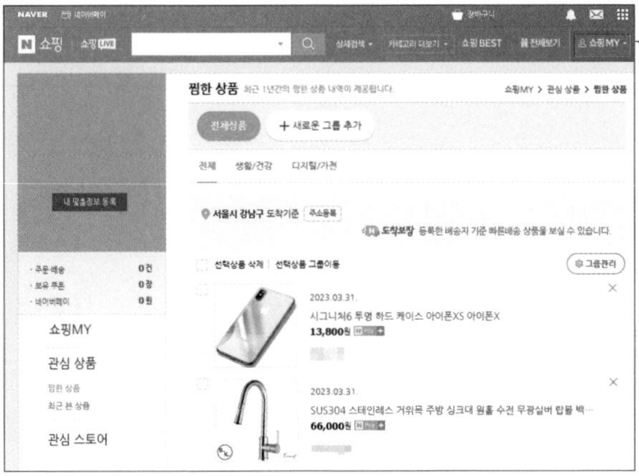

'쇼핑MY'에 찜을 한 상품들이 표시된다.

목록이미지와 상세페이지에 신경 써야 찜수가 오른다

찜수를 늘리는 가장 좋은 방법은 상세페이지를 잘 만드는 것입니다. 목록이미지와 상세페이지를 보고 구매하고 싶은 생각이 들었지만 아직 마음을 정하지 못한 사람들은 찜을 해놓습니다. 구매 여부를 최종 결정하기 전에 찜한 상품의 상세페이지를 보게 되므로 상세페이지를 잘 만들면 판매가 늘어납니다. 당장 판매가 안 되어도 **찜수가 늘어나면 미래의 판매로 이어질 수 있으니 찜수 자체보다는 상세페이지에 신경을 쓰는 것이 좋습니다.**

인기도를 결정하는 5총사 ③ 판매실적

상위노출에서 가장 중요한 세 가지를 꼽는다면 첫째는 상품명, 둘째는 판매실적, 셋째는 최신성입니다. 그만큼 판매실적이 중요합니다. 판매실적은 앞에서 충분히 이야기했으므로 네이버가 어떤 기준으로 판매실적을 상위노출에 반영하는지 알아보겠습니다.

네이버는 최근 2일간, 최근 7일간, 최근 30일간의 판매수량과 판매금액을 기반으로 판매지수를 산정합니다. 이 지수를 기준으로 쇼핑 검색결과 쇼핑 BEST에 노출됩니다. 이때 판매지수를 높이기 위해 각종 어뷰징(부정거래 등)을 하게 되면 패널티를 받게 된다는 것에 주의하세요.

인기도를 결정하는 5총사 ④ 리뷰수

리뷰(구매평)는 사용자가 상품을 구매할 때 최종적으로 검토하는 정보 중 하나입니다. 지식쇼핑같이 상품수가 많고 경쟁이 치열한 상황에서 리뷰는 다른 판매자와 차별화되는 요소입니다. 상품 검색결과에서는 '리뷰 많은순'과 같은 정렬 옵션까지 제공하고 있으므로 판매를 늘리기 위해서는 리뷰수를 늘리는 것이 중요합니다.

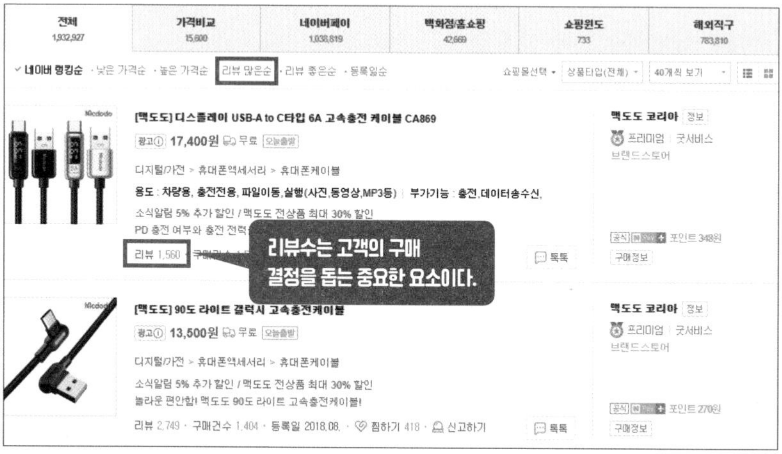

리뷰수를 늘리는 것은 어렵지 않습니다. 네이버 스마트스토어는 리뷰를 작성하면 포인트를 제공하고 있어서 많은 구매자가 자발적으로 리뷰를 쓰는 경우가 많습니다.

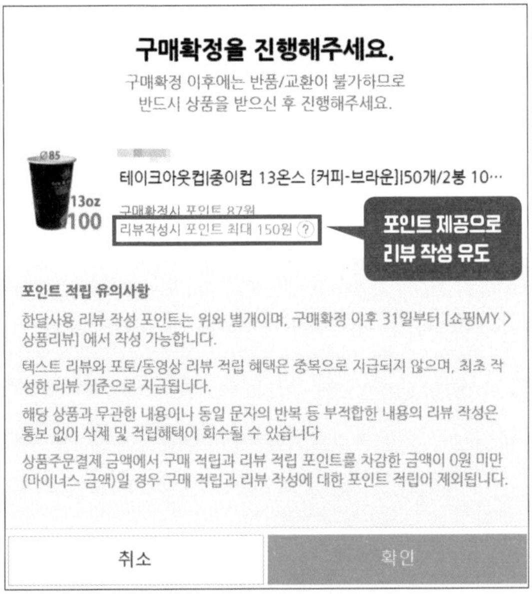

스토어픽 리뷰를 활용해 망설이는 소비자를 사로잡자

리뷰수도 중요하지만 잘 쓴 리뷰도 중요합니다. 좋은 리뷰가 나올 수 있도록 배송시간과 포장 등에 신경 쓰고, 포토 리뷰 이벤트 등을 통해 리뷰 작성을 유도하는 것이 좋습니다. 또한 **구매자들이 남긴 리뷰 중 다른 고객에게 상품을 어필할 수 있는 잘 쓴 것을 골라 리뷰 위쪽에 고정해 구매를 촉진하는 '스토어픽(스토어PICK) 리뷰'**도 꼭 활용하세요. 스토어픽 리뷰는 아직 구매를 결정하지 못한 방문자에게 구매를 촉진시켜서 판매량을 증대시킬 수 있는 좋은 방법입니다.

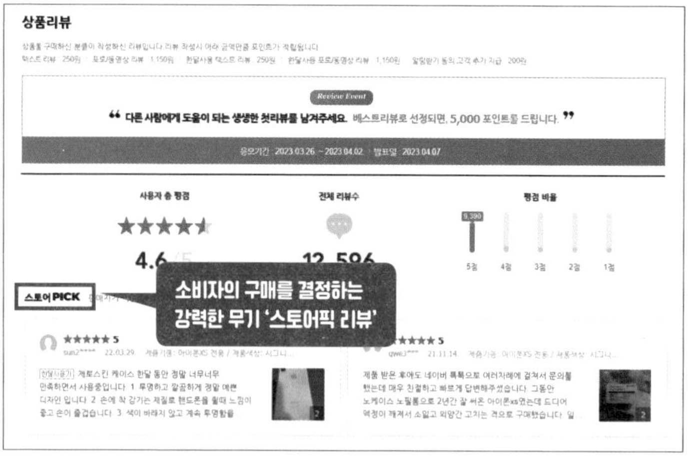

스토어픽 리뷰는 스마트스토어센터의 〈문의/리뷰관리〉→〈리뷰 관리〉를 선택해서 설정할 수 있습니다. 〈리뷰 관리〉 페이지에 들어가면 구매한 회원들이 쓴 리뷰를 전부 볼 수 있습니다. 이 중에서 판매에 도움이 될 만한 리뷰를 골라 체크하고 〈베스트리뷰선정·혜택지급〉을 클릭하면 스토어픽 리뷰로 지정됩니다.

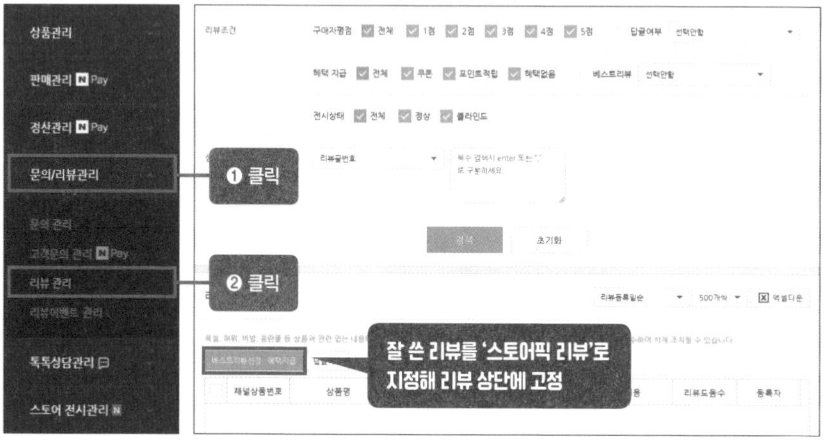

인기도를 결정하는 5총사 ⑤ 최신성

오프라인 매장은 잘 팔리는 상품도 좋은 위치에 전시하지만 신상품 역시 사람들 눈에 잘 띄는 곳에 배치합니다. 마찬가지로 네이버는 최근에 등록한 상품에 상위노출 가점을 줍니다. 상품등록 이후 대략 2~4주 정도 최신성이 부여되는데, 이 기간에 많은 사람들의 관심을 받게 되면 계속 상위에 노출되는 구조입니다.

이제까지 설명한 '인기도'를 정리해볼게요. 적합도를 충족한 상품 중 인기도를 만족한 상품이 상위노출이 됩니다. 인기도에서 가장 중요한 판매실적을 제외하고 나머지 부분을 제대로 이해했는지 확인해보세요. 이미 판매량이 높은 분이라면 1번 문항과 4번 문항에 집중하세요. 하지만 처음 하는 분이라면 최신성을 기반으로 1, 2, 3번 문항에 신경 쓰는 것이 좋습니다.

상위노출 핵심 요소 ② 인기도 체크리스트

1. 클릭수를 높일 수 있는 목록이미지를 만들었나요?	YES ☐	NO ☐
2. 찜수를 높이기 위해서 상세페이지에 신경을 썼나요?	YES ☐	NO ☐
3. 리뷰를 늘리기 위해서 이벤트 등을 진행하고 있나요?	YES ☐	NO ☐
4. 스토어픽 리뷰는 도입했나요?	YES ☐	NO ☐

smartstore

21 네이버가 원하는 상위노출 조건 ③ 신뢰도

상위노출에서 신뢰도란? 네이버의 금지 규칙을 잘 지키는 것

네이버에서 정한 적합도에 맞는 상품 중 인기도와 신뢰도를 기준으로 상위노출 여부가 결정됩니다. 적합도는 상품등록을 잘하면 모든 것이 해결되고 인기도는 판매량이 적은 초보 판매자라면 최신성 부분만 신경 쓰면 됩니다. 그렇다면 신뢰도는 어떻게 충족하면 될까요? 결론부터 말씀드리면, 신뢰도는 네이버가 하지 말라는 것은 하지 않으면 됩니다. 판매자가 지키지 않으면 네이버가 패널티를 부과하는 금지 규칙이 무엇인지 알아보겠습니다.

네이버의 금지 규칙 ① 상품명 SEO◆

상품명을 등록할 때 단어 중복, 혜택/수식 문구, 특수문자, 지나치게 긴 상품명 등은 사용하면 안 된다는 것이 금기 규칙입니다. 네이버가 제시하는 상품명 가이드라인을 벗어난 상품은 패널티를 받습니다.

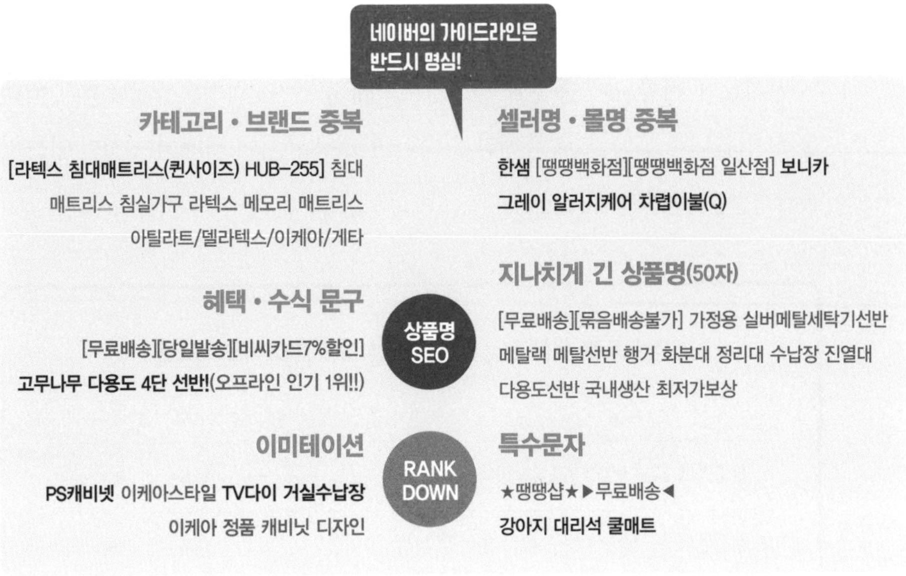

네이버의 가이드라인은 반드시 명심!
카테고리 • 브랜드 중복
[라텍스 침대매트리스(퀸사이즈) HUB-255] 침대 매트리스 침실가구 라텍스 메모리 매트리스 아틸라트/델라텍스/이케아/게타
셀러명 • 몰명 중복
한샘 [땡땡백화점][땡땡백화점 일산점] 보니카 그레이 알러지케어 차렵이불(Q)
지나치게 긴 상품명(50자)
[무료배송][묶음배송불가] 가정용 실버메탈세탁기선반 메탈랙 메탈선반 행거 화분대 정리대 수납장 진열대 다용도선반 국내생산 최저가보상
혜택 • 수식 문구
[무료배송][당일발송][비씨카드7%할인] 고무나무 다용도 4단 선반!(오프라인 인기 1위!!)
상품명 SEO
이미테이션
PS캐비넷 이케아스타일 TV다이 거실수납장 이케아 정품 캐비닛 디자인
상품 만족도
소비자를 속이는 행위는 금물!
RANK DOWN
네이버 쇼핑 페널티는 네이버페이 신용시스템을 통해 자동 연동됩니다.
특수문자
★땡땡샵★▶무료배송◀ 강아지 대리석 쿨매트

네이버의 금지 규칙 ② 어뷰징

각종 어뷰징 행위(구매평, 판매실적, 상품 정보에 대한 어뷰징 등)가 발생하면 해당 상품이나 숍에서 취급하는 모든 상품의 랭킹에 불이익이 주어집니다.

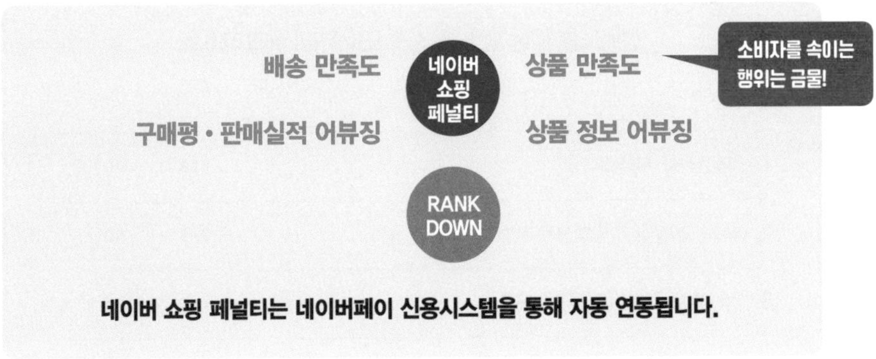

배송 만족도

◆ SEO: 검색엔진최적화(Search Engine Optimization). 자세한 설명은 33쪽 참고

인기도와 적합도가 충족되어도 신뢰도에 문제가 생기면 상위노출이 어려울 수 있습니다. 그러므로 혹시라도 네이버 금지 규칙에 위배되는 것이 있는지 꼼꼼하게 체크해보세요.

상위노출 핵심 요소 ③ 신뢰도(상품명 SEO) 체크리스트

1. 상품명에 같은 단어가 중복되었나요?	YES	NO
2. 상품명에 혜택/수식 문구 등이 들어갔나요?	YES	NO
3. 상품명에 특수문자가 들어갔나요?	YES	NO
4. 상품명이 지나치게 긴가요?	YES	NO

상위노출 핵심 요소 ④ 신뢰도(어뷰징) 체크리스트

1. 판매실적을 부풀렸나요?	YES	NO
2. 리뷰수를 부정한 방법으로 늘렸나요?	YES	NO
3. 상품 정보를 허위로 올렸나요?	YES	NO

22 네이버가 알려주지 않는 상위노출 비결 세 가지

smartstore

상위노출 비결 ① 상세페이지 : 사진 따로, 글 따로 업로드하자

스마트스토어의 상세페이지는 일반 오픈마켓의 상세페이지와 다릅니다. 기존의 일반 오픈마켓은 일반적으로 글과 사진이 하나로 합쳐진 통 이미지로 제작합니다. 이렇게 통 이미지로 제작하면 이미지 용량이 너무 커져서 모바일로 접속할 때 로딩시간이 오래 걸리는 문제가 발생합니다. 그래서 이미지를 몇 개로 잘라서 쓰기는 하지만, 기본적으로 글과 사진이 하나로 합쳐져 있는 JPG 파일로 만들어서 등록합니다.

하지만 **네이버 스마트스토어는 통 이미지가 아니라 사진과 글을 따로 작성하는 블로그 글쓰기 형식으로 상품을 등록해야만 상위노출 가점이 부여**됩니다. 좀 더 정확히 이야기하면 이렇게 하지 않으면 상위노출이 되기 어렵습니다. 물론 판매량이 엄청나게 많은 경우에는 이런 것들이 무시됩니다. 하지만 그렇지 않은 초보 판매자라면 통 이미지로 업로드한 상세페이지로는 절대 상위노출이 되기 어렵습니다.

그 이유는 온라인을 하고 있지 않은 소상공인도 블로그를 운영하듯이 스마트폰으로 사진을 찍고 정성껏 글만 쓰면 누구나 충분히 잘 팔 수 있도록 하겠다는 목표로 네이버 스마트스토어가 시작했기 때문입니다. 그래서 네이버의 강점인 검색 서비스와 블로그 서비스를 기반으로 한 스마트스토어에서 판매할 때는 반드시 블로그에 글을 쓰듯이 '사진+글+사진+글' 형식으로 작성해야 합니다.

만약 아직 스마트스토어에서는 판매하고 있지 않지만 다른 오픈마켓에서 판매하고 있는 분이라면 어떻게 해야 할까요? 이 경우에는 기존 오픈마켓의 통 이미지로 제작된 상세페이지에서 사진 부분은 그대로 쓰고 글은 스마트에디터를 이용해 직접 입력하면 됩니다.

상위노출 비결 ② 가격비교 이용 :
다른 오픈마켓에도 상품을 등록하자

네이버는 가격비교를 좋아합니다. 그래서 쇼핑몰별 최저가가 비교되는 것에 상위노출 가점을 줍니다. 이것은 가격경쟁을 유도하기 위한 네이버의 정책 때문입니다. 그리고 G마켓이나 옥션, 11번가 등 오픈마켓에서 판매하고 있지만, 아직 스마트스토어에 입점하지 않은 판매자들을 스마트스토어로 유입시키려는 목적 때문입니다.

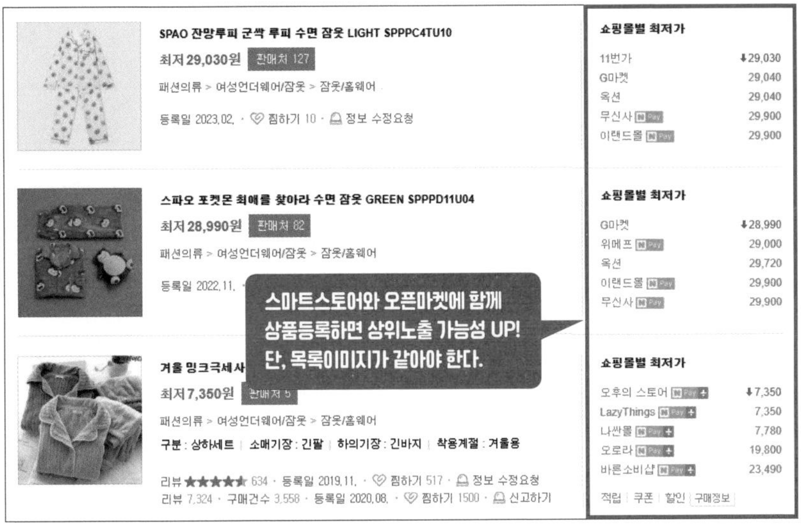

처음 판매를 시작할 때는 이렇게 할 필요가 없지만, 시작하고 나서 생각만큼 상위노출이 되지 않는 것 같으면 G마켓, 옥션, 11번가뿐만 아니라 기타 소셜커머스 등에도 스마트스토어에 판매하고 있는 상품을 등록해보세요. 그러면 위의 화면처럼 가격비교 영역으로 묶이면서 상위노출될 가능성이 높아집니다.

네이버 스마트스토어의 상품과 각종 오픈마켓(G마켓, 옥션, 11번가 등), 소셜커머스에 등록한 상품이 위의 화면과 같이 **가격비교 영역으로 묶이는 기본적인 기준은 목록이미지**입니다. 예를 들어 네이버와 G마켓에 등록한 목록이미지가 같다면 이 2개의 상품은 같은 상품이라고 판단해서 네이버가 자동으로 가격비교로 묶는 것입니다. 그래서 가격비교를 통해 상위노출되기를 원한다면 같은 목록이미지를 사용해서 상품을 등록하면 됩니다.

상위노출 비결 ③ 판매자 등급 :
굿서비스 기준 충족해 '프리미엄' 등급으로 올라가자

가끔 네이버 상위노출 로직이 바뀌어서 상위노출되던 내 상품이 뒤로 밀리는 경우가 있습니다. 그런데 판매자 등급이 높으면 이런 일이 거의 발생하지 않습니다. 판매자 등급은 3개월을 기준으로 바뀌고, 3개월 동안 판매건수 500건과 매출 4,000만 원을 넘으면 '빅파워' 등급이 됩니다.

다음은 3개월 누적 데이터를 기준으로 한 네이버의 판매자 등급입니다.

등급표기		필수조건		
등급명	아이콘 노출	판매건수	판매금액	굿서비스
플래티넘		100,000건 이상	100억원 이상	조건 충족
프리미엄		2,000건 이상	6억원 이상	조건 충족
빅파워		500건 이상	4천만 이상	-
파워		300건 이상	800만원 이상	-
새싹	-	100건 이상	200만원 이상	
씨앗	-	100건 미만	200만원 미만	

'빅파워' 등급 이상이면 상위노출 로직 변동에도 끄떡없다!

판매량이 많더라도 '프리미엄' 등급 이상으로 올라가려면 굿서비스 조건을 충족해야 합니다. 필자로부터 교육받은 한 분은 월 2억 원 정도의 매출을 기록하고 있지만 굿서비스 기준을 충족시키지 못해 아직 '빅파워' 등급에 머물고 있습니다. 굿서비스는 리뷰 평점 4.5점 이상, 2일 이내 배송 비율 80% 이상, 고객문의 1일 이내 답변 비율 90% 이상이 되어야 합니다. 그런데 이분은 리뷰 평점

미달로 인해 '프리미엄' 등급으로 올라가지 못했으므로 이런 점을 보완하면 올라갈 수 있을 것입니다.

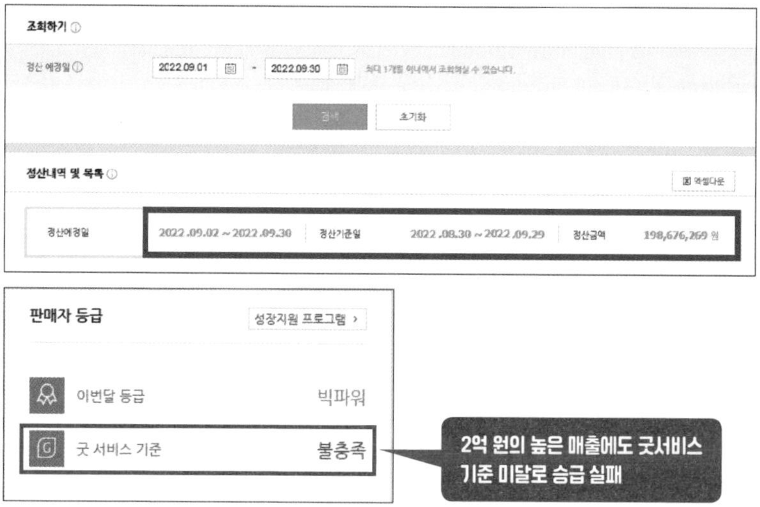

굿서비스는 다음 네 가지 요소를 전부 충족시켜야 합니다. 전월 1개월(1일~말일)을 기준으로 하고 있으며, 익월 2일 0시에 업데이트됩니다.

■ 굿서비스를 충족시키는 네 가지 요소

요소	평가내용
구매 만족	리뷰 평점 4.5 이상
빠른 배송	결제완료 후 영업일 2일 이내 배송 완료가 전체 배송건수의 80% 이상
CS 응답	고객문의 1일 이내 응답 90% 이상
판매건수	최소 20건 이상

판매자 등급이 높아질수록 상위노출을 비롯해서 여러 가지 장점이 있습니다. 처음부터 모든 것을 신경 쓰고 판매할 수는 없습니다. 하지만 판매가 늘어나고 매출이 높아지는 시점에서는 기본부터 차근차근 한다는 마음으로 하나하나 챙겨간다면 등급을 높이는 일은 어렵지 않을 것입니다.

적합도, 인기도, 신뢰도 외에 네이버가 이야기하지 않는 상위노출 요소들을 정리해보았습니다. 혹시 부족한 부분이 있으면 다시 체크해보세요. 처음 시작하는 판매자라면 1번 문항은 필수입니다. 그리고 2번 문항과 3번 문항은 진행하면서 하나씩 충족할 수 있도록 노력해보세요.

네이버가 알려주지 않는 상위노출 비결 세 가지 체크리스트

1. 상세페이지는 '사진+글' 형식으로 만들었나요?	YES ☐	NO ☐
2. 가격을 비교할 수 있게 다른 오픈마켓에도 상품을 등록했나요?	YES ☐	NO ☐
3. 판매자 등급(굿서비스 충족 여부)에도 신경을 쓰고 있나요?	YES ☐	NO ☐

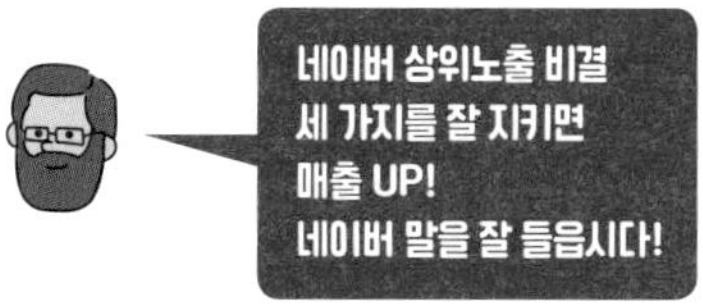
네이버 상위노출 비결
세 가지를 잘 지키면
매출 UP!
네이버 말을 잘 들읍시다!

tip 네이버가 지정한 판매자 등급 총정리

스마트스토어 판매자 등급은 최근 3개월 누적 데이터(배송비 제외)를 기준으로 합니다. 굿서비스는 전월을 기준으로 하며 매월 2일 0시에 적용됩니다.

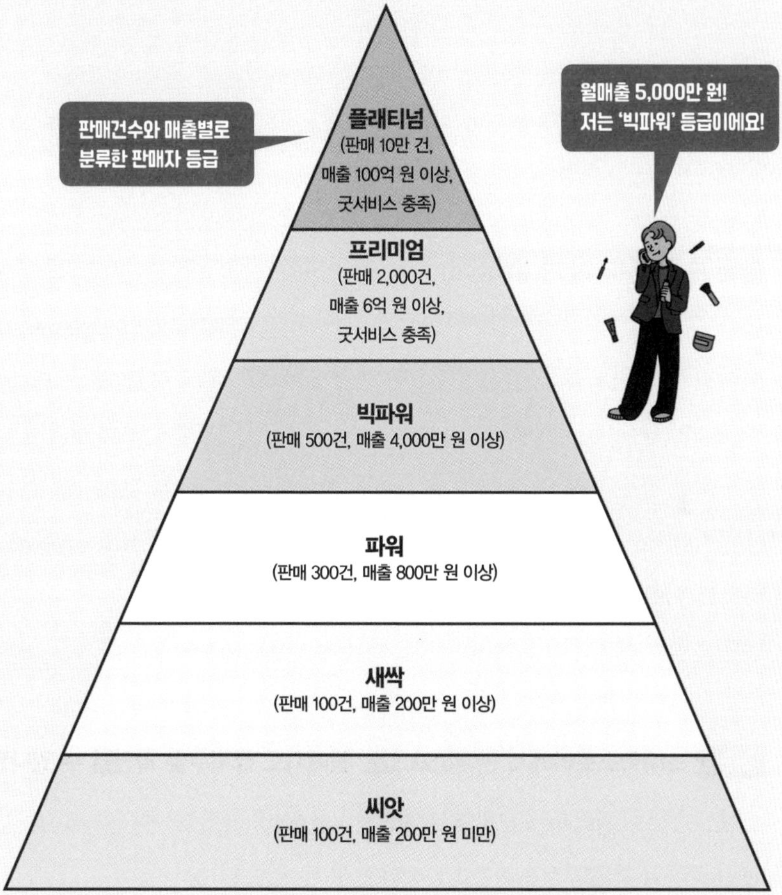

23

smartstore

불법 어뷰징 – 슬롯(트래픽)

슬롯을 피해야 하는 이유

검색결과 상위노출을 하려면 '적합도', '인기도', '신뢰도'라는 세 가지 요소를 충족해야 합니다. 슬롯(slot)은 이 중에서 인기도(클릭수, 찜수, 판매실적, 리뷰수, 최신성)에 대한 점수를 높이기 위해 클릭수를 높이는 불법 프로그램을 말합니다. 이런 종류의 불법 프로그램을 사용하는 것을 '트래픽을 쏜다' 또는 '슬롯을 쓴다'라고도 이야기합니다.

다음은 슬롯에 대한 궁금증을 문답 형식으로 설명해보았습니다.

질문 1 스마트스토어에서 판매하고 있는 판매자도 클릭수를 확인할 수 있나요?

스마트스토어센터의 〈쇼핑파트너센터〉→〈상품리포트〉를 선택하면 클릭과 관련된 통계자료(노출수, 클릭수, 클릭률)를 볼 수 있습니다.

앞의 사례는 실제 트래픽을 쓰고 있는 업체의 상품리포트를 캡처한 것입니다. 2월 15일 하루 동안 1.1만 번 정도 노출되었고 5,600번 정도의 클릭이 발생했다고 나와 있습니다. 참고로 내가 직접 판매하고 있는 상품을 클릭했다고 클릭수가 올라가지 않아요. 네이버 입장에서 보면 불법 어뷰징을 막기 위해 IP, 체류시간, 쇼핑패턴 등을 모두 살펴보므로 단순히 클릭했다고 상위리스팅에 필요한 클릭수가 올라가지는 않습니다.

질문 2 슬롯이 효과가 있나요?

결론부터 이야기하면 적합도와 신뢰도가 충족이 된 상태에서 상품군에 따라 다를 수 있겠지만 일반적인 상품의 경우 슬롯을 사용하면 최소한 2페이지 상단까지는 현실적으로 상위노출이 됩니다.

하지만 리스팅 순위가 조금 높아졌다고 해도 대부분의 구매자들은 1페이지를 넘겨서 구매하는 경우가 거의 없어서 생각보다는 효과가 좋지 않을 수 있다는 것이 문제입니다. 그리고 1페이지 상단까지 올라갔어도 판매에 영향을 주는 요소들을 갖추지 못했다면 실제 판매로 이어지지 않는 경우가 많습니다.

질문 3 그래도 슬롯이 조금은 효과가 있을 것 같아요!

슬롯을 이용할 때는 다음 두 가지 사항을 고려해야 합니다.

첫 번째, 슬롯을 쓰는 데 소요되는 비용 대비 더 큰 수익을 얻을 수 있을 것인가가 관건입니다. 슬롯에 50만 원을 썼는데 실제 매출이 50만 원만 높아졌다면 순위가 오른 것 자체가 큰 의미가 없습니다.

두 번째, 판매는 잘 안 되는데 네이버에 어뷰징한 것이 적발되어 계정이 정지되는 경우가 많다는 것입니다. 처음 적발되면 한 달 정도 해당 계정이 판매 정지됩니다. 판매 정지가 풀린 이후에는 인기도(클릭수) 점수가 기의 없는 상태에서 시작하므로 그전보다 상위에 올라가기가 더 어려운 상황이 되기도 합니다. 아울러 세 차례 이상 적발되면 해당 계정은 더 이상 운영할 수 없어서 스마트스토어를 중단해야 합니다.

질문 4 만약 슬롯을 하려면 어떤 업체가 있을까요?

슬롯은 개발하는 개발사와 이렇게 개발된 프로그램을 판매하는 총판이 있고 총판에서 받아서 판매하는 대행사로 나뉘어져 있습니다. 현재는 개발사와 총판, 그리고 대행사가 너무 많이 있는 상황이지요. 그런데 슬롯이 어뷰징을 하는 음지 시장이다 보니 각종 불법이 판을 치고 있습니다. 슬롯을 개발하는 개발사뿐만 아니라 대행사나 총판도 약속을 지키지 않는 경우가 많습니다. 간단히 말하자면 돈은 냈는데 약속이 안 지키고 먹튀하는 경우도 있고, 약속은 지켰지만 실제로 효과가 전혀 없는 경우도 많습니다.

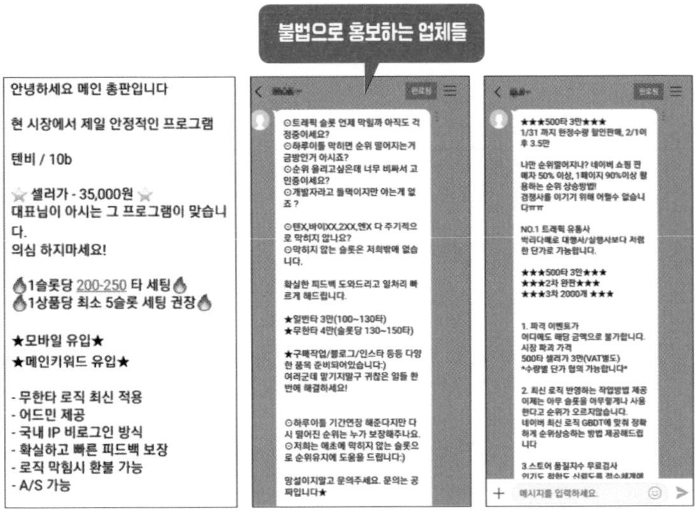

질문 5 엑스브레인이라면 슬롯을 할 건가요?

저는 불법을 좋아하지 않습니다. 그런데 최근 1년 사이(2022년 정도부터) 이런 어뷰징이 너무 많이 늘어났습니다. 사실 이 문제는 네이버가 의지만 있으면 언제든지 해결할 수 있다고 생각합니다. 하지만 네이버는 내부적인 사정 때문에 창(슬롯 업체)과 방패(네이버) 정도로 대응하고 있어요. 사실 이런 문제를 좀 더 자세히 이야기하면 좋겠지만 불법적인 부분이 있어서 책이나 커뮤니티에서는 더 이상 자세히 설명할 수 없는 부분은 이해해 주세요.

많은 분들이 개인적으로 질문하는 경우가 많아서 이번 개정판에는 간략하게나마 슬롯에 대한 내용을 실었습니다. 그래도 저에게 슬롯에 대해 물어보는 분들이 있다면 가장 중요한 내용을 다음 3줄로 정리했으므로 꼭 기억하세요.

> 1 | 슬롯을 쓴다고 무조건 상위에 노출되는 것은 아니다.
> 2 | 상위노출이 된다고 무조건 잘 팔리는 것도 아니다.
> 3 | 진짜 잘 되는 상위업체는 슬롯을 잘 쓰지 않는다.

4일 차

feat. NO 광고비

스마트스토어 네이버 메인에 노출하기

24 돈 안 내고 광고하기 ① 원뿔딜

25 돈 안 내고 광고하기 ② 네이버 쇼핑 기획전

26 돈 안 내고 광고하기 ③ 도착보장/오늘출발
(+반품안심케어)

24 돈 안 내고 광고하기 ① 원쁠딜

smartstore

오프라인 유통가에서 판매를 증진하기 위해 많이 사용하는 프로모션 중 하나는 원플러스원(1+1, 원쁠)입니다. 마트나 편의점에서 진행하는 1+1 행사가 대표적이지요. 혹시 슈퍼나 마트, 편의점 등에서 굳이 필요한 물건이 아닌데도 1+1 행사를 해서 물건을 구매했던 경험이 다들 한 번쯤은 있을 거예요. 이와 같이 1개를 사면 1개를 덤으로 주는 원쁠행사는 판매를 증진시킬 수 있는 좋은 방법입니다.

마트에서 진행하는 1+1

편의점에서 진행하는 1+1

원쁠딜에 주목! '1+1' 형태로 진행되는 네이버 핫딜

네이버는 소비자들의 구매를 유도하기 위해 오프라인에서 많이 사용하는 1+1 프로모션을 스마트스토어에도 적용했습니다. '원쁠딜'이라는 이름으로 오프라인의 1+1 행사를 할 수 있게 만들어준 것이죠.

스마트스토어에서 진행하는 원쁠딜

원쁠딜은 뜨거운 감자! 단 하루 만에 수천 명의 방문자와 수천만 원의 매출 발생

스마트스토어는 원쁠딜을 하는 상품을 소비자가 보기 쉬운 곳에 노출해줍니다. 그 결과, 원쁠딜 하나만 잘 해도 하루에 수천 명의 방문자와 수천만 원의 매출이 발생하기도 합니다.

■ 원쁠딜의 노출 위치 ■

원쁠딜의 모바일 노출 방법

- 모바일 〉 쇼핑판 〉 원쁠딜카드
- 모바일 〉 WEST 〉 원쁠딜판
- 네이버 쇼핑 〉 원쁠딜버티컬

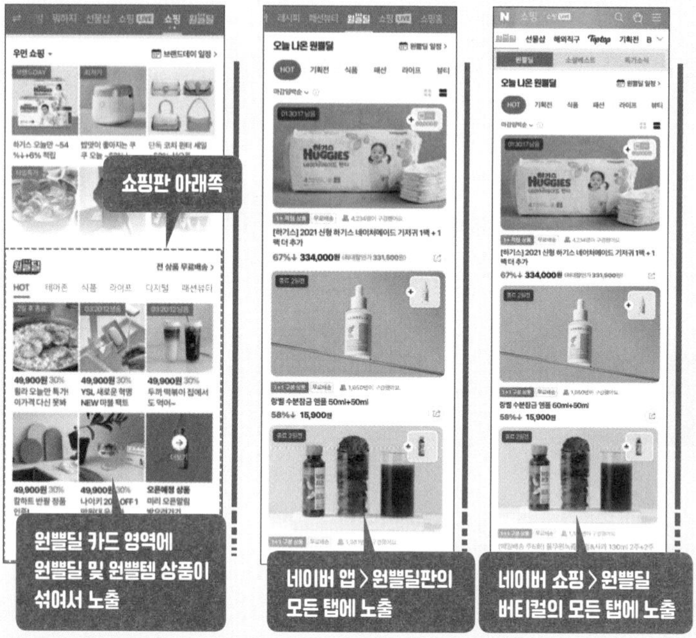

원쁠딜의 PC 노출 방법

- 네이버 쇼핑 〉 원쁠딜버티컬

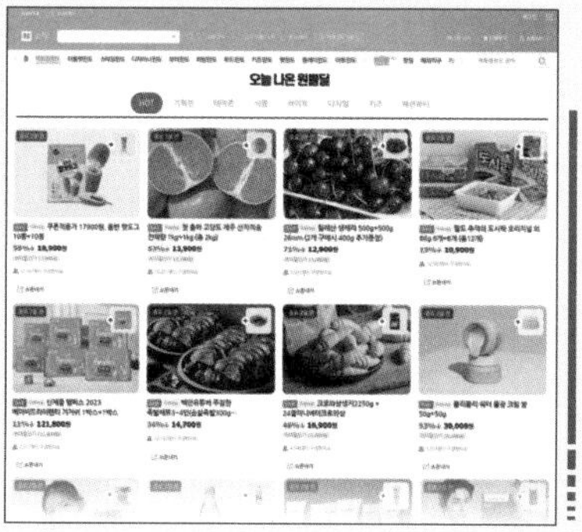

그런데 원뿔딜은 원하는 모든 사람이 할 수 있는 것은 아니고 스마트스토어 MD가 선정한 상품에 대해서만 진행됩니다. 하루 30개의 상품만 선정되고 선정되면 3일간 진행할 수 있어요. 하루에 30개의 상품만 선정되어 쉽지 않을 것 같지만, 귀찮다는 이유만으로 원뿔딜을 신청하지 않는 판매자들이 많습니다. 또한 신청해도 실제 소비자들에게 혜택이 돌아가는 세일즈 프로모션이 아니라 소비자에게 혜택이 거의 없는 방식으로 신청하는 경우가 많다 보니 진정성 있게 원뿔딜을 기획한다면 어렵지 않게 선정될 수 있습니다. 스마트스토어센터에서 〈원뿔딜〉→〈원뿔딜 제안관리〉의 〈제안 이력〉에서 〈제안 등록하기〉를 클릭해서 신청하면 됩니다.

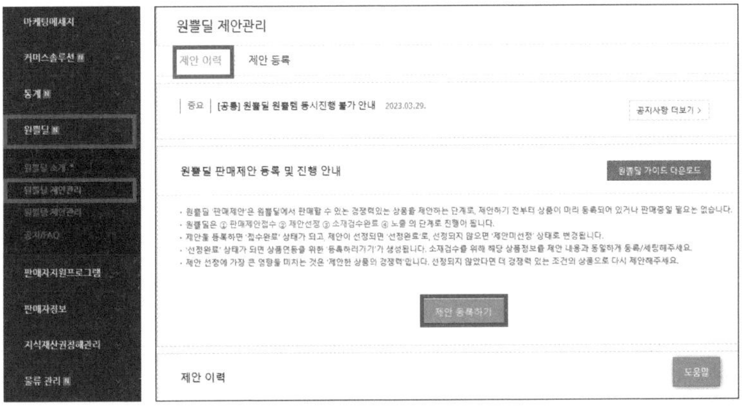

원뿔딜의 구성 변형하기(1+1 → 1+@, 1+적립)

원뿔딜은 기본적으로 1+1을 진행하고 있습니다. 예를 들어 감귤 1박스를 팔고 있는데 원뿔딜을 한다면 감귤 1+1박스의 형태로 원뿔딜을 진행하는 것이지요. 치약 10개를 기본으로 판매하고 있다면 치약 10개+10개도 1+1로 인정하고 있어요.

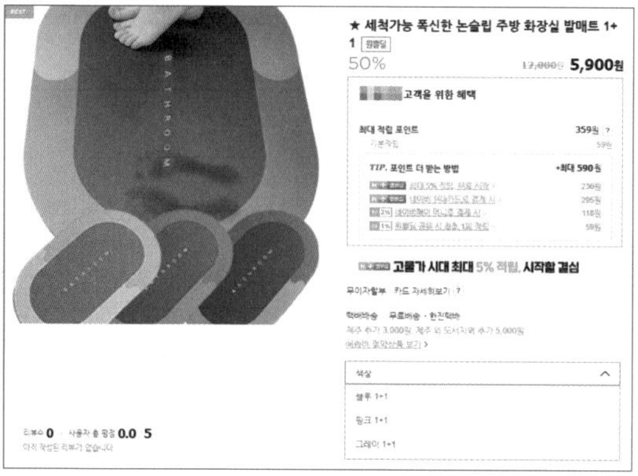

그런데 1+1을 하기에는 마진폭이 너무 적어서 진행하기 어려운 경우가 있습니다. 또한 같은 상품이 2개씩 필요 없는 경우도 있고요. 이런 경우 '1+@'나 '1+적립' 형태로 어떤 상품 하나를 구매하면 추가로 무엇인가를 주는 원뿔딜을 진행할 수도 있습니다.

똑같은 상품 2개가 필요 없어서 '1+@'나 '1+적립' 형태로 진행하는 사례

누구나 진행할 수 있는 원쁠템

원쁠딜은 1일 30개의 상품만 진행할 수 있어서 신청하는 모든 판매자가 진행할 수 없습니다. 이런 문제점을 해결하기 위해 네이버는 누구나 신청하고 진행할 수 있는 원쁠템을 만들었습니다.

원쁠템의 노출 위치는 원쁠딜의 아래이지만, 원쁠템만으로도 매출을 증가시킬 수 있어요. 그러므로 원쁠딜에 탈락했다면 원쁠템을 진행하는 것도 나쁘지 않습니다.

■ 원쁠템의 노출 위치 ■

원쁠템의 모바일 노출 방법

- 모바일〉쇼핑판〉원쁠딜카드 원쁠딜 하단
- 모바일〉WEST〉원쁠딜판 원쁠딜 하단
- 네이버 쇼핑〉원쁠딜버티컬 원쁠딜 하단

원쁠템의 PC 노출 방법

- 네이버 쇼핑〉원쁠딜버티컬 원쁠딜 하단

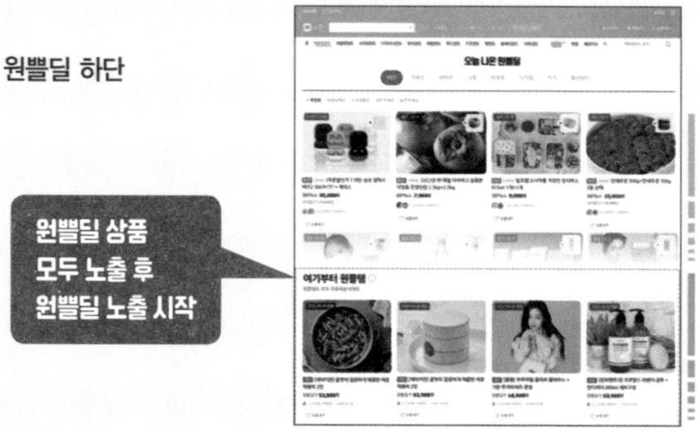

원뿔템은 스마트스토어센터에서 〈원뿔딜〉→〈원뿔템 제안관리〉의 〈제안 이력〉에서 신청하면 됩니다.

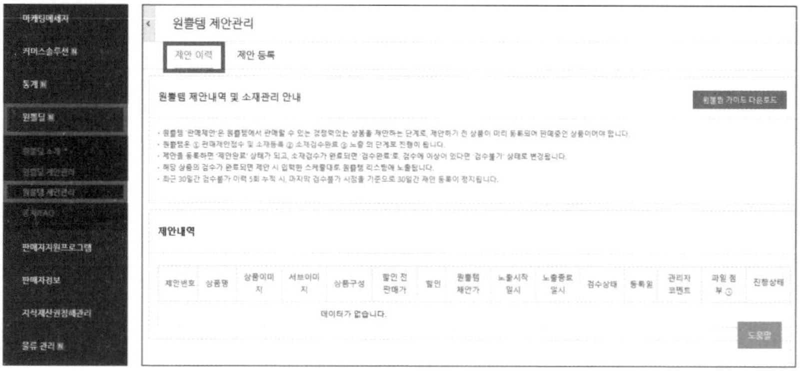

꼭 알아두자!
원뿔딜과 원뿔템 진행이 불가능한 경우

원뿔딜과 원뿔템을 진행할 수 없는 경우도 있습니다. 각종 꼼수를 이용해 실제로 할인은 전혀 적용하지 않는 경우가 대표적입니다.

사례 1 1+1이 아닌 경우

오렌지 1박스를 팔 경우 오렌지 1박스+1박스는 당연히 원뿔딜과 원뿔템이 가능합니다. 하지만 오렌지 1박스+오렌지 10개처럼 같은 상품을 1+1이 아닌 형태로 진행하는 것은 불가능합니다. 단 이 경우에는 1+@ 형태로 진행할 수 있습니다.

오렌지 1박스+귤 1박스처럼 동일 상품이 아닌 별도의 상품을 묶는 것으로도 진행할 수 있습니다. 하지만 이것도 무조건 되는 것이 아니라 1과 @가 유사한 상품군일 경우에만 가능합니다. 예를 들어 오렌지 1박스+치약 10개의 경우 오렌지와 치약은 유사 상품군이 아니므로 진행할 수 없습니다. 이 경우에는 오렌지 1박스+네이버 포인트 5,000원 적립과 같은 '1+적립' 형태로 운영하면 됩니다.

사례 2 1+@에서 @의 가격이 너무 저렴한 경우

앞에서 1+@의 사례인 오렌지 1박스+귤 1박스도 원쁠템으로 가능하다고 설명했습니다. 하지만 @에 해당하는 제품의 가격이 1 가격의 20% 이하인 경우에는 진행할 수 없습니다. 예를 들어 해당 판매자가 판매하는 오렌지 1박스의 가격이 5만 원이고 귤 1박스의 가격이 5천 원이라면 '1+@' 형태로 진행할 수 없습니다.

■ 원쁠딜과 원쁠템의 제안(등록) 방법 ■

원쁠딜 신청 방법 : 스마트스토어센터〉원쁠딜〉원쁠딜 제안관리〉제안 등록

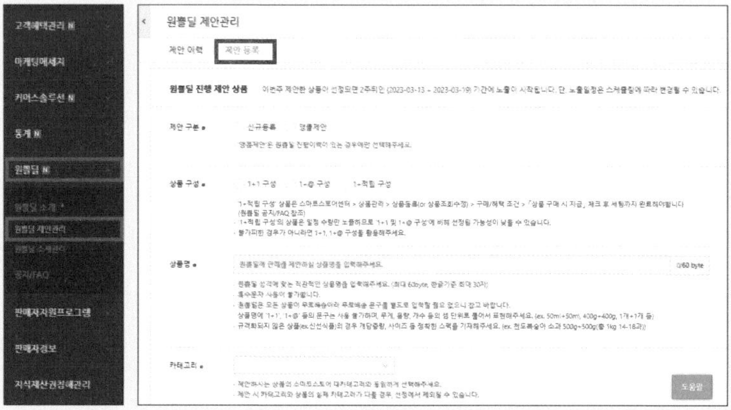

원뿔템 신청 방법 : 스마트스토어센터 〉원뿔딜 〉원뿔템 제안 관리 〉제안 등록

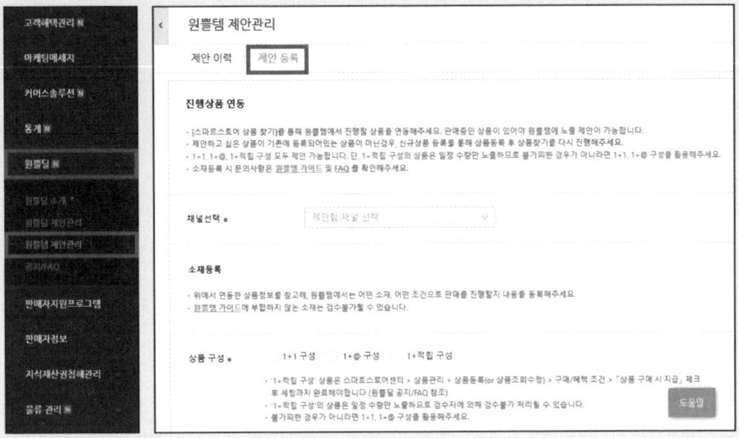

원뿔딜과 원뿔템 제안 모두 신청서 양식에 나온 대로 작성만 하면 되므로 신청서를 작성하고 신청하는 것은 어렵지 않습니다. 하지만 실질적인 판매를 증대하기 위해서 내가 판매하는 상품을 어떤 방식을 이용해 구성할지 진지하게 고민해야 합니다. 즉 '1+1'로 구성할지, '1+@'로 구성할지, 또는 '1+적립'으로 구성할지를 정확하게 기획하여 소비자가 구매하고 싶도록 프로모션을 만드는 것이 중요합니다.

25

smartstore

돈 안 내고 광고하기 ② 네이버 쇼핑 기획전

네이버 쇼핑 기획전 : 내가 직접 기획하고 제안한다!

오프라인의 백화점과 마트 등에서는 각종 기획전을 진행합니다. 백화점을 보면 매년 2~3월에 결혼예정자들을 대상으로 신혼부부에게 적합한 브랜드의 가구를 모아서 기획전을 합니다. 그리고 겨울철이 되면 방한용품 기획전을, 봄철에는 아웃도어용품 기획전을 하기도 하지요. 이와 같이 어떤 주제를 중심으로 판매를 증대시키기 위해 마켓플레이스는 각종 기획전을 계속 진행합니다.

오프라인과 스마트스토어 기획전의 가장 큰 차이는 기획전을 진행하는 주체입니다. 오프라인(백화점, 마트 등)은 백화점이나 마트가 주도적으로 기획전을 진행합니다. 예를 들어 백화점이나 마트가 신입생 입학 기념 가방 기획전을 하려면 각종 가방 브랜드에 연락해서 해당 기획전에 참여할 것인지 조사부터 합니다. 만약 참여한다고 하면 백화점(마트)에서 제시하는 조건을 기준으로 진행할 수 있는지 등을 확인해서 진행하게 됩니다. 반면 스마트스토어의 기획전은 판매자가 제안하는 방식으로 진행됩니다. 예를 들어 내가 커튼을 판매하고 있는데 겨울철을 맞이해 겨울철에 적합한 커튼을 판매하고 싶다면 겨울철 커튼 기획전을 만들면 됩니다. 또는 겨울철 블라인드 할인전을 해도 좋고 암막커튼 기획전을 해도 괜찮고요.

스마트스토어센터에 기획전을 제안한 후 수락되면 별도의 광고비를 지불하지 않아도 네이버의 아주 많은 영역에 노출됩니다. 그러므로 스마트스토어에서 판매를 시작했다면 꼭 해야 하는 마케팅 방법이 바로 기획전입니다.

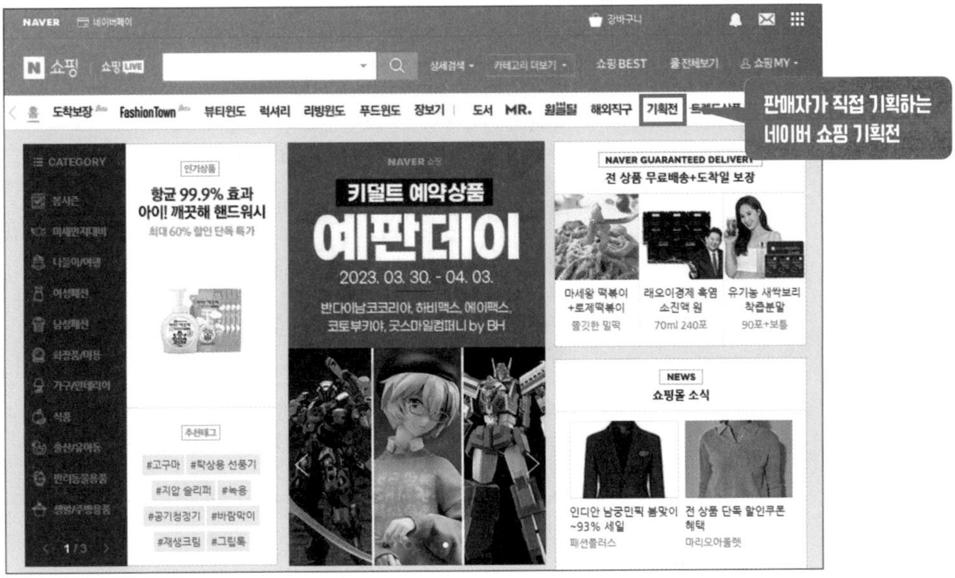

반드시 알아두자! 기획전 진행 조건

네이버에서 진행하는 기획전의 가장 큰 원칙은 '할인이나 쿠폰 또는 포인트 등을 통해 고객에게 구매 혜택을 제공하는 기획전'이어야 한다는 것입니다. 구체적으로 기획전의 진행 기준을 살펴보겠습니다.

■ **기획전의 진행 기준**

진행 기준	상세 조건
기획전 공통 조건	• 명확한 기획전 주제가 있어야 한다. • 가품, 배송, 재고에 대한 이슈가 없어야 한다. • 기획전 내 등록 상품수 : 최소 50개~최대 500개 미만 (섹션당 최소 11개 이상~100개 이하 권장) • 모바일에서 상품의 상세한 미리보기가 가능해야 한다. • 모바일과 PC에서 할인과 할인혜택이 동일해야 한다. • 기획전은 기간 내 1개의 기획전만 운영할 수 있다(복수 진행 불가).
즉시할인	기획전을 위한 할인혜택이 적용되어야 한다.
알림받기 쿠폰 (구 스토어찜, 소식 알림)	• 해당 고객을 대상으로 추가 할인쿠폰을 제공할 수 있어야 한다. • 쿠폰 할인금액은 5% 이상(금액으로는 1,000원 이상)부터 진행할 수 있다. • 쿠폰기획전 진행 시 전 상품 대상 상품 할인쿠폰으로 발급해야 진행할 수 있다.
포인트 적립	• 네이버페이 포인트가 적용된 상품만 진행할 수 있다. • 판매상품 가격의 최소 3%~최대 20%까지 적용할 수 있다 (금액 기준 10만 원까지).

기획전 등록기간은 영업일 기준으로 등록일 3일 이후부터이며, 진행기간은 최소 3일에서 최대 14일 이내까지 설정할 수 있다. 승인이 거부된 후 재심사를 요청할 때도 동일한 기준이 적용됩니다.

상품수가 적은 판매자가 기획전을 진행하려면?

기획전을 진행할 때 **기획전 전체 등록 상품수가 최소 50개 이상 되어야 한다**는 것을 꼭 기억해야 합니다. 섹션별로 나눈다면 최소 11개부터 최대 100개가 됩니다. 만약 50종류의 커튼을 팔고 있다면 섹션 1개에 상품 50개를 등록하면 됩니다. 하지만 커튼 15개, 쿠션 15개, 수건 20개를 팔고 있다면 섹션을 3개 만들고 50개의 상품을 등록하면 될 것입니다.

나도 판매왕!

스마트스토어센터에서 기획전 신청하기

판매상품수가 50개 이상인 판매자들에게 적합한 스마트스토어센터에서 기획전을 신청해보겠습니다.

❶ 스마트스토어센터의 〈노출관리〉→〈기획전 관리〉에서 〈신규 기획전 등록〉을 클릭합니다.

2. '기획전 타입' 항목에 '즉시할인', '알림받기 쿠폰', '포인트 적립' 등 기획전 타입이 있습니다. 진행하려는 기획전에 체크한 후 '카테고리' 항목에서 실제 기획전을 진행할 상품군을 선택합니다.

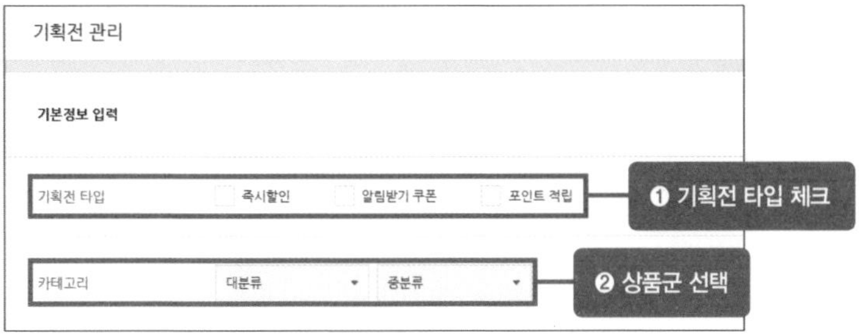

3. 내가 판매하려는 상품에 적합한 제목을 입력합니다. 제목은 기획전 주제가 잘 드러나도록 짧고 명확하게 설정하는 것이 좋습니다. ㉠ 데일리 가방 겨울 신상 기획전! 예쁨 가득 데일리백 대방출!

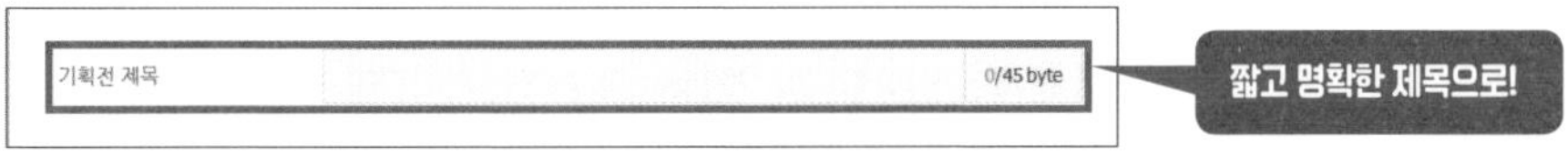

4. 기획전에서 판매하는 상품에 해당하는 태그를 입력하고 기간을 설정합니다. 예를 들어 가방 기획전이라면 '#크로스백', '#숄더백', '#에코백', '#버킷백'과 같은 태그를 사용하면 됩니다. 기획전 기간은 최소 3일부터 최대 14일 이내로 설정합니다.

❺ '상단배너(모바일)', '상단배너(PC)', '핫딜 특가소식 배너(모바일)'를 가이드에 맞게 등록합니다.

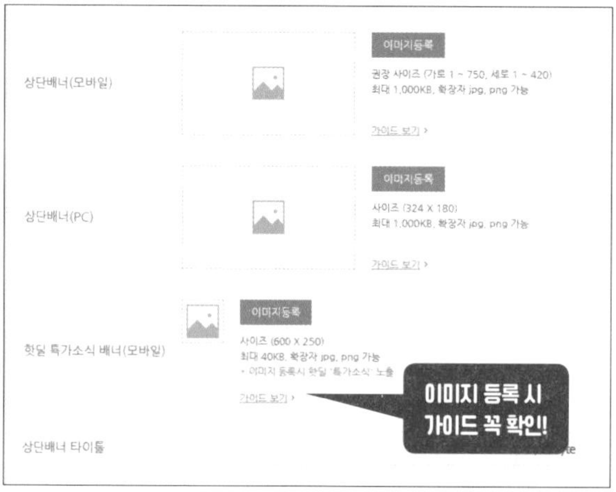

❻ '섹션 설정 및 노출 상품 등록'을 설정합니다. 섹션(section)이란, 기획전에 등록할 상품을 그룹으로 구분해 등록할 수 있는 기능입니다. 예를 들어 '스누피'라는 주제로 기획전을 하고 키친 상품과 디자인 상품으로 구성하려면 다음 화면과 같이 '섹션명'에 '스누피 키친리빙', '스누피 디자인리빙' 등의 이름을 정해서 입력하면 됩니다. 섹션별 태그도 등록해보세요.

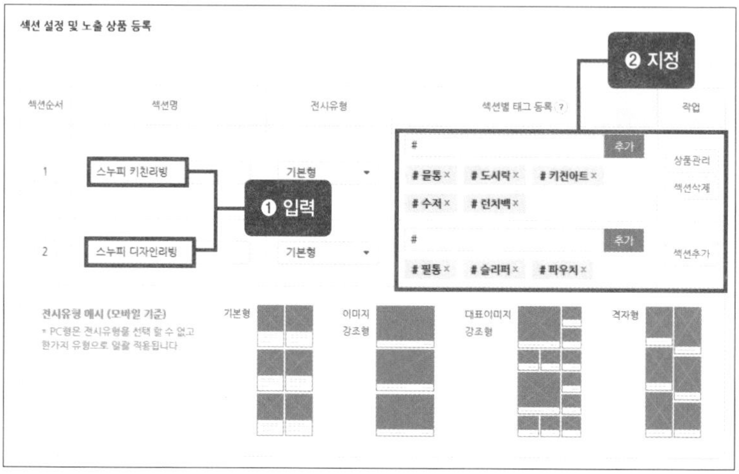

7 상품 신청이 끝났으면 〈저장하기〉를 클릭해 저장하고 〈기획전 노출 심사요청〉을 클릭합니다. 심사가 완료되면 기획전과 네이버 쇼핑 소재로 노출됩니다.

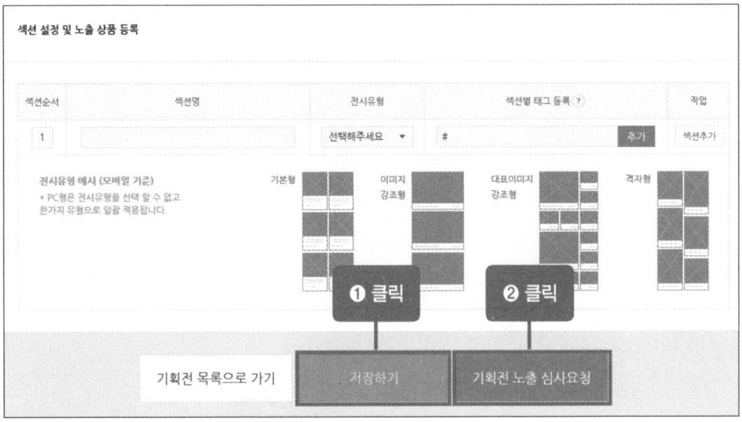

8 다음 화면은 등록한 섹션대로 기획전 화면에 노출된 모습입니다.

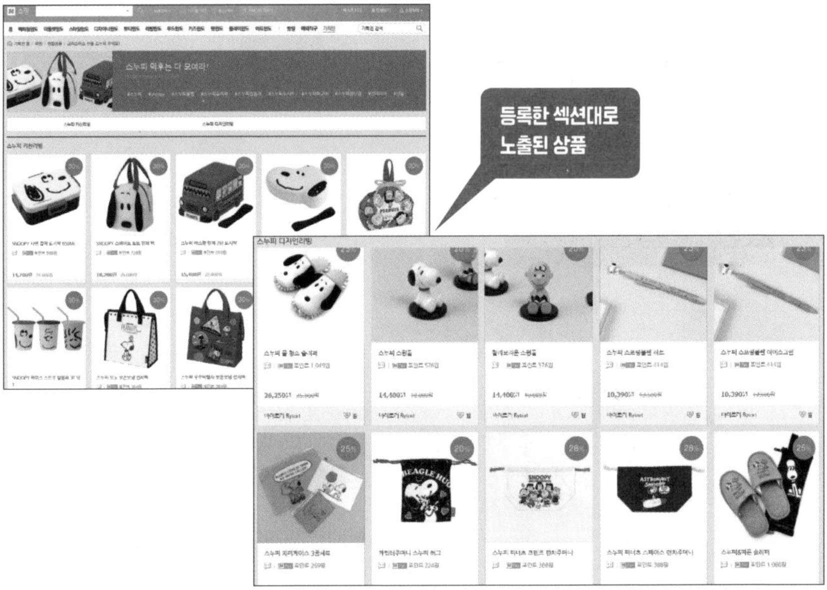

tip 기획전 신청할 때 목록이미지 대신 별도의 배너를 등록해야 하는 이유

기획전을 신청할 때 상품등록 시 사용한 목록이미지가 아니라 별도의 배너를 등록하는 이유는 무엇일까요? 스마트스토어는 기본적으로 검색을 기반으로 많은 판매자들의 상품이 노출됩니다. 예를 들어 '아이폰케이스'라고 검색하면 해당 상품을 판매하고 있는 수많은 판매자들의 상품이 목록이미지를 통해 표시됩니다. 하지만 기획전의 경우에는 검색을 기본으로 하나의 상품을 노출해주는 방식이 아니라 PC와 모바일과 관련된 별도의 지면을 통해 기획전을 알려주면서 홍보합니다. 그래서 목록이미지가 아니라 기획전에 맞는 배너가 필요한 것입니다.

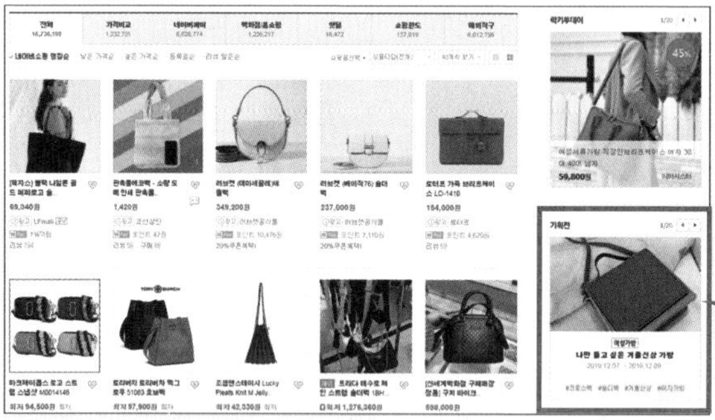

PC에서 노출되는 기획전 배너

모바일에서 노출되는 기획전 배너

26
smartstore

돈 안 내고 광고하기 ③ 도착보장/오늘출발(+반품안심케어)

도착보장서비스 : 약속한 날까지 네이버가 도착보장!

쿠팡을 이용하는 사람들에게 월회비를 내면서까지 쿠팡에서 구매하는 이유를 물어보면 '로켓배송' 때문이라는 응답자가 많습니다. 쿠팡의 유료회원이 되면 판매가에 상관없이 '로켓배송' 마크(로켓배송)가 있는 상품은 무조건 무료배송으로 구매할 수 있어요. 게다가 밤 12시 이전까지만 구매하면 익일배송을 보장하는 쿠팡의 로켓배송시스템을 이용할 수 있어서 구매를 한다는 것입니다. 그래서 쿠팡은 기존의 인터넷쇼핑몰 강자였던 오픈마켓(G마켓, 옥션, 11번가 등)과 소셜커머스(티몬, 위메프)뿐만 아니라 네이버에서 운영하는 스마트스토어를 추월하여 온라인 마켓플레이스 1등으로 등극했습니다.

이런 쿠팡의 로켓배송서비스에 대항하기 위해 네이버가 만든 서비스가 바로 약속한 날까지 배송을 보장하겠다는 '도착보장서비스'입니다. 빠른배송과 무료배송, 그리고 월회비가 없는 서비스를 바탕으로 쿠팡의 로켓배송을 이기려는 네이버의 전략인 것입니다.

네이버의 도착보장서비스는 쿠팡의 로켓배송서비스와 다르다

쿠팡이 성공한 이유가 '로켓배송서비스(무료배송+빠른배송)'였으므로 네이버는 로켓배송과 비슷한 '도착보장서비스(무료배송+빠른배송)'를 시작했습니다. 겉모습은 비슷해 보이지만, 실제 이들 두 서비스를 자세히 살펴보면 차이점이 많습니다. 소비자와 판매자의 관점에 따라 다를 수 있지만, 소비자의 관점에서 본 차이점은 다음과 같습니다.

차이점 ❶ 네이버의 도착보장서비스는 무료! 쿠팡의 로켓배송은 유료!

쿠팡의 로켓배송은 유료회원이 아니어도 사용할 수 있지만, 이 경우 최소 19,800원 이상 구매해야만 로켓배송을 받을 수 있어요. 하지만 네이버는 구매 금액과 상관없이 약속한 날까지 무료로 배송을 받을 수 있습니다.

차이점 ❷ 네이버는 택배사가 배송! 쿠팡은 직접 배송!

쿠팡의 로켓배송은 자체 풀필먼트◆를 통해서 쿠팡에서 직접 배송하지만, 네이버의 도착보장서비스는 네이버와 계약한 풀필먼트를 통해 택배사에서 배송합니다. 이에 따라 쿠팡은 자체 배송이어서 공휴일과 주말에도 배송할 수 있지만, 네이버는 택배사가 배송하지 않는 시점에는 익일에 배송받을 수 없다는 한계가 발생합니다.

차이점 ❸ (단순변심 시) 네이버는 유료 반품! 쿠팡은 무료 반품!

판매자 과실에 의한 반품은 쿠팡과 네이버 모두 당연히 소비자가 반품비를 내지 않습니다. 하지만 단순변심에 따른 반품이라면 상황이 다릅니다. 스마트스토어는 반품비를 소비자가 부담해야 합니다. 하지만 쿠팡은 유료회원이라면 소비자가 단순 변심해도 반품비를 받지 않는다는 장점이 있습니다.

◆ **풀필먼트(fulfillment)** : 물류 전문업체가 물건을 판매하려는 업체들의 위탁을 받아 상품의 보관과 배송, 포장, 재고 관리뿐만 아니라 교환 및 환불에 이르기까지 판매에 필요한 일련의 모든 과정을 담당하는 물류 대행 서비스

	네이버 도착보장서비스	쿠팡 로켓배송서비스
배송 방법	택배사에서 배송 (공휴일 및 일요일은 배송 안 됨)	쿠팡 직접 배송 (공휴일 및 주말에도 배송)
이용료	무료	월 4,990원
반품	유료	유료회원에 한해 무료

네이버가 적극 밀어주는 '도착보장서비스'

앞에서 쿠팡이 온라인 마켓플레이스 1등이 된 이유는 '로켓배송'이고 이것을 견제하고 이기기 위해 네이버가 '도착보징서비스'를 만들었다고 이야기했습니다. 이런 이유로 네이버는 도착보장서비스를 하는 상품을 네이버 쇼핑의 전면에 배치했습니다. 네이버를 이용하는 이용자가 쉽게 도착보장관을 방문할 수 있도록 메뉴바에 '도착보장(도착보장)'을 고정하여 소비자의 노출을 극대화하고 있는 것이죠.

많이 노출된다고 무조건 잘 팔리는 것은 아닙니다. 하지만 노출만 많이 되어도 최소한 일정 수준 이상의 판매량을 가져갈 수 있어요. 그러므로 현재 네이버가 밀어주는 도착보장서비스는 어느 정도 판매 규모가 있는 상황이라면 꼭 진행해보는 것이 좋습니다.

■ 도착보장 노출 위치 ■

모바일 노출 방법

• 네이버 쇼핑〉상단 메뉴바의 〈도착보장〉

PC 노출 방법

• 네이버 쇼핑〉상단 메뉴바의 〈도착보장〉

• 네이버 쇼핑

검색 결과 노출

• 도착보장 마크(도착보장)

도착보장 프로그램을 진행하려면 NFA 서비스 신청이 먼저!

자체 풀필먼트를 가지고 있는 쿠팡의 로켓배송을 통해 상품을 판매하려면 판매자는 쿠팡과 계약을 하고 쿠팡의 물류창고로 상품을 입고하면 됩니다. 하지만 자체 풀필먼트가 없는 스마트스토어의 도착보장서비스를 이용하려면 네이버와 계약하는 것이 아니라 네이버와 계약되어 있는 풀필먼트와 계약하고 (NFA◆ 서비스 신청) 해당 물류창고에 제품을 입고해야 합니다. 이 과정이 복잡해 보이지만 이 모든 것을 네이버는 시스템으로 구축해놓았습니다.

① 1단계: NFA 서비스 신청하기

1. 스마트스토어센터에서 〈물류관리〉→〈NFA 서비스 신청〉을 클릭합니다.
2. 이 중에서 나에게 맞는 풀필먼트를 선택하여 〈서비스 신청하기〉를 클릭합니다.

◆ **NFA** : 네이버 풀필먼트 얼라이언스(Naver Fulfillment Alliance)

❸ 상품군에 따라 냉장/냉동이 필요한지, 가구인지 등을 선택하고 이에 따른 도착보장 프로그램이 가능한 물류사를 선택합니다.

❹ 해당 상품군에 대한 정보(상품 카테고리를 비롯하여 바코드 부착 여부, 보관 형태 및 초도 입고 수량 등)를 기재합니다.

❺ 담당자 정보 등을 게재하면 끝납니다.

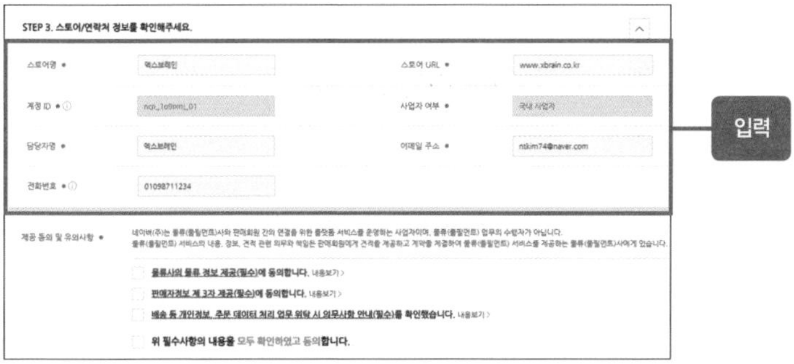

② 2단계: NFA와 계약하기

NFA 서비스 신청이 끝나면 해당 풀필먼트와 계약을 체결해야 합니다. 물론 이 중간에 해당 풀필먼트에서 전화 및 견적서를 받아 확인하고 이 조건이 괜찮다고 생각할 경우에는 계약을 체결하세요.

③ 3단계: 네이버 도착보장 프로그램 신청하기

스마트스토어센터에서 〈물류관리〉→〈NFA 서비스신청〉을 선택하고 네이버도착보장 프로그램을 소개하는 〈프로그램 동의 및 설정 바로가기〉를 클릭합니다.

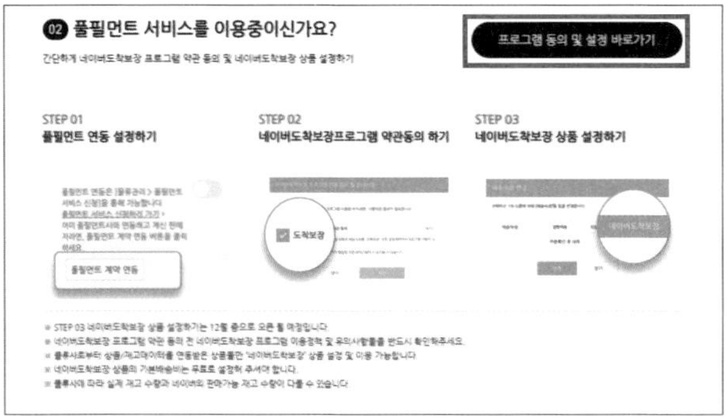

도착보장서비스가 어려운 소규모 사업자라면 오늘출발서비스가 제격!

온라인에서 판매하다 보면 가장 많이 받는 질문 중 하나는 바로 배송 관련 질문입니다.

"지금 주문했는데 내일 받을 수 있나요?"

"지금 주문하면 오늘 발송해 주나요?"

이런 소비자의 요구 때문에 쿠팡은 로켓배송을 위해서 엄청나게 투자했고 네이버도 도착보장서비스를 키우기 시작한 것이죠.

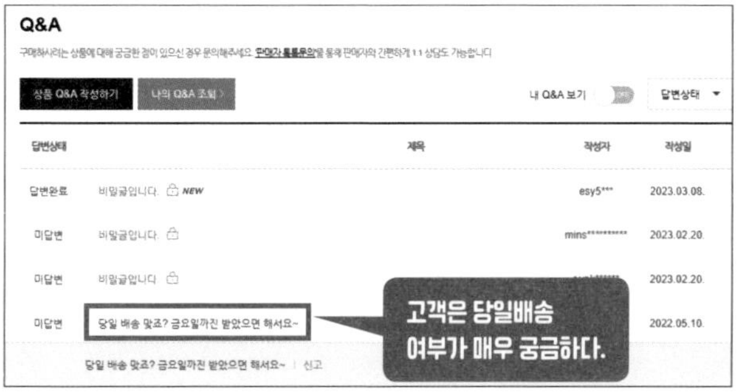

그래서 중대형 규모의 판매자이고 여력이 있다면 도착보장서비스를 진행하는 것을 권장합니다. 하지만 네이버 풀필먼트에서 진행할 수 없는 상품군, 예를 들어 의류의 경우에는 아직까지 네이버에서 도착보장서비스를 진행하지 않습니다. 또는 이제 막 시작했거나 아직은 판매량이 많이 않아서 네이버 풀필먼트에 넣는 것이 부담스럽다면 도착보장서비스는 하지 못해도 오늘출발서비스를 진행하는 것이 좋습니다.

고객의 입장에서 보면 오늘출발은 다음 날 받는 것을 100% 장담할 수는 없지만 주문 당일 바로 보내므로 특별한 사정이 있지 않는 한 다음 날 받을 수 있다고 생각할 수 있습니다. 그래서 오늘출발서비스는 구매를 촉진시킬 수 있는 하나의 방법이 될 수 있습니다.

오늘출발서비스 설정 방법

오늘출발은 스마트스토어 센터의 〈상품관리〉→〈상품조회/수정〉에 들어가서 판매상품의 〈수정〉을 클릭한 뒤 '배송' 항목의 '배송속성'에서 〈오늘출발〉

을 선택하고 〈확인〉을 클릭하면 설정이 완료됩니다. 이때 오늘출발 기준 시간과 휴무일도 해당 업체의 사정에 따라 맞추어서 설정할 수 있습니다.

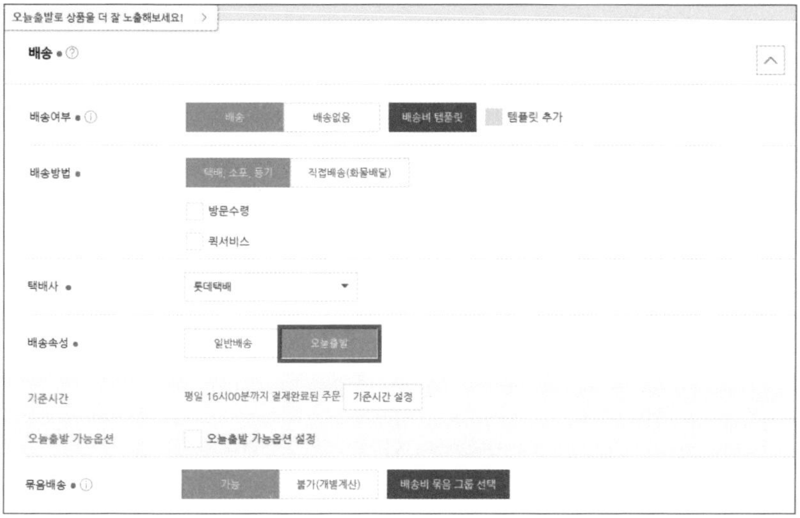

스마트스토어 노출 증대를 위한 체크리스트

1. 원쁠딜은 진행하고 있나요? YES ☐ NO ☐
2. 기획전은 진행하고 있나요? YES ☐ NO ☐
3. 도착보장서비스는 신청했나요? YES ☐ NO ☐
4. 반품안심케어는 진행중인가요? YES ☐ NO ☐

tip 매출을 올려주는 작은 꼼수, 네이버의 반품안심케어

쿠팡에 월 회비를 내면서까지 이용하는 이유는, 쿠팡의 유료회원이 되면 판매가에 상관없이 '로켓배송' 마크(로켓배송)가 있는 상품은 무료배송으로 구매할 수 있습니다. 게다가 밤 12시 이전까지만 구매하면 익일배송을 보장하는 쿠팡의 로켓배송시스템을 이용할 수 있기 때문이지요.

이뿐만 아니라 쿠팡을 이용하는 이유 중의 하나는 무료반품서비스 때문입니다. 제품에 문제가 있는 것이 아니라 소비자의 단순한 변심에도 배송비를 받지 않고 반품을 받아주므로 쿠팡을 이용하는 것입니다. 실제로 물건을 보지 못하고 상세페이지의 설명에만 의존해서 구매했는데, 막상 물건을 받아보니 마음에 안 드는 경우가 있죠. 이런 경우에도 그냥 반품만 신청하면 되니 물건을 훨씬 쉽게 구매할 수 있게 되었습니다. 이러한 시스템 덕분에 쿠팡 매출이 쑥쑥 올라가는 이유가 되었어요.

네이버도 무료교환반품서비스를 시작했는데, 이 서비스의 이름이 '반품안심케어'입니다. 반품안심케어를 설정하면 다음 화면과 같이 '무료교환반품' 마크가 표시됩니다.

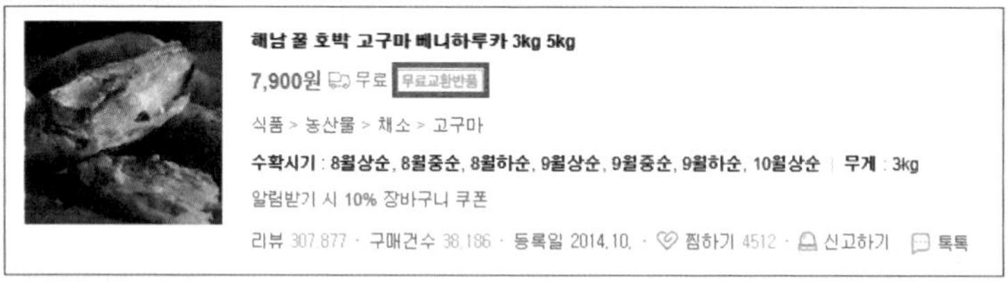

대단해 보이지 않는 마크 하나에 불과하지만, 소비자는 이 '무료교환반품' 마크 하나 때문에 구매하는 경우가 있습니다. 이 상품을 구매할지, 말지 고민중인데 마음에 안 들면 무료로 교환이나 환불을 해 준다고 하니 우선 사보고 구매를 결정하자고 생각하는 것입니다. 이게 소비자의 마음이고 이 때문에 매출이 올라가는 구조입니다. 그러다 보니 처음 시작하는 분들이라면 '반품안심케어' 서비스를 한 번쯤 생각해봐야 합니다.

1 | 반품안심케어 설정 방법

스마트스토어센터에서 〈판매관리〉→〈반품안심케어〉를 선택하고 반품안심케어에 가입하면 됩니다.

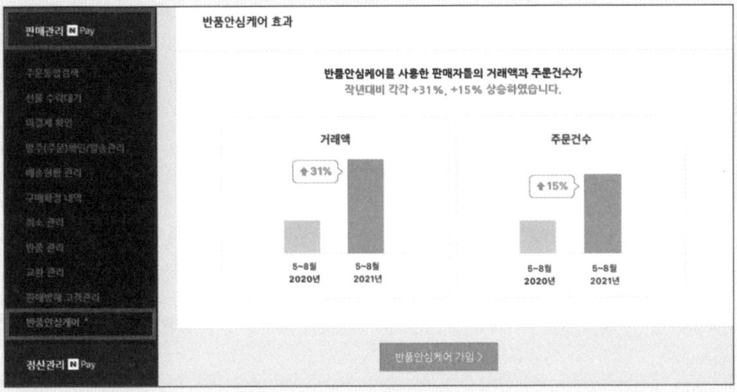

2 | 반품안심케어 비용

반품안심케어 비용은 상품주문번호를 기준으로 건당 부과됩니다. 반품 여부에 상관 없이 판매가 발생한 상품주문번호를 기준으로 판매자가 받아야 하는 정산금액에서 차감하는 형태입니다. 쉽게 말해서 판매건당 네이버에서 반품안심케어 수수료를 차감하고 정산한 후 무료 반품이 발생하면 이에 따른 금액을 보상하는 형식으로 진행됩니다. 대략적인 반품안심케어 비용은 2023년 3월 현재 다음과 같습니다. (2개월마다 해당 판매 카테고리의 실제 반품률을 계산해서 적용하므로 반품안심케어 비용은 변경될 수 있습니다.)

반품안심케어 비용안내

- 반품안심케어 비용은 상품주문번호 기준으로 건당 부과됩니다.
- 아래 표의 카테고리별 비용은 2개월마다 변경될 수 있으며, 변경 시 공지사항을 통해 안내될 예정입니다.

(단위: 원)

화장품/미용	생활/건강	가구/인테리어	디지털/가전	도서	식품	패션의류	패션잡화	출산/육아	스포츠/레저
50	80	130	160	90	40	490	360	130	360

5일 차

스마트스토어 매출분석하기

27 매출이 높다고 안심은 금물!
전환율과 객단가를 높여라

28 스마트스토어 매출분석 방법 ① 요약

29 스마트스토어 매출분석 방법 ② 판매분석

30 스마트스토어 매출분석 방법 ③ 마케팅분석

31 스마트스토어 매출분석 방법 ④ 쇼핑행동분석

32 스마트스토어 매출분석 방법 ⑤ 시장벤치마크

27

smartstore

매출이 높다고 안심은 금물! 전환율과 객단가를 높여라

비용 DOWN↓ 매출 UP↑ 비결은 정확한 매출분석

매출이 잘 나오는 쇼핑몰은 적절한 아이템과 차별화된 기획력을 기반으로 마케팅이 잘 갖춰진 곳입니다. 스마트스토어도 마찬가지입니다. 매출이 잘 나오는 스마트스토어는 적절한 아이템과 차별화된 기획력을 기반으로 마케팅을 잘하는 곳으로, 이런 곳은 매출이 높을 수밖에 없습니다.

하지만 매출만 잘 나오고 순수익이 적은 곳도 많습니다. 광고비를 많이 지출해서 방문자수는 늘렸지만 구매율이 저조해 앞으로 벌고 뒤로 밑지는 경우지요. 이렇게 되지 않으려면 어떻게 해야 할까요? 비용은 최대한 줄이고 매출은 최대한 늘려야 합니다.

스마트스토어의 매출은 다음과 같은 요소로 결정됩니다.

■ 매출 = (방문자수) × (구매전환율) × (객단가) ■

- **방문자수** : 쇼핑몰 방문자수
- **구매전환율** : 방문자 중 쇼핑몰에서 실제 구매하는 사람의 비율
- **객단가** : 1인 평균 구매금액

① 방문자수

내 스마트스토어 방문자들은 다양한 경로를 통해 유입됩니다.

방문자수 = 키워드 광고를 통한 방문자 + 블로그를 통한 방문자 + SNS를 통한 방문자 + ……

어떤 요소를 이용해 방문자수를 늘릴 것인지 고민해야 합니다. 동시에 방문자수를 늘리는 데 불필요한 지출을 하고 있는지도 살펴봐야 합니다. 참고로 방문자 유입 방법에 따라 구매전환율은 달라질 수 있습니다.

② 구매전환율

구매전환율을 높이기 위해서는 내 스마트스토어에 방문한 사람들이 상품을 구매하도록 만드는 요소가 있어야 합니다. 다음과 같은 요소들을 충족해 최대한 많은 방문자들이 상품을 구매하도록 노력해 보세요.

구매전환율=소비자 니즈에 맞는 상품+홈페이지+쇼핑몰의 신뢰도+상세페이지의 완성도

③ 객단가

스마트스토어의 수익률을 높이려면 어떻게 해야 할까요? 간단히 말하면 가격이 비싼 물건을 팔거나, 가격이 싼 물건을 많이 팔면 됩니다.

객단가=판매수량×판매단가

이런 요소들을 하나하나 증진시키고 불필요한 지출을 줄이는 것이 매출과 순수익을 늘리는 가장 좋은 방법입니다. 스마트스토어의 방문자수가 아무리 많아도 구매전환율이 높지 않으면 실제 매출은 크게 늘어나지 않습니다. 반면 구매전환율이 높아도 방문자수가 적은 경우에는 매출이 크게 늘지 않습니다. 또한 상품이 아무리 많이 팔려도 마진(수익률)이 적으면 순수익을 늘리기 어렵습니다.

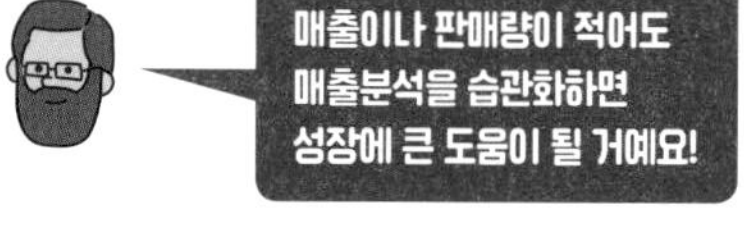
매출이나 판매량이 적어도
매출분석을 습관화하면
성장에 큰 도움이 될 거예요!

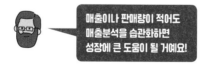

28
smartstore

스마트스토어 매출분석 방법 ① 요약

'통계' 영역 : 매출분석하고 내 스토어의 단점을 파악하자

"스마트스토어를 잘 운영하려면 어떻게 해야 하나요?"

이 질문에 필자는 아이템을 잘 선정한 후 거기에 고객을 잘 설득할 수 있는 상세페이지가 결합되고, 마지막으로 상위노출만 잘 해주면 기본적인 것은 다 끝난다고 말씀드립니다. 그래서 〈준비운동. 스마트스토어 감잡기〉에서는 아이템이 적절한지 판단하는 기준을, 〈2일 차. 스마트스토어 상세페이지 만들기〉에서는 상세페이지를 어떻게 하면 쉽게 만들 수 있는지를, 〈3일 차. 스마트스토어 상위노출하기〉에서는 상위노출을 잘하기 위한 방법을 다루었습니다.

이것만으로 충분하지만, 한 단계 점프업하려면 상품등록 이후에 하나씩 살펴볼 부분이 있습니다. 바로 스마트스토어에서 제공하는 통계 영역입니다. 스마트스토어의 통계 영역은 '요약', '판매분석', '마케팅분석', '쇼핑행동분석', '시장벤치마크' 영역 등으로 나뉘어져 있는데, 우선 '요약' 영역부터 살펴보겠습니다.

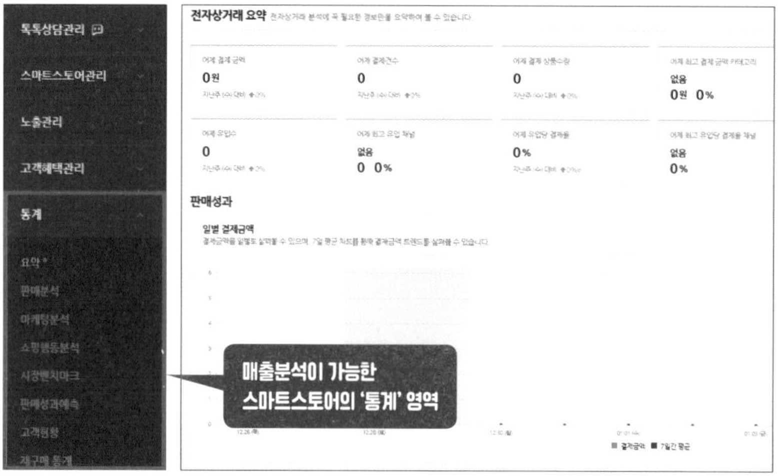

'요약' 영역 :
어제 데이터 확인해서 문제 있으면 발 빠르게 대처하자

스마트스토어가 제공하는 통계를 보는 이유는, 어떤 변화가 발생하면 그것을 정확히 인지하고 그에 맞추어서 어떻게 대처할 것인지 살펴보기 위해서입니다. 스마트스토어센터에서 〈통계〉→〈요약〉에 들어가면 볼 수 있는 전자상거래 영역은 어제 하루 동안의 데이터만 보여줍니다.

여기서 살펴봐야 하는 것은 어제 하루 동안 내 상세페이지에 몇 명이 유입되어서 얼마나 구매했는지입니다. 그 항목은 바로 '전자상거래 요약'에 있는 '어제 결제 금액', '어제 유입수', '어제 유입당 결제율'입니다. 매일 이 데이터를 확인하면 숫자가 머릿속에 남게 됩니다. '이 정도면 평소와 큰 차이가 없네.' 또는 '갑자기 매출이 줄었네.' 등 평상시와 다른 특이점이 있는지를 살펴보는 것이 중요합니다. 특이점이 없으면 넘어가도 되지만 평소와 다른 점이 나타나면 하나하나 살펴봐야 합니다.

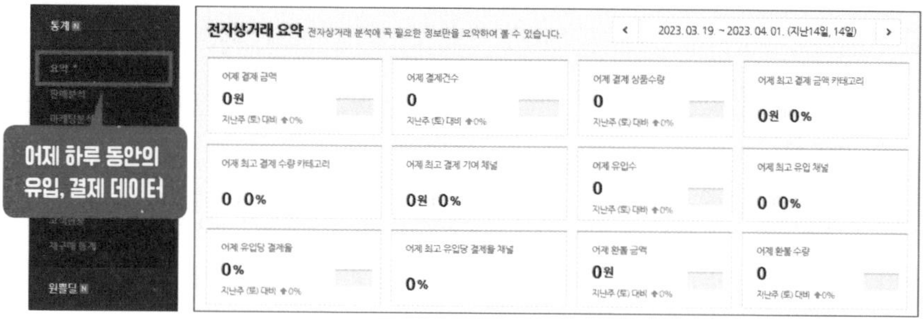

① 어제 결제금액

다음 화면을 보면 어제 결제금액은 27만 원이고, 지난주(수요일) 대비 49.4%가 하락했다고 표시되어 있습니다. 일반적으로 대다수의 쇼핑몰은 주말에 매출이 많이 줄어듭니다. 주말에는 야외로 나가다 보니 온라인에서 주문을 많이 하지 않기도 하고, 주문해도 다음날 바로 받을 수 없다 보니 토요일에는 구매를 하지 않고 일요일 오후로 늦추는 경우가 많기 때문입니다. 그래서 일주일 중 토요일 판매량이 가장 저조하고, 일요일 오후 즈음부터 월요일까지 판매량이 늘어납니다.

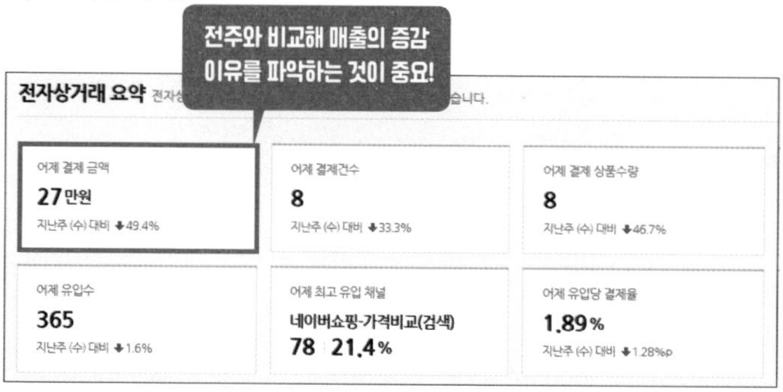

상품군마다 조금 차이가 있지만 이와 같이 요일별로 판매량에 차이가 있다 보니 스마트스토어는 전주 같은 요일 대비 판매량이 얼마만큼 증감이 있었는지를 표시해주고 있습니다. 앞의 사례를 살펴보니 전주 대비 50% 가까이 판매량이 감소했습니다. 여기서 도대체 왜 전주 대비 매출이 50% 줄었는지 이유를 파악하는 것이 중요합니다.

② 어제 유입수

유입수는 내가 판매하는 상품을 본 사람의 수를 의미하며, 30분 이내의 재방문은 가산되지 않습니다. 어제 유입수는 365로, 전주 같은 요일 대비 1.6% 하락했습니다. 즉 전주의 어제 유입수는 371입니다. 전주 대비 1.6% 하락했지만 이 정도의 변화는 자주 있으므로 큰 변화라고 이야기하기는 어렵습니다.

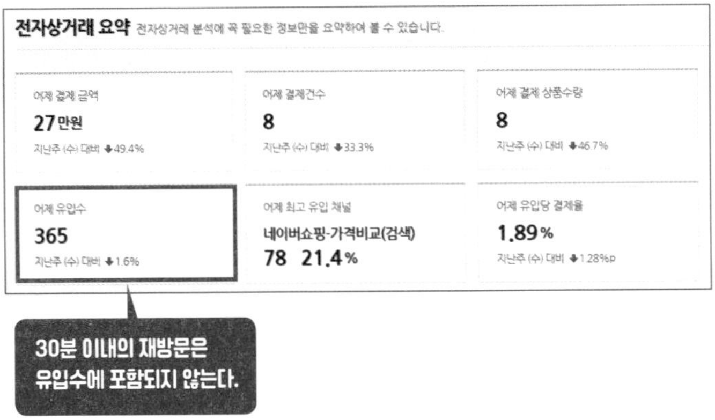

③ 어제 유입당 결제율

유입당 결제율은 유입된 사람들 중 결제한 비율을 말합니다. 어제 유입당 결제율은 1.89%로, 전주 대비 1.28%가 줄어들었습니다. 유입수에서 1~2% 정도는 큰 숫자가 아니지만 유입당 결제에서는 아주 큰 변화입니다.

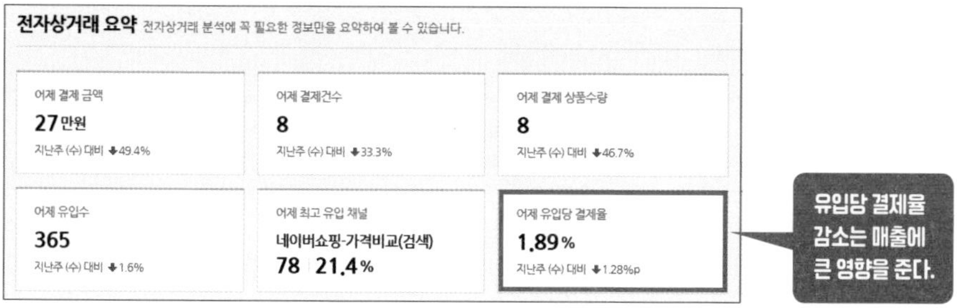

어제 유입당 결제율 1.89%는 100명이 들어오면 1.89명이 구매했다는 것입니다. 그리고 전주 대비 1.28%p가 줄었으므로 전주의 유입당 결제율은 3.17%(1.89%+1.28%)이었으므로 100명당 3.17명이 구매했다는 뜻이 됩니다. 어제 유입자수가 371명에서 365명으로 1.6% 감소한 것은 매출에서 큰 차이를 보이지 않을 수 있습니다. 하지만 100명당 1.89명이 결제한 것과 3.17명이 결제한 것은 매출에서 큰 차이가 날 수밖에 없습니다.

■ 어제 유입당 결제율

구분	유입수(A)	결제율(B)	결제인원(A × B)	매출
전주 수요일	371명	3.17%	12명 결제	53만 원
금주 수요일	365명	1.89%	7명 결제	27만 원

유입당 결제율 하락으로 매출 감소

④ 객단가

여기서 하나 더, 객단가를 유추해볼 수 있습니다. 객단가는 1인 평균 결제 금액입니다.

객단가=일정 기간의 매출액 ÷ 그 기간의 고객수

만약 어제의 매출이 53만 원이고 총 12명이 구매했다면 객단가는 53만 원을 12명으로 나눈 금액인 4만 4,000원이 됩니다. 이와 같이 객단가를 살펴보니 전주 대비 객단가도 역시 6,000원 정도 하락한 것을 알 수 있습니다.

■ 객단가

구분	결제인원(C)	매출(D)	객단가(D ÷ C)
전주 수요일	12명 결제	53만 원	4.4만 원
금주 수요일	7명 결제	27만 원	3.8만 원 ◀ 객단가 하락

이 두 가지 데이터를 가지고 매출이 50% 가까이 줄어든 원인을 파악해보면 결제율과 객단가의 하락으로 결론을 내릴 수 있습니다. 이 두 가지 포인트에 초점을 두고 무엇 때문에 결제율이 하락했는지, 객단가는 왜 하락했는지를 꼼꼼하게 살펴보아야 할 것입니다.

29
smartstore

스마트스토어 매출분석 방법 ② 판매분석

'판매분석' 영역 : 판매 데이터를 한눈에 확인하자

스마트스토어센터에서 〈통계〉→〈판매분석〉에 들어가면 복잡하다는 생각이 들 정도로 많은 그래프가 나타납니다. 간략하게 숫자만 보여주면 간단한데 이렇게 그래프를 만들어서 보여주는 이유는 무엇일까요? 숫자로만 보았을 때는 눈에 정확하게 들어오지 않으므로 쉽게 파악할 수 있게 해주려는 네이버의 의도라고 생각하면 됩니다.

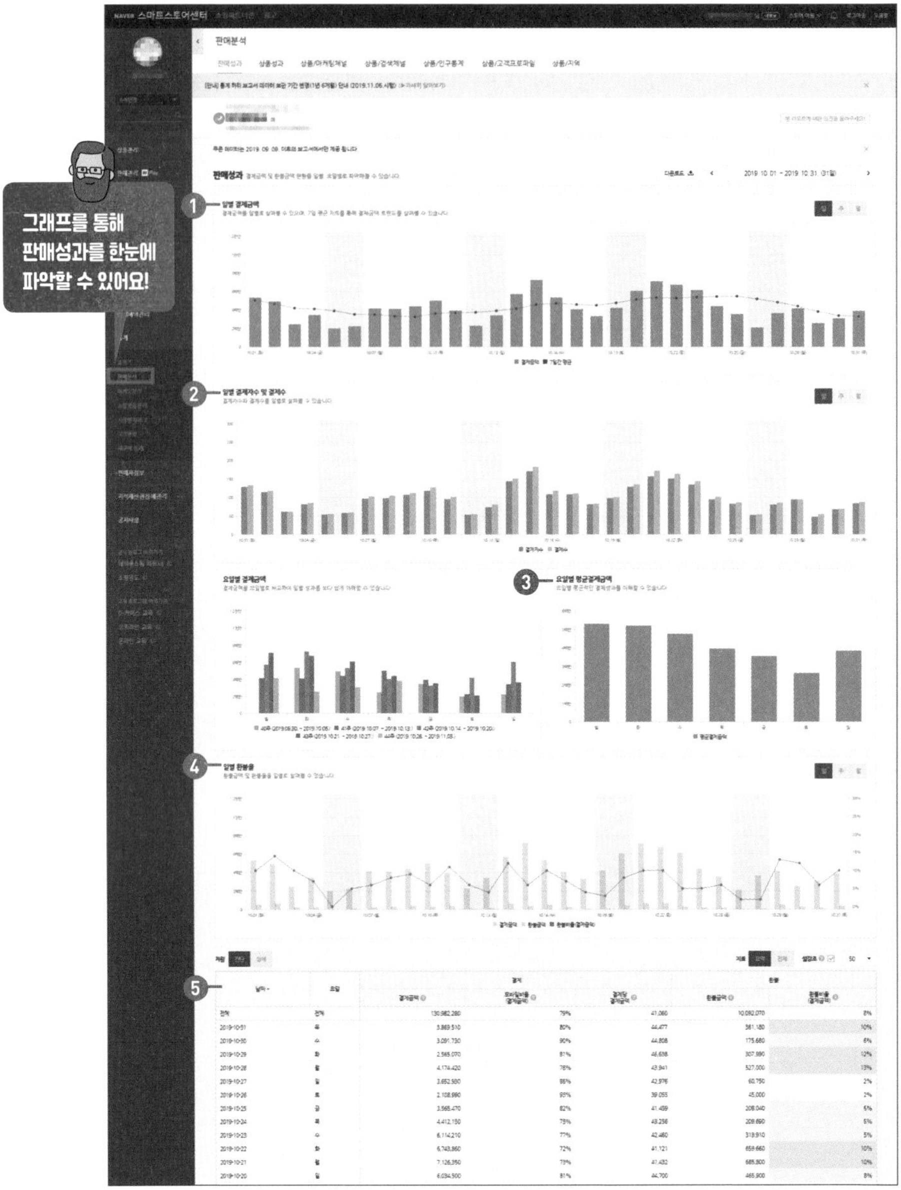
그래프를 통해 판매성과를 한눈에 파악할 수 있어요!
1
2
3
4
5

① 일별 결제금액

이런 그래프를 볼 때는 그래프에 특이사항이 있는지 먼저 살펴보는 것이 좋습니다. 아래의 화면에서 빨간색 원으로 표시된 부분을 한번 볼까요? 매출은 매일 같은 것이 아니라 주말에 떨어지고 주중에도 약간씩 차이를 보이고 있습니다. 업체별, 상품군별로 차이가 있을 수 있지만 오랜 기간 데이터가 누적되면 내가 팔고 있는 상품의 요일별 판매량의 증감 현황을 알게 됩니다. 이때 무조건 실적이 오르거나 내려가는 것이 아니라 이런 요일별 특성에서 벗어나는 부분이 있는지 살펴보는 것이 좋습니다. 또한 매출이 늘었다면 늘어난 이유를, 줄었다면 줄어든 이유를 살펴보는 것도 필요합니다.

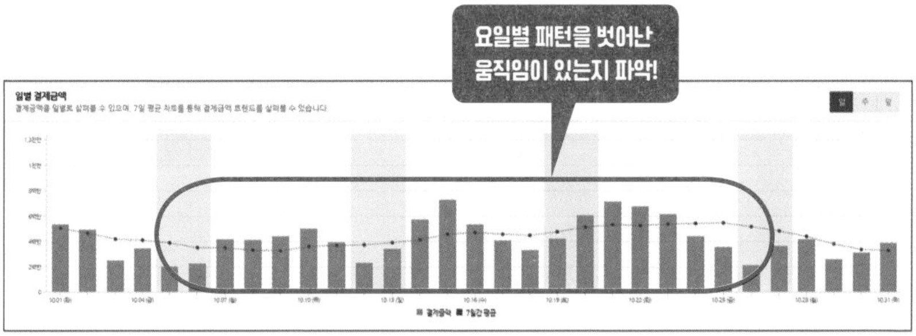

② 일별 결제자수 및 결제수

이 부분은 ①의 일별 결제금액과 같이 봐야 합니다. 예를 들어 결제자수가 늘었는데 매출이 늘지 않았거나, 결제자수가 줄었는데 매출이 오히려 늘었다면 무슨 이유인지 파악해야 합니다.

다음 사례는 일별 결제금액과 일별 결제자수 및 결제수에서 큰 차이가 없이 비슷한 것을 알 수 있습니다.

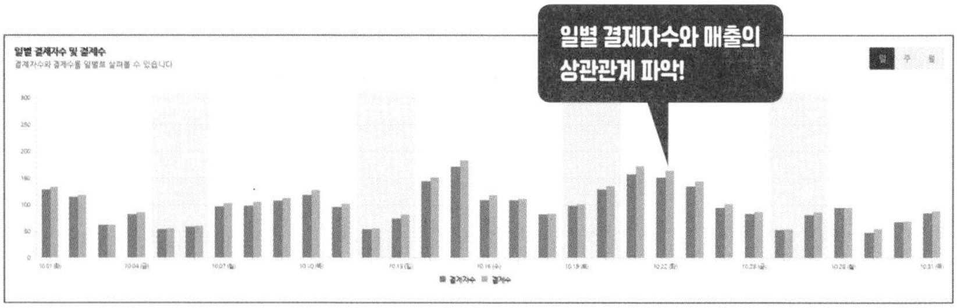

③ 요일별 평균결제금액

어떤 요일에 매출이 올라가거나 내려가는지 살펴봅니다. 그래프의 숫자 자체보다는 어떤 패턴으로 판매가 이루어지는지 이해하는 것이 좋습니다.

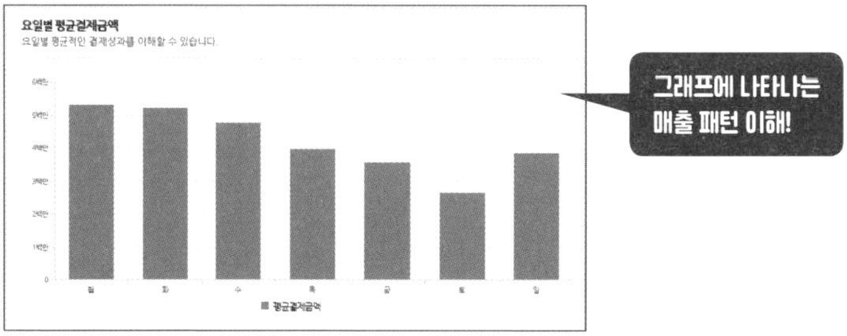

④ 일별 환불률

환불률은 판매금액 대비 환불된 금액의 비율을 의미합니다. 예를 들어 매출이 600만 원이었는데 환불금액이 60만 원이라면 환불률은 600만 원÷60만 원=10%가 됩니다.

그런데 다음 사례의 업체는 환불률이 꽤 높습니다. 업종마다 차이는 있겠지만 환불률이 평균적으로 4% 미만인 데 비해 이 판매자의 상품군은 상당히 높은 비율로 환불이 발생하고 있습니다. 환불률이 일별로 0%부터 많게는 15%

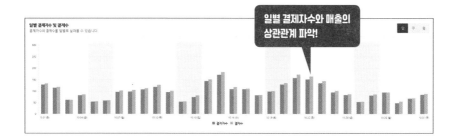

가까이나 됩니다. 이런 경우 환불이 발생하는 원인을 찾고 그에 맞는 대응을 한다면 지금보다 훨씬 좋은 실적을 낼 수 있을 것입니다.

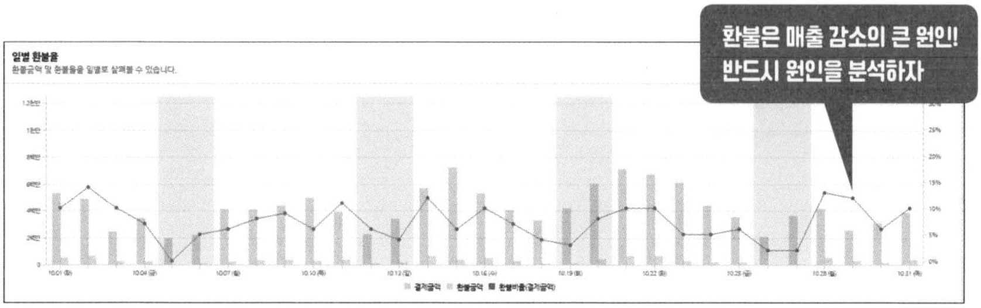

⑤ 전체 데이터

①~④의 데이터를 표로 정리한 것으로, 그래프를 통해서 본 부분을 다시 한번 세밀하게 살펴봅니다. 먼저 일별 결제금액과 결제당 결제금액을 살펴봐야 합니다. 사례에서는 결제당 결제금액이 평균 41,060원인데, 이보다 훨씬 낮거나 높아졌다면 그 이유를 찾아보는 것이 좋습니다. 그래야만 어떤 요소에 의해 결제당 결제금액이 높아지고 낮아지는지 알 수 있기 때문입니다.

마지막으로 환불률을 찾아봅니다. 사례에서는 8% 정도의 비율로 환불이 발생하고 있습니다. 다른 판매자 대비 환불이 많이 발생하는 원인을 파악하고 일별로 환불률이 높은 날과 그렇지 않은 날의 차이점을 찾아서 반드시 개선해야 합니다.

날짜	요일	결제			환불	
		결제금액	모바일비율 (결제금액)	결제당 결제금액	환불금액	환불비율 (결제금액)
전체	전체	130,982,280	79%	41,060	10,092,070	8%
2019-10-31	목	3,869,510	80%	44,477	381,180	10%
2019-10-30	수	3,091,730	90%	44,808	175,680	6%
2019-10-29	화	2,565,070	81%	46,638	307,990	12%
2019-10-28	월	4,174,420	78%	43,941	527,000	13%
2019-10-27	일	3,652,930	86%	42,976	60,750	2%
2019-10-26	토	2,108,990	93%	39,055	45,000	2%
2019-10-25	금	3,565,470	82%	41,459	208,040	6%
2019-10-24	목	4,412,150	75%	43,256	209,690	5%
2019-10-23	수	6,114,210	77%	42,460	319,910	5%
2019-10-22	화	6,743,860	72%	41,121	659,660	10%
2019-10-21	월	7,126,350	73%	41,432	685,800	10%
2019-10-20	일	6,034,500	81%	44,700	465,900	8%
2019-10-19	토	4,196,270	86%	41,963	134,750	3%
2019-10-18	금	3,309,260	80%	39,871	133,850	4%
2019-10-17	목	4,059,330	77%	36,571	289,600	7%
2019-10-16	수	5,329,470	71%	45,165	551,570	10%
2019-10-15	화	7,241,880	79%	39,573	398,760	6%
2019-10-14	월	5,727,350	72%	37,929	703,930	12%
2019-10-13	일	3,421,780	82%	42,772	149,690	4%
2019-10-12	토	2,280,220	78%	41,459	126,000	6%
2019-10-11	금	3,930,380	85%	38,533	419,540	11%
2019-10-10	목	5,008,330	79%	39,436	321,880	6%
2019-10-09	수	4,407,550	85%	39,353	404,770	9%
2019-10-08	화	4,121,410	82%	39,252	349,720	8%
2019-10-07	월	4,134,890	83%	40,145	245,070	6%
2019-10-06	일	2,239,540	89%	37,958	114,600	5%
2019-10-05	토	1,978,520	77%	35,973	0	0%
2019-10-04	금	3,436,430	80%	40,429	241,120	7%
2019-10-03	목	2,458,100	89%	39,647	243,820	10%
2019-10-02	수	4,804,430	79%	41,478	602,000	14%
2019-10-01	화	5,347,950	74%	40,210	523,900	10%

데이터로 한 번 더 꼼꼼히 분석!

판매분석 영역의 다양한 자료를 통해 판매 패턴과 내 가게의 문제점을 파악해보세요!

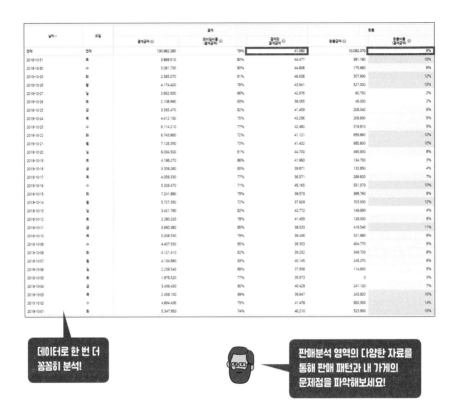

30
smartstore

스마트스토어 매출분석 방법 ③ 마케팅분석

'마케팅분석' 영역 : 방문자와 구매자의 유입 경로를 정확하게 파악하자

스마트스토어센터의 〈통계〉→〈마케팅분석〉에서 어떤 경로를 거쳐 내 상품을 보게 되었는지 알 수 있습니다. 또한 각 채널별 유입당 결제율도 볼 수 있습니다.

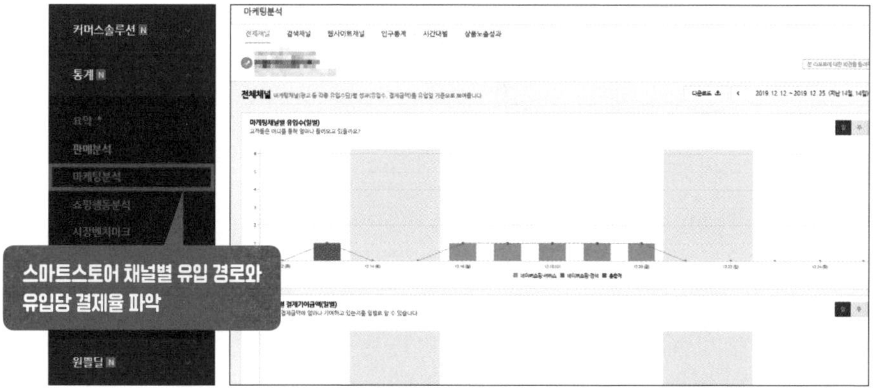

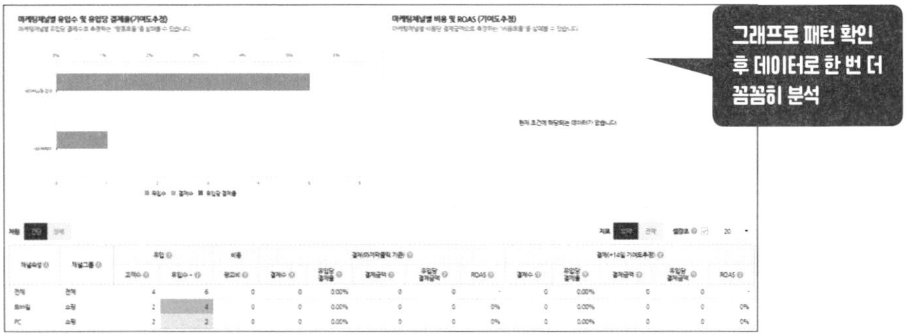

① 채널별 유입수와 유입당 결제율

2019년 10월 데이터를 한번 볼까요? 10월 한 달 동안의 총 유입수는 53,369이고, 유입당 결제율은 5.37%입니다. 그중 '모바일' 채널의 '쇼핑' 영역에서 42,571명이 유입되었고, 유입당 결제율이 5.14%인 것을 알 수 있습니다. 그 외에 PC를 통한 유입수도 파악할 수 있습니다.

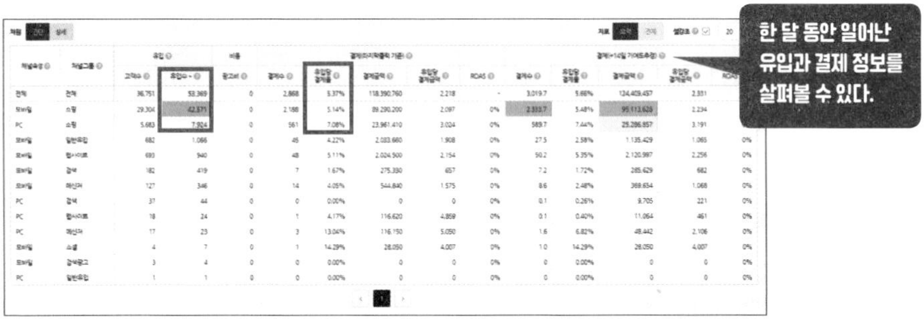

한 달 동안 일어난 유입과 결제 정보를 살펴볼 수 있다.

여기서 유심히 볼 부분은 크게 두 가지입니다.

첫째, 어떤 채널의 유입수가 가장 많은지 파악하는 것이고 둘째, 채널별 유입당 결제율을 살펴보는 것입니다. 모바일 쇼핑은 유입당 결제율이 5.14%이고 PC 쇼핑은 유입당 결제율이 7.08%입니다. 이렇게 차이가 나는 이유는 무엇일까요? 또한 이 부분의 실적을 개선하기 위해서는 어떤 작업이 필요할까요?

〈1일 차. 스마트스토어 세팅하기〉에서 이야기한 모바일 최적화를 기억하나요? 보통 모바일 채널이 PC 채널보다 유입당 결제율이 크게 떨어지는 경우 그 이유를 살펴보면 대부분 모바일 최적화가 되어 있지 않았기 때문입니다. 따라서 이런 경우에는 모바일 최적화를 하면 실적이 개선될 것입니다.

② 상품노출성과

여기에 하나 더 체크할 부분은 상품별로 어떤 성과가 있는지 살펴보는 것입니다.

〈상품노출성과〉를 선택하면 326쪽 화면과 같이 해당 상품별로 평균 노출순위와 유입수를 살펴볼 수 있습니다. 이 화면에서는 한 상품의 평균 노출순위가 19.2로 유독 낮습니다. 대다수 다른 상품들은 상위노출이 되고 있는데 이처럼 한 상품만 유독 상위노출이 되지 않는다면 무엇을 수정해야 할지를 생각해봐야 합니다. 〈3일 차. 스마트스토어 상위노출하기〉에서 다룬 상위노출 내용을 다시 한번 잘 읽어보고 어떤 부분을 수정하면 좋을지 고민해보세요.

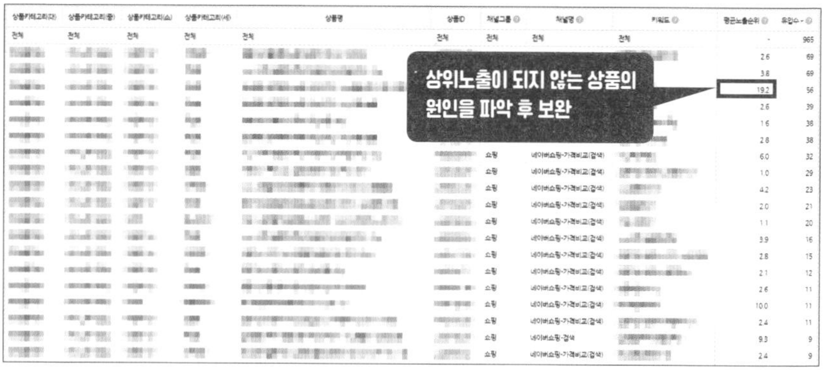

③ 검색채널

스마트스토어센터에서 〈통계〉→〈마케팅분석〉→〈검색채널〉을 선택하면 방문자들이 어떤 키워드로 내 스토어를 방문했는지 알 수 있습니다.

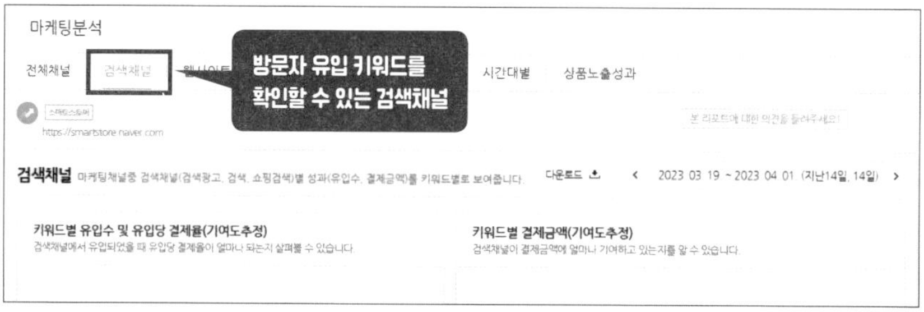

상위노출을 위해서는 상품명과 카테고리, 태그 등이 중요하다고 했는데, 상품등록할 때 생각한 대로 해당 키워드에서 내 스토어가 노출되는지는 여기서 확인해볼 수 있습니다. 만약 부족한 것이 있다면 다음에 상품을 등록할 때는 어떻게 해야 하는지 생각해보세요.

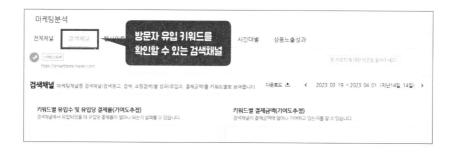

키워드	검색유입		결제(마지막클릭 기준)				결제(+14일 기여도추정)			
	고객수	유입수	결제수	유입당 결제율	결제금액	유입당 결제금액	결제수	유입당 결제율	결제금액	유입당 결제금액
전체	22,784	28,174	2,078	7.38%	84,723,290	3,007	2,231.0	7.92%	91,041,655	3,231
[illegible]	211	273	76	27.84%	2,454,420	8,991	80.2	29.37%	2,562,161	9,385
[illegible]	795	1,037	56	5.40%	2,076,500	2,002	66.5	6.42%	2,543,961	2,453
[illegible]	151	186	24	12.90%	1,638,960	8,812	28.9	15.52%	1,954,743	10,509
[illegible]	229	293	30	10.24%	1,780,570	6,077	31.7	10.82%	1,840,349	6,281
[illegible]	174	213	28	13.15%	1,682,100	7,897	30.3	14.24%	1,839,712	8,637
[illegible]	140	179	41	22.91%	1,668,190	9,319	42.8	23.90%	1,740,888	9,726
[illegible]	183	251	43	17.13%	1,331,130	5,303	47.1	18.77%	1,486,979	5,924
[illegible]	279	338	23	6.80%	1,245,300	3,684	24.5	7.25%	1,448,941	4,287
[illegible]	555	675	45	6.67%	1,383,500	2,050	46.5	6.89%	1,423,614	2,109
[illegible]	512	636	33	5.19%	1,206,100	1,896	33.7	5.29%	1,193,552	1,877
[illegible]	342	428	19	4.44%	1,083,700	2,532	21.6	5.05%	1,160,646	2,712
[illegible]	131	151	19	12.58%	876,900	5,807	23.1	15.29%	1,037,468	6,871
[illegible]	154	194	31	15.98%	893,300	4,605	33.9	17.48%	1,008,287	5,197
[illegible]	51	71	12	16.90%	789,810	11,124	13.8	19.48%	968,759	13,644
[illegible]	71	94	18	19.15%	1,060,350	11,280	16.3	17.35%	911,004	9,692
[illegible]	96	121	29	23.97%	711,050	5,876	26.5	21.88%	647,438	5,351
[illegible]	154	181	19	10.50%	573,000	3,166	20.3	11.22%	609,051	3,365
[illegible]	49	62	16	25.81%	560,450	9,040	16.9	27.19%	593,444	9,572
[illegible]	68	87	11	12.64%	524,900	6,033	12.3	14.15%	581,414	6,683

유입수가 적은 키워드 파악 후
상품등록할 때 반영

31 smartstore

스마트스토어 매출분석 방법 ④ 쇼핑행동분석

'쇼핑행동분석' 영역 : 구매자의 쇼핑행동 분석해 구매율을 높이자

스마트스토어센터에서 〈통계〉→〈쇼핑행동분석〉에 들어가면 상품별, 페이지별 쇼핑행동을 확인할 수 있습니다.

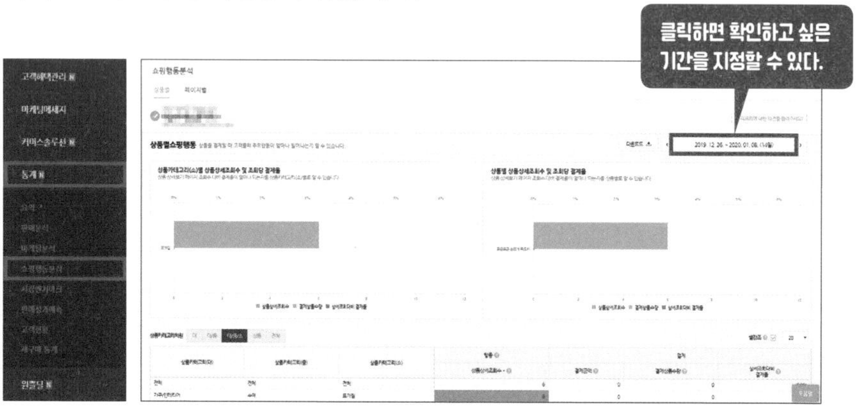

클릭하면 확인하고 싶은 기간을 지정할 수 있다.

① 상품별 쇼핑행동분석

스마트스토어센터에서 〈통계〉→〈쇼핑행동분석〉→〈상품별〉을 선택하면 다음과 같은 화면이 나옵니다.

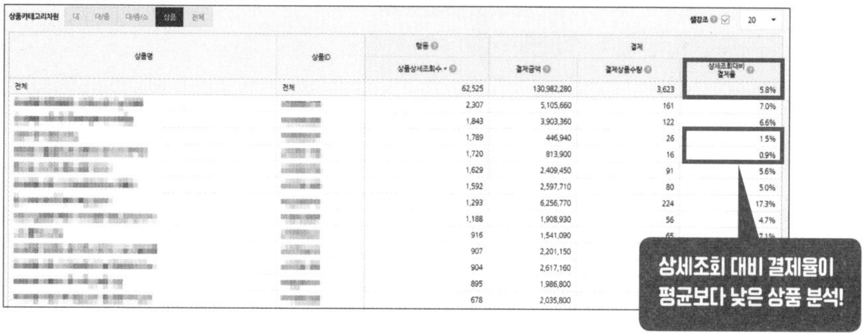

상품명	상품ID	상품상세조회수	결제금액	결제상품수량	상세조회대비 결제율
전체	전체	62,525	130,982,280	3,623	5.8%
[illegible]	[illegible]	2,307	5,105,660	161	7.0%
[illegible]	[illegible]	1,843	3,903,360	122	6.6%
[illegible]	[illegible]	1,789	446,940	26	1.5%
[illegible]	[illegible]	1,720	813,900	16	0.9%
[illegible]	[illegible]	1,629	2,409,450	91	5.6%
[illegible]	[illegible]	1,592	2,597,710	80	5.0%
[illegible]	[illegible]	1,293	6,256,770	224	17.3%
[illegible]	[illegible]	1,188	1,908,930	56	4.7%
[illegible]	[illegible]	916	1,541,090	65	7.1%
[illegible]	[illegible]	907	2,201,150	[illegible]	[illegible]
[illegible]	[illegible]	904	2,617,160	[illegible]	[illegible]
[illegible]	[illegible]	895	1,986,800	[illegible]	[illegible]
[illegible]	[illegible]	678	2,035,800	[illegible]	[illegible]

상세조회 대비 결제율이
평균보다 낮은 상품 분석!

평균치를 살펴보니 상세조회 대비 결제율이 5.8%입니다. 여기서 상세조회 대비 결제율이란, 제품의 상세페이지 조회수 대비 결제율을 의미합니다. 이것을 기준으로 상세조회 대비 결제율이 5.8% 미만인 상품에 대해 왜 결제율이 낮은지 파악한 후 개선하는 작업이 필요합니다.

판매자들이 부러워하는 '빅파워' 등급이나 '프리미엄' 등급은 무작정 상품을 많이 등록해서 되는 것이 아닙니다. 하나하나 정교한 분석 작업을 거친 후에 지금의 판매량과 실적이 나왔다는 사실을 잊어서는 안 됩니다.

② 페이지별 쇼핑행동분석

'쇼핑행동분석'은 상품별로만 볼 수 있는 것이 아니라 페이지별로도 볼 수 있습니다. 여기서는 우선 일별 체류시간의 변화를 볼 수 있습니다. 이 부분이 점차적으로 늘어난다면 매출이 상승할 가능성이 높다는 것을 의미합니다. 반면 이 부분이 점점 줄어든다면 매출이 줄어들 수 있는 가능성이 많으므로 어떤 부분을 수정해서 일별 체류시간을 높일지 고민해야 합니다.

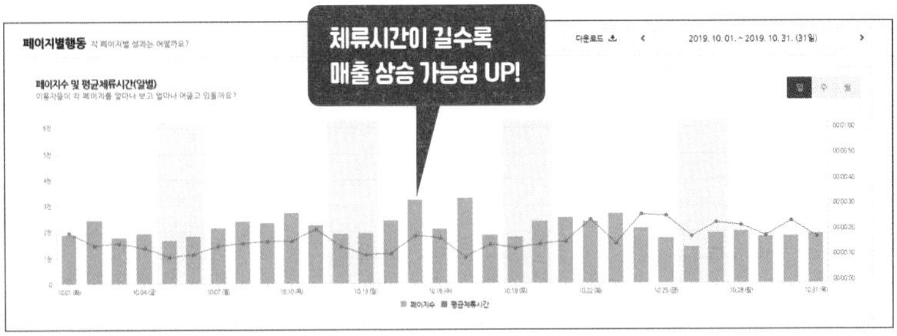

또한 어떤 상품의 페이지에서 체류시간이 길거나 짧은지 체크한 후 체류시간이 짧은 상품에 대해 어떻게 체류시간을 늘릴지 생각해봐야 합니다.

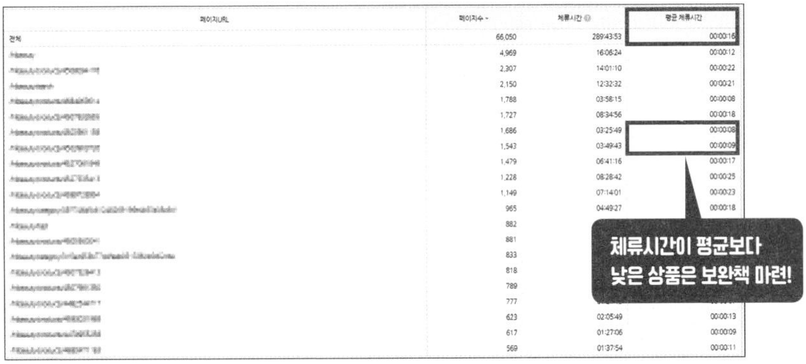

페이지URL	페이지수	체류시간	평균 체류시간
전체	66,050	289:43:53	00:00:16
[illegible]	4,969	16:06:24	00:00:12
[illegible]	2,307	14:01:10	00:00:22
[illegible]	2,150	12:32:32	00:00:21
[illegible]	1,788	03:58:15	00:00:08
[illegible]	1,727	08:34:56	00:00:18
[illegible]	1,686	03:25:49	00:00:08
[illegible]	1,543	03:49:43	00:00:09
[illegible]	1,479	06:41:16	00:00:17
[illegible]	1,228	08:28:42	00:00:25
[illegible]	1,149	07:14:01	00:00:23
[illegible]	965	04:49:27	00:00:18
[illegible]	882	[illegible]	[illegible]
[illegible]	881	[illegible]	[illegible]
[illegible]	833	[illegible]	[illegible]
[illegible]	818	[illegible]	[illegible]
[illegible]	789	[illegible]	[illegible]
[illegible]	777	[illegible]	[illegible]
[illegible]	623	02:05:49	00:00:13
[illegible]	617	01:27:06	00:00:09
[illegible]	569	01:37:54	00:00:11

이렇게 일별 체류시간과 상품 페이지별 체류시간을 체크해 어떻게 하면 구매자들이 내 상품 페이지에서 최대한 많은 시간을 체류하게 할 수 있을지 충분히 고민해야 합니다. 왜냐하면 체류시간이 길어질수록 상품을 구매할 확률이 높아지기 때문입니다.

32

smartstore

스마트스토어 매출분석 방법 ⑤시장벤치마크

'시장벤치마크' 영역 : 경쟁사와 비교해 경쟁력을 높이자

'시장벤치마크'는 경쟁사 대비 나의 상황을 확인해볼 수 있는 지표를 제공하는 메뉴입니다. 이것은 스마트스토어센터에서 〈통계〉→〈시장벤치마크〉를 선택한 후 내 상품이 속한 카테고리를 선택하면 해당 카테고리군에 있는 경쟁사 대비 나의 상황을 알 수 있습니다.

패션의류를 예로 들어 설명해보겠습니다. '대표카테고리'에서 '패션의류'를 선택합니다. 그러면 332쪽의 화면과 같이 해당 업종의 매출액별로 유입수와 결제수, 유입당 결제율 등이 표시됩니다. 내 사이트의 유입수는 462,159이고, 결제금액은 931,635,630원입니다. 연매출이 약 9억 3,000만 원이라면 연 1.5~25억 원 미만의 그룹에 해당합니다.

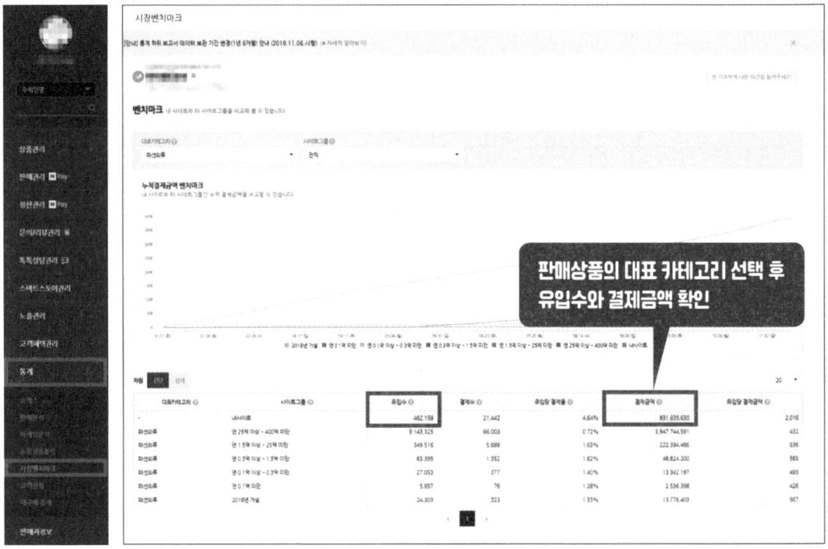

다음 표를 보면 해당 그룹의 평균 유입수가 349,516이지만 내가 운영하는 스토어는 462,159로, 해당 그룹 평균보다 조금 앞서는 정도입니다. 또한 해당 그룹의 유입당 결제율은 평균 1.63%인데 내 스토어는 4.64%입니다. 경쟁사 대비 2.8배 이상 유입당 결제율이 높다 보니 결제금액도 평균 대비 2배 이상 높은 것입니다.

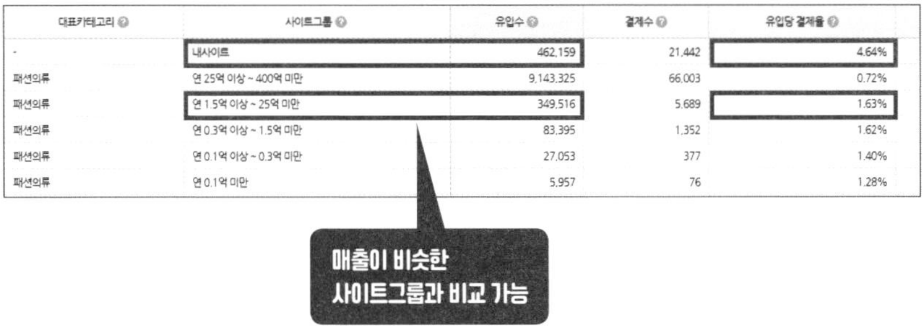

대표카테고리	사이트그룹	유입수	결제수	유입당 결제율
-	내사이트	462,159	21,442	4.64%
패션의류	연 25억 이상 ~ 400억 미만	9,143,325	66,003	0.72%
패션의류	연 1.5억 이상 ~ 25억 미만	349,516	5,689	1.63%
패션의류	연 0.3억 이상 ~ 1.5억 미만	83,395	1,352	1.62%
패션의류	연 0.1억 이상 ~ 0.3억 미만	27,053	377	1.40%
패션의류	연 0.1억 미만	5,957	76	1.28%

시장벤치마크에서 중요하게 볼 부분은 유입당 결제율입니다. 같은 카테고리에서 판매하는 다른 판매자 대비 얼마나 많은 비율로 결제했는지를 살펴보고 평균보다 높다면 상관없지만, 낮다면 그 이유를 찾아서 개선해야 하기 때문입니다.

처음 이 부분을 본 분들은 복잡하다고 생각할 수 있습니다. 하지만 하루에 30분씩 1개월만 꾸준히 살펴본다면 누구라도 스마트스토어에서 제공하는 통계를 잘 볼 수 있을 것입니다.

tip 매출이 급감하고 상위노출이 안 된다고? 정답은 '통계' 영역에 있다!

어느 날 필자에게 교육을 받은 A군이 찾아왔습니다. 교육받고 불과 몇 개월 만에 월매출 5,000만 원을 달성한 친구인데, 문제가 생겼다고 찾아온 것입니다. 이야기를 들어보니 갑자기 상위노출이 되지 않으면서 판매량이 급감했다고 합니다.

엑스브레인 : 판매량이 얼마나 급감했나요?

A군 : 하루 평균 매출이 150만 원도 넘었었는데, 지금은 하루 50만 원도 넘기 힘들어요.

엑스브레인 : 어떤 이유 때문에 판매량이 급감했나요?

A군 : 잘 모르겠어요. 그냥 어느 날부터 갑자기 상위노출이 안 되기 시작했고, 그러다 보니 계속 매출이 감소하는 상황입니다.

엑스브레인 : 아무 이유 없이 그렇게 될 수가 없는데, 혹시 그 사이에 변경한 것이 있나요?

A군 : 아무것도 변경한 게 없습니다.

엑스브레인 : A군이 생각했을 때 판매에 영향을 미칠 만한 요인은 없었나요?

A군 : 아무것도 없었습니다.

엑스브레인 : 자, 그러면 이제부터 하나씩 점검해봅시다.

A군 본인이 상황에 대해서 정확하게 이야기해주지 않았으므로 단순히 상세페이지 몇 개만 보고는 왜 매출이 줄었는지 파악하기가 힘들었습니다. 그래서 A군의 양해를 받고 스마트스토어센터에 로그인을 해봤습니다. 판매성과를 살펴보니 A군이 말한 대로 11월 중후반부터 매출이 급감하더군요. 그래서 그 원인이 무엇인지 확인해보기 위해 스마트스토어의 '통계' 부분을 하나씩 다 살펴봤습니다. 그리고 알아낸 원인은 '환불률'이었습니다. 환불률이 50% 이상이라는 것은 일반적으로 있을 수 없는 일입니다.

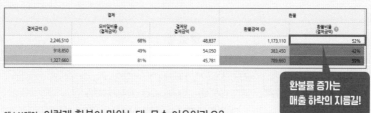

결제			환불	
결제금액	모바일비율 (결제금액)	결제당 결제금액	환불금액	환불비율 (결제금액)
2,246,510	68%	48,837	1,173,110	52%
918,850	49%	54,050	383,450	42%
1,327,660	81%	45,781	789,660	59%

환불률 증가는
매출 하락의 지름길!

엑스브레인 : 이렇게 환불이 많았는데, 무슨 이유인가요?

A군 : 그게…….

엑스브레인 : 이렇게 환불이 많은 것을 왜 이야기 안 했나요?

A군 : 이런 것까지 말씀드려야 하는지 몰랐습니다.

결국 A군의 배송 실수로 인해 환불률이 높아져서 상위노출과 매출이 떨어진 경우였습니다. 이런 경우가 아니어도 내 스토어에 문제가 생겼을 때 '통계' 영역만 정확하게 살펴봐도 대부분의 문제는 해결할 수 있습니다. 다행히 현재 A군의 스마트스토어는 차근차근 다시 원래의 매출을 회복하고 있습니다.

생각지도 못한 곳에 원인이 있었네요!
'통계' 영역 분석이 매출 문제 해결의 열쇠입니다!

| 맺음말 |

5일 후 여러분의 모습이 기대됩니다!

머리말에서 서울 한 지역에서 조그마하게 인테리어 가게를 운영하는 강 사장님이 스마트스토어를 시작하게 된 계기를 말씀드렸습니다. 별생각 없이 이야기한 필자의 말 한마디 때문에 강 사장님은 스마트스토어에서 본인이 오프라인에서 판매하고 있는 수전 제품을 판매하게 되었고 운 좋게도 등록한 첫날 5개가 팔렸다는 이야기였습니다.

또한 〈준비운동〉에서 필자를 찾아온 자영업자 덕구 씨와 영어 강사 효정 씨 이야기를 했습니다. 자영업이 비교적 잘 되고 있었지만, 이전보다 수익이 줄어 고민 중이던 덕구 씨는 농산물 쪽에서 일했던 경험을 살려 '프리미엄' 등급까지 올라갔습니다. 그리고 온라인 판매 경험도 없고 판매 아이템도 없었던 효정 씨는 차근차근 준비해서 불과 1년 5개월 만에 월매출 7,000만 원, 순수익 2,000만 원 이상을 내고 있다는 이야기였습니다.

덕구 씨와 효정 씨는 어떻게 해서 성공했을까요? 강 사장님은 지금은 얼마나 더 잘하고 있을까요? 그 이후 강 사장님을 만난 적이 없어서 현재까지 강 사장님이 잘하고 있는지는 모르겠습니다. 하지만 만약 강 사장님이 〈준비운동〉에서 이야기한 아이템 선정 방법과 〈2일 차〉에서 이야기한 상세페이지 작성 방법, 〈3일 차〉에서 이야기한 상위노출조건 등을 충족시키지 않는다면 덕구 씨나 효정 씨처럼 성공하기 어려울 것이라고 생각합니다. 또한 이런 부분들이 어느 정도 충족되더라도 〈5일 차〉에서 이야기한 매출분석을 기반으로 수정하고 보완하지 않는다면 어느 순간 도태되는 판매자가 될 것입니다.

이 책은 스마트스토어의 모든 것을 담지는 않았습니다. 지면이라는 한계, 또한 이 책을 읽는 분이 어떤 상황인지 정확하게 알 수 없다 보니 모든 분이 만족할 수 있는 내용은 아닐 수도 있습니다. 하지만 이 책을 통해 스마트스토어를 운영할 때 가장 기본적이면서도 필수적으로 알아야 하는 아이템, 상세페이지, 상위노출에 대한 것을 이야기하고 싶었습니다. 또한 대다수의 책에서 이야기하지 않는 매출분석 방법을 다뤄서 어떻게 해야 매출과 수익이 올라가는지를 알려주고 싶었습니다.

완벽하지 않은 책일 수 있지만 그래도 많은 분들에게 도움이 되었으면 하는 바람입니다. 모든 독자분들의 성공을 진심으로 기원합니다.

엑스브레인 

(cafe.naver.com/ktcfob)

맘마미아 재테크 시리즈

맘마미아 월급재테크 실천법

맘마미아 지음 | 588쪽 | 18,000원

이 책대로 하면 당신도 월급쟁이 부자가 된다!

- 통장관리, 가계부 작성, 예적금, 펀드, 주식, 경매 총망라!
- 금테크, 환테크, P2P투자 등 재테크 최신 이슈 추가!

| 부록 | 금융상품 Top 3/연말정산/청약/전세살이/보험 수록

맘마미아 푼돈목돈 재테크 실천법

맘마미아 지음 | 376쪽 | 15,000원

누구나 푼돈으로 월 100만 원 모으는 비법!

- 네이버 No.1 월재연 카페 성공사례 총망라!
- 식비 30만 원 절약법+고정지출 20만 원 절약법+ 부수입 50만 원 버는 법 총정리!
- 푼돈목돈 재테크 금융상품&앱 Top 3 소개

맘마미아 어린이 경제왕

맘마미아 원저 | 이금희 글그림 | 196쪽 | 10,500원

초등 전 경제습관 평생을 좌우한다!

- 용돈관리법은 물론, 초등교과 연계까지!
- 200원 행복재테크/21일 비밀달력
- 포인트 적립/공병 재활용

맘마미아 가계부(매년 출간)

맘마미아 지음 | 204쪽 | 12,000원

70만 회원 감동 실천! 대한민국 1등 국민가계부!

- 초간단 가계부! – 하루 5분 영수증 금액만 쓰면 끝!
- 절약효과 최고! – 손으로 적는 동안 낭비 반성!
- 저축액 증가! – 푼돈목돈 모으는 10분 결산 코너

| 부록 | 영수증 모음 봉투/무지출 스티커/'무지출 가계부' 실천법 7